보안 빅데이터 분석 플랫폼 구축과 활용

보안 빅데이터 분석 플랫폼 구축과 활용

Splunk를 활용한 실무형 가이드북

김대용 지음

i!i
에이콘

지은이 소개

김대용(yongmihee83@gmail.com)

숭실대학교 컴퓨터학부를 졸업하고 삼성SDS 금융전략사업부에 입사해 지금까지 시스템 개발부터 운영, 프로세스 컨설팅 및 IT 전략컨설팅까지 두루 경험했다. 핀테크 기반 신사업 추진 부서 근무 시절 빅데이터와 플랫폼에 관심을 가지게 돼 금융업종에 적합한 빅데이터 플랫폼을 구축하고 활용하기 위한 방법을 연구했다. 현재는 보안 컨설턴트이자 프로젝트 관리자로서 다수의 보안 분야 프로젝트를 수행하며 보안 빅데이터 분석 플랫폼 구축 전문가로 활동하고 있으며, 현장에 답이 있다는 평소의 철학대로 지금도 프로젝트 현장에서 굵은 땀방울을 흘리고 있다.

지은이의 말

몇 년 전 익숙했던 시스템 개발 및 컨설팅 분야를 떠나 빅데이터 시스템 구축 프로젝트에 첫 발을 내딛었던 기억이 아직도 생생하다. 잘 알지도 못하고 익숙하지도 않은 분야에서, 그것도 가장 난이도 높은 프로젝트 중 하나로 알려져 있는 빅데이터 시스템 구축이 내 역할이라는 사실에 너무 두려웠다. 국내 최초로 시도되는 최대 규모 수준의 작업들이 연이어 진행되다 보니 업무 담당자부터 IT 담당자, 구축 엔지니어까지 모두 무엇을 어떻게 해야 할지 몰라 당황하고 헤맸었다.

다행히 참여자들이 똘똘 뭉쳐 위기를 극복해낸 덕분에 무사히 프로젝트를 마칠 수 있었지만, 잘 몰라서 미처 조치하지 못했던 문제들을 바로잡고 시스템을 안정적으로 운영할 수 있도록 체계를 마련하는 데 구축 때보다 더 많은 시간과 노력을 쏟아 부어야 했다. 최초 구축 때 어떤 일을 어느 시점에 어떻게 해야 할지 더 잘 알았다면 시스템 구축과 각종 장애 대응에 쏟은 이 귀한 시간을 데이터 분석과 업무에서의 활용에 투자할 수 있지 않았을까라는 아쉬움이 머릿속에서 지워지지 않았다. 무엇보다도 좋은 시스템을 구축해 놓고도 활용하는 데 어려움을 겪는 기업 사용자와 반복적이고 수시로 발생하는 시스템 작업에 지쳐 보다 가치 있는 연구나 테스트 활동을 하지 못하는 구축 엔지니어를 바라보는 것이 너무나 안타까웠다. 그래서 이 책을 쓸 결심을 하게 됐다.

처음에는 '스플렁크 기반 빅데이터 플랫폼 구축 바이블'을 목표로 당차게 집필을 시작했지만, 얼마 지나지 않아 이것이 얼마나 건방지고 무모한 도전인지 뼈저리게 느끼고 겸손한 마음으로 기초와 기본에 충실하고자 노력했다. 또한 최대한 실무적으로 도움이 될 수 있도록 현장감 있게 구체적으로 쓰는 데 모든 역량을 집중했다. 집필을 하면서 내 자신의 한계에 부딪혀 실망하고 그만두고 싶었던 적이 한두 번이 아니었지만, 내 부족한 글솜씨와 콘텐츠라도 누군가와 공유했을 때 도움이 될 수 있을 것이라는 희망으로 버텼다. 그리고 스플렁크 관련 서적 중 국내 저자가 한글로 풀어 쓴 최초이자 유일한 실무 기반 시스템 구축 가이드북이라는 상징적 의미는 나에게 사명감과 열정을 줬다.

보안 분야에 특화된 빅데이터 분석 플랫폼을 구축하기 위한 상세 절차와 가이드, 그리고 알아 두면 도움이 될 고려사항을 담아냈기에 이 책이 현재 스플렁크를 사용하고 있는 기업 보안 담당자들이 지식을 쌓고 산발적으로 흩어져 있는 정보를 찾는 수고를 더는 데 도움이 되길 바란다. 또한 플랫폼 구축 현장에 몸담고 있거나 앞으로 스플렁크 엔지니어로 성장하길 희망하는 현재와 미래의 스플렁크 엔지니어들에게 보다 효율적으로 일하고 더욱 가치 있는 활동에 시간을 투자할 수 있는 여유를 제공해 줄 수 있다면 더할 나위 없는 기쁨이 될 것이다.

감사의 글

이 책이 나오기까지 많은 분들의 도움과 격려가 있었다. 이분들이 없었다면 지금의 나도, 이 책도 없었을 것이다.

먼저 초보 작가에게 소중한 출간의 기회를 주시고 진심을 담은 조언과 격려를 아끼지 않으신 에이콘출판사 권성준 사장님과 황영주 상무님께 감사의 말씀을 전한다. 바쁜 와중에도 꼼꼼하게 가이드해주시고 정성을 다해 편집 및 교정작업을 도와주신 에이콘 관계자님에게도 감사드린다.

귀한 시간을 할애하여 소중한 콘텐츠를 전달해 주신 손병창님, 프로젝트 현장에서 함께 구슬땀을 흘리며 든든한 조력자가 돼준 박범신 기술사님, 이 책을 처음 기획했을 때부터 마무리하는 순간까지 날카로운 피드백과 도움을 아끼지 않으신 이미정님께도 감사드린다.

특히 스플렁크 솔루션에 대한 다양한 경험과 지식을 바탕으로 이 책의 기술적인 부분에 대한 집필과 교정을 지원해 주고 모르는 것은 학습하고 테스트해보면서까지 정리하는 열정으로 나를 지탱해 준 최고의 파트너 최동수님에게 당신 덕분에 이 책이 세상의 빛을 보게 됐다는 찬사와 함께 진심으로 감사의 말씀을 전한다.

마지막으로 늘 사랑과 정성으로 우리 가족의 버팀목이자 정신적 지주가 돼 주시는 이남호님과 이영자님께 감사드리며, 1년 여의 기간 동안 주말마다 사랑과 지원, 그리고 인내를 보여주며 함께 동고동락했던 사랑하는 아내 윤미와 자랑스러운 아들 건희에게 이 책을 바친다.

목차

5장 Phase 3: 플랫폼 콘텐츠 구현 및 적용 181

6장   Phase 4: 스플렁크 앱 기반 플랫폼 확장   231

7장 Phase 5: 구축 후 운영 환경 최적화   277

8장   주요 장애 유형별 대응 가이드   319

에이콘출판의 기틀을 마련하신 故 정완재 선생님 (1935-2004)

들어가며

이 책은 글로벌 빅데이터 솔루션인 스플렁크를 활용해 보안 분야의 업무적 특성을 고려한 빅데이터 분석 플랫폼을 구축하는 체계적 절차와 가이드를 제공한다.

주로 스플렁크를 활용한 보안 빅데이터 분석 플랫폼을 구축하기 위해 담당자가 사전에 어떤 것을 준비해야 하는지, 구축은 어떤 과정을 거쳐 진행해야 하는지, 구축 완료 후 안정적으로 운영하기 위해 어떤 것들을 고려해야 하는지를 구체적으로 살펴본다. 또한 구축 과정을 거치면서 담당자가 챙겨야 할 중점 고려사항에 대해 실제 플랫폼 구축 현장에서 직접 보고 느꼈던 경험을 바탕으로 하나하나 짚어낸다.

이 책을 처음부터 끝까지 천천히 읽어보며 직접 따라 해 본다면 스플렁크 솔루션에 대한 기본적인 활용법과 함께 보안 빅데이터 분석 플랫폼 구축 실무를 마치 직접 해보는 것과 같은 경험을 해볼 수 있을 것이다.

이 책에서 다루는 내용

- 보안 분야에서의 데이터 분석과 플랫폼 구축의 필요성
- 보안 빅데이터 분석 플랫폼 구축을 위한 핵심 솔루션인 스플렁크 활용법
- 보안 빅데이터 분석 플랫폼을 구축하기 위한 5단계 절차 및 단계별 주요 활동
- 구축 전 사전 준비부터 증설 시 고려사항까지 플랫폼 전 과정에 걸쳐 전달하는 실무 가이드
- 입문자를 위한 실습형 퀵 스타트 가이드

이 책의 대상 독자

- 기업 보안 실무에 데이터 분석 결과를 활용하기 위해 빅데이터 플랫폼을 구축하고 싶은 기업 사용자
- 스플렁크를 사용해 빅데이터 플랫폼을 구축해야 하는데 어디서부터 어떻게 해야 할지 몰라 막막한 기업의 구축 담당자 및 플랫폼 구축 엔지니어
- 솔루션을 활용해 빅데이터 플랫폼을 구축하고 활용하는 과정을 경험해 보고 싶은 일반인 및 대학생

이 책의 구성

이 책은 크게 스플렁크를 활용한 보안 빅데이터 분석 플랫폼 및 상세 구축 과정을 정의하는 개요 부분과 플랫폼 구축 전/후 과정을 예시와 함께 구체적으로 설명하는 플랫폼 구축 실무 부분, 마지막으로 입문자를 위한 퀵 스타트 가이드 부분으로 구성된다.

각 장의 구성은 다음과 같다.

1장. 보안 빅데이터 분석 플랫폼 개요에서는 이 책의 제목이자 핵심 키워드인 '보안 빅데이터 분석', '플랫폼', '구축 가이드'에 대해 스스로 질문하며 해답을 고민했던 여정을 함께 공유하고, 마지막으로 왜 이 여정의 주요 파트너로 스플렁크라는 솔루션을 선택했는지 살펴본다.

2장. 보안 빅데이터 분석 플랫폼 구축 워크플로우에서는 플랫폼 구축을 체계적으로 수행하기 위한 길잡이가 돼 줄 워크플로우에 대해 소개한다. 또한 보안 빅데이터 분석 플랫폼을 구축하기 위한 실무적 절차와 고려사항을 총 5단계로 구분해 설명하고 각 단계별 정의 및 담당자가 숙지해야 할 주요 활동에 대해 알아본다.

3장. Phase 1 - 구축 전 사전 준비에서는 보안 빅데이터 분석 플랫폼을 본격적으로 구축하기 위한 첫 단추인 사전 준비 단계에 대해 소개하고, 담당자가 수행해야 할 주

요 활동에 대해 실무적인 예시를 통해 설명한다.

4장. Phase 2 – 플랫폼 인프라 구성에서는 플랫폼 구축 담당자가 주로 채택하는 3가지 플랫폼 인프라 환경 구성 절차에 대해 스플렁크 인스턴스 설치부터 주요 설정 파일 적용 가이드까지 상세하게 알아보고, 빅데이터 분석 플랫폼 구축 현장에서 발생하는 주요 상황별 설정 변경 가이드도 함께 살펴본다.

5장. Phase 3 – 플랫폼 콘텐츠 구현 및 활용에서는 인프라 구성을 완료한 보안 빅데이터 분석 플랫폼에 탑재할 수 있는 콘텐츠는 주로 어떤 것들이 있는지 알아보고, 이를 구현 및 적용해 업무에 활용하기 위한 방법과 주요 고려사항에 대해 살펴본다.

6장. Phase 4 – 스플렁크 앱 기반 플랫폼 확장에서는 플랫폼의 활용 범위를 확장시켜 줄 스플렁크의 대표적인 보안 분야 상용 앱과 플랫폼 구축 시 사용자가 주로 활용하는 무료 앱에 대한 설치 및 설정 방법을 가이드한다.

7장. Phase 5 – 구축 후 운영 환경 최적화에서는 플랫폼이 안정적으로 운영되고 있는지 체계적으로 점검하기 위한 절차에 대해 알아본다. 또한 비정상 항목이 발견됐을 때 조치하기 위한 가이드도 함께 살펴본다.

8장. 주요 장애 유형별 대응 가이드에서는 스플렁크 솔루션을 활용한 보안 빅데이터 분석 플랫폼에서 발생할 수 있는 주요 장애는 어떤 것들이 있는지 알아보고, 플랫폼의 주요 구성 영역별로 분류해 신속하게 원인을 파악하고 조치할 수 있는 방법에 대해 살펴본다.

9장. 플랫폼 증설 가이드에서는 플랫폼이 실제 운영중인 상태에서 진행돼야 하는 증설 작업의 특성을 감안해 담당자가 기본적으로 고려해야 할 사항들에 대해 살펴보고, 작업 절차에 대해 자세히 알아본다.

10장. 입문자를 위한 퀵 스타트 가이드에서는 보안 빅데이터 분석 플랫폼 구축을 직접 경험해 보고 싶은 대학생 및 일반인, 사회에 첫발을 내딛은 신입 엔지니어, 스플렁크 솔루션을 제대로 활용해 보고 싶은 기업 사용자들을 위해 쉽게 따라해 보며 스플렁크를 느껴볼 수 있는 입문 가이드를 제공한다.

1

보안 빅데이터 분석 플랫폼 개요

1장에서는 보안 업무 환경에 적합한 빅데이터 분석 플랫폼을 구축하고 활용하기 위해 늘 고민해 왔던 '왜?'라는 질문에 대한 해답을 찾아본다.

먼저 이 책의 제목이자 핵심 키워드인 '보안 빅데이터 분석', '플랫폼', '구축 가이드'에 대해 스스로에게 질문하며 해답을 고민했던 여정을 함께 공유하고, 마지막으로 왜 이 여정의 주요 파트너로 스플렁크라는 솔루션을 선택했는지 살펴본다.

1장에서 다루는 내용은 다음과 같다.

- 보안 빅데이터 분석의 필요성
- 보안 데이터 고유의 특성 및 보안 빅데이터 분석 플랫폼 정의
- 구축 가이드의 중요성과 가치
- 스플렁크 솔루션이 지닌 특성과 보안 분야에서의 특장점

1.1 왜 데이터 분석이 필요한가?

보안 분야에서 왜 빅데이터 분석의 필요성이 부각되고 있는지 보안 위협 트렌드와 기업이 당면한 현실, 기술 발전 트렌드 관점에서 살펴보자.

1.1.1 보안위협의 고도화 및 지능화

그림 1-1에서와 같이 최근 개인 및 기업을 대상으로 발생하는 다양한 보안 위협 및 공격 시도들의 특징을 분석해 보면 한마디로 '더욱 넓게, 더욱 깊게, 더욱 다양하게' 라고 요약할 수 있다. 재작년부터 기승을 부려왔던 크립토재킹Cryptojacking[1]은 최근 기

---

1 암호화폐(cryptocurrency)와 납치(hijacking)를 의미하는 영어 단어에서 비롯된 합성어로, 컴퓨터를 감염시켜 사용자 몰래 컴퓨터의 리소스를 암호화폐 채굴에 이용하는 사이버 공격을 뜻한다.

업뿐만 아니라 개인 타깃으로도 전방위적 공격을 퍼붓고 있고, 기업 및 개인이 보유한 중요 자료 탈취를 목적으로 한 지능형 위협 공격APT, Advanced Persistent Threat2은 공격 대상의 깊숙한 곳에 짧게는 수일에서 길게는 1년이 넘는 기간 동안 잠복해 흔적을 남기지 않고 지속적으로 정보 유출을 감행하고 있다.

또한 정보자산 보호를 위해 기업들이 앞다투어 설치한 보안 솔루션을 우회하고, 정상 메일로 위장한 악성코드 이메일을 무작위로 배포해 무차별적으로 감염시키는 등 해커들은 자신이 원하는 바를 달성하기 위해 방어자가 따라가기도 벅찬 다양한 첨단 기술들을 활용하고 있다.

그림 1-1 2019년 7대 사이버 공격 전망
(출처: 보안뉴스, https://www.boannews.com/media/view.asp?idx=75210)

---

2 공격 대상을 특정해 고도의 다양한 공격 기법들을 사용, 공격에 성공할 때까지 지속적으로 공격을 시도하는 공격 패턴을 의미한다.

이렇게 외부의 보안 위협이 고도화되고 지능화될수록 기업의 보안 담당자는 본인이 속한 기업의 정보자산을 안전하게 보호하기 위한 조치를 고민하게 되고, 새로운 보안 솔루션을 도입해 이를 해결하고자 하는 것이 일반적이다. 물론 최근 출시되는 대부분의 보안 솔루션은 수많은 사례 분석과 테스트를 거치기 때문에 광범위한 영역에 걸쳐 뛰어난 방어능력을 보여주고 있지만, 앞서 예를 들어 설명했던 '더욱 광범위해지고, 더욱 깊어지고, 더욱 다양하게 시도되는 지속적인 공격 시도' 앞에서는 단일 솔루션을 통해 모든 공격을 막아내겠다는 기존의 단순한 접근 방식은 분명한 한계가 존재한다.

따라서 점점 더 어려워지고 있는 기업의 정보자산 방어, 그리고 방어자보다 공격자가 더 많아짐에 따라 방어가 더욱 어려워지고 있는 기업 보안의 현실을 극복하기 위해서는 새로운 고민과 시도가 필요하다. 기업의 보안 담당자는 서로 다른 보안 솔루션과 비즈니스 상에서 발생하는 상황 전체를 조망할 수 있도록 통합 뷰를 마련해 이를 활용할 수 있어야 하는데, 이를 위해서는 보안 솔루션에서 발생하는 데이터와 비즈니스 상에서 발생하는 데이터 각각의 면밀한 분석과 함께 각 데이터 소스 간의 연관 분석 및 활용이 수반될 수 있어야 한다. 이것이 바로 보안 분야에서 데이터 분석이 반드시 필요한 가장 근본적인 이유다.

1.1.2 보안 담당자의 한계 봉착

기존 방식의 한계를 인정하고 이에 대한 새로운 접근의 필요성에 대해 공감한다면, 이제 행동에 나설 차례다. 하지만 이마저도 녹록치 않은 이유가 있는데 바로 데이터 분석 기반의 기업 보안 강화 활동을 시도하고, 진두지휘해 나갈 전문인력이 부재하다는 것이다. 사실 전문인력은 둘째 치더라도, 모니터링하고 분석해야 할 보안 이벤트와 데이터는 폭발적으로 늘어나는 데 비해 이를 처리하기 위한 인적 자원을 확보하기조차 어려운 것이 대부분의 기업 보안 담당자가 처한 현실이다.

더 큰 문제는 이러한 보안 인력의 만성적 부족 현상이 지속됨으로써 기업 보안 담당자의 경험과 노하우에 의해 해당 기업의 보안 수준이 결정되는 구조가 고착화되고 있다는 점이다. 그림 1-2와 같이 보안 전문가가 파악해야 하는 정보의 양이 계속해서 증가함에 따라 보안 전문가가 처리할 수 있는 데이터 분석의 양도 한계에 부딪힐 수밖에 없다.

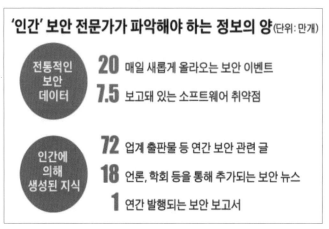

그림 1-2 '인간' 보안 전문가가 파악해야 하는 정보의 양
(출처: 한국일보, https://www.hankookilbo.com/News/Read/201703080463480869)

보안 정보의 홍수와 이를 다룰 인적 자원의 부족은 '봐야 할 것을 보지 못하고, 보고 싶어도 볼 수 없는 상황'을 야기하고 있으며, 이런 '구멍'들이 크고 작은 보안 사고로 직결되는 경우가 많다. 이와 같은 악순환의 고리를 끊어 내기 위해 최근 들어 각광받고 있는 것이 바로 '보안 빅데이터 분석 및 활용'이다.

기업의 보안 수준을 인적 역량에 의존하지 않고, 보안 담당자가 봐야 하는 것과 보고 싶었던 것들을 보면서 축적한 경험과 노하우를 데이터 분석 결과와 적절히 배합해 기업 보안 수준 향상에 활용하는 '보완재로써의 보안 데이터 분석 결과 활용'이 고질적인 인적 한계를 극복하는 해결책이 될 수 있다는 것이다.

1.1.3 기술 발전에 따른 보안 트렌드의 변화

물론 앞서 이야기한 '데이터 분석 결과를 활용한 기업 보안 강화'라는 화두가 최근 들어 갑자기 등장한 것은 아니다. 이미 더 높은 수준의 기업 보안 역량을 확보하기 위해서는 단일 보안 솔루션에 의지해서도, 보안 담당자의 경험과 노하우에 의존해서도 안되며 궁극적으로 원천 로그 분석이 겸비돼야 한다는 데이터 분석의 필요성은 국내외 대부분의 보안 담당자가 인지하고 있었던 사실이다. 심지어 몇몇 글로벌 기업들은 이미 십수 년 전부터 많은 비용을 투자해 기업 보안 수준 향상에 데이터 분석을 적극 활용하고 있다.

하지만 최근 몇 년 간 꾸준히 발전해 온 빅데이터 처리 기술과 IT 비용의 혁신적인 효율화는 과거 비싸고, 느리고, 몰라서 할 수 없었던 보안 분야의 원천데이터 분석을 빠르고 저렴하게 할 수 있도록 했으며, 이제는 인간뿐만 아니라 기계까지 더욱 똑똑하게 만들고 있다.

미래의 기업 보안은 기존의 탐지 및 사후 조치에 집중된 수동형 보안 트렌드에서 벗어나, 그림 1-3과 같이 선제적 대응 및 예방 중심의 능동형 보안 트렌드로 빠르게 진화해 나갈 것이며 이를 가능하게 하는 핵심 요소가 바로 데이터 분석이 될 것이다.

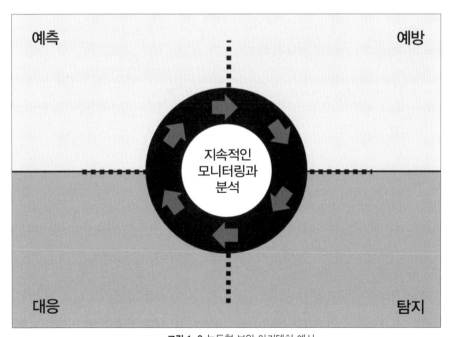

그림 1-3 능동형 보안 아키텍처 예시
(출처: 가트너 인용, https://www.gartner.com/binaries/content/assets/events/keywords/security/sec23/
sec23_managing_risk_and_security.pdf)

1.2 왜 플랫폼으로 구축해야 하는가?

기업 보안 수준 향상을 위해 빅데이터 분석 및 활용이라는 새로운 접근을 선택한 담당자들은 우선 빅데이터 솔루션이 어떤 것들이 있는지 찾아보는 것으로 첫 시도를 시작하게 된다. 그렇다면 보안 데이터를 잘 분석하고 활용하기 위해서는 어떤 방식을 선택하는 것이 좋을까? 최근 프로젝트 현장에서 직접 보고 느꼈던 경험에 비춰 봤을 때, 나는 '보안 데이터 분석 기반을 탄탄하게 갖추기 위해서는 반드시 플랫폼의 형태로 구축돼야 한다.'고 생각한다. 왜냐하면 보안 데이터가 가지고 있는 고유의 특성과 플랫폼만이 제공할 수 있는 효과를 감안했을 때, 보안 빅데이터를 가장 효율적으로 분석하고 활용할 수 있는 방식이 플랫폼이기 때문이다.

그럼 보안 데이터는 어떤 특징을 가지고 있고, 보안 빅데이터 플랫폼의 정의는 무엇이며, 플랫폼의 어떤 특성이 보안 빅데이터 분석에 도움이 되는지 하나씩 살펴보도록 하자.

1.2.1 보안 데이터가 지니는 고유의 특성

보안 데이터가 마케팅, 제조 등 타 업종/분야에서 생산되는 데이터와 완전히 다르다고 볼 수는 없다. 하지만 보안이라는 특수한 분야에서 생산되는 데이터이기에 그에 따른 고유의 특성이 존재하며, 이는 다음과 같이 크게 4가지로 정리할 수 있다.

- Variety(다양성): 보안 분야에서 취급하는 데이터의 90% 이상이 비정형 머신 데이터이며, 기업에서 사용하는 보안 솔루션의 개수만큼 다양한 형태의 데이터를 생산해 내고 있다. 이는 원천데이터의 전처리 없이는 데이터에 대한 기본적인 해석조차도 불가능하다는 의미다.
- Volume(용량): 사전에 정제된 정형 데이터를 비즈니스에 주로 활용하기 때문에 데이터의 절대적인 양보다는 연산량이 많은 타 업종/분야와 달리, 보안 데이터는 하루에도 적게는 수백GB에서 많게는 수십TB 수준으로 생성된다. 따라서 보안 데이터를 온전하게 분석하고 활용하기 위해서는 엄청난 용량의 원

천데이터를 취급할 수 있는 기술과 함께 원하는 데이터를 정확하게 추출해 낼 수 있는 기술 또한 겸비해야 한다.

- Velocity(속도): 보안 데이터는 주로 24시간 365일 쉴 새 없이 돌아가는 머신들의 행위를 로그 형태로 생성하기 때문에, 단시간에 실시간으로 생성돼 네트워크상에 돌아다니는 경우가 많다. 이에 따라 기업의 정보자산에 존재하는 위협을 신속하게 파악하고 제거하기 위해서는 데이터를 신속하게 수집하고 실시간에 가깝게 활용할 수 있는 기반을 마련해야 하는 것이 필수다. 즉, 스피드가 생명이다.

- Value(가치): 복잡하고 보기도 어려운 대용량의 데이터를 다뤄야 하고, 심지어 이를 빠르게 분석해서 비즈니스적 가치를 찾아내야 한다는 어려움 때문에 그동안 보안 데이터가 지니는 가치는 매우 낮다고 알려져 있었다. 그러나 용량 대비 가치 있는 데이터가 극히 일부라고 하더라도, 보안 사고로 인해 기업이 부담해야 할 손실액이 최대 수천 억 원에 달할 수 있다는 점을 고려하면 이에 대한 기회비용 차원에서 보안 데이터가 가지는 가치는 굉장히 크다고 볼 수 있으며, 이미 데이터 분석 결과를 활용한 기업의 보안 사고 예방 사례가 이를 증명하고 있다.

위와 같이 보안 빅데이터 분석 기반은 대용량의 비정형 데이터를 신속하게 분석해 활용함으로써 지속적인 가치를 창출할 수 있도록 구성돼야 하며, 이를 위해서는 플랫폼으로의 구축이 가장 적합하다.

1.2.2 보안 빅데이터 분석 플랫폼 정의

보안 빅데이터 분석 플랫폼을 정의하기에 앞서, 플랫폼이 도대체 무엇인지에 대해 알아보기 위해 사전적인 의미부터 살펴보고자 한다. 플랫폼의 사전적 의미는 다음과 같이 설명할 수 있다.

플랫폼이란?

"본래 기차를 승차 또는 하차하거나 강사, 음악 지휘자, 선수 등이 사용하는 무대나 강단을 뜻했으나 그 의미가 확대돼 특정 장치나 시스템 등에서 이를 구성하는 기초가 되는 틀 또는 골격을 지칭하는 용어로, 컴퓨터 시스템이나 자동차 등 다양한 분야에서 사용되고 있다."

플랫폼의 사전적 의미(출처: 네이버 지식백과)

위 사전적 의미를 보안이라는 업종과 빅데이터 분석 및 활용이라는 비즈니스 목적을 종합적으로 고려해 재해석한다면 다음과 같이 정의할 수 있을 것이다.

보안 빅데이터 분석 플랫폼이란?

"보안 데이터의 수집부터 저장, 검색, 분석 및 시각화까지의 업무 프로세스를 수행하기 위해 다양한 솔루션의 연계 및 개발/운영이 가능한 환경이자, 데이터와 사용자 간의 상호작용을 통해 지속적인 부가 가치 창출을 지원하는 서비스 기반이다."

플랫폼은 다양한 단위 애플리케이션의 연계를 지원해 주는 역할을 수행하기 때문에 일반적인 솔루션보다는 보다 포괄적인 개념이며, 업무 수행을 위한 IT 프로세스 및 기존 시스템과의 연계 모듈을 탑재해 사용자의 비즈니스 목적 달성 및 관리를 지원하기 위한 체계를 의미하는 시스템과 비교해 보면 동일한 범주를 의미하거나 시스템의 핵심 구성 요소에 포함되는 관계라고 할 수 있다. 지금까지 설명한 솔루션과 플랫폼, 시스템 간의 연관 관계를 보안 분야의 예를 들어 도식화하면 그림 1-4와 같다.

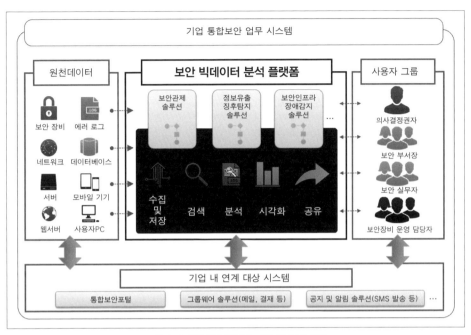

그림 1-4 솔루션과 플랫폼, 시스템 간의 관계

플랫폼은 '환경'이자 '기반'이기 때문에, 단순히 구축만 한다고 해서 가치가 창출되는 것은 아니다. 결국 플랫폼을 구성하는 주요 요소인 '데이터'와 '사용자'가 상호작용을 일으키는 '활동'이 수반돼야 플랫폼이 제 기능을 발휘할 수 있는데, 이 활동이 시작되면 나타나는 플랫폼만의 주특기가 바로 '네트워크 효과'다.

1.2.3 플랫폼의 진정한 힘: 네트워크 효과와 교차 네트워크 효과

사용자가 플랫폼에 저장된 데이터에 대해 접근을 시도하면, 그때부터 사용자와 데이터 간의 상호작용이 시작된다. 이 때 플랫폼은 사용자가 데이터를 만나볼 수 있는 거점 역할을 하며, 상호작용이 계속될수록 데이터 분석의 중심으로 자리잡게 되는 것이다. 사용자가 지속적으로 데이터 분석 결과를 도출하고 이를 플랫폼에 담아낼수록 가치 있는 데이터가 증가하며, 이 과정을 통해 축적된 데이터는 새로운 분석 통찰력을 제공하기 위한 양질의 자원으로 치환돼 사용자의 생산성 향상을 극대화해줄 수 있는 가치 있는 토대를 조성한다.

이렇게 되면 데이터로부터 촉발된 양질의 가치를 공유 받기 위해 점점 더 많은 사용자가 플랫폼에 접근해 데이터와의 상호작용을 시도하게 되고, 다양한 관점 및 기술을 활용하고 결과를 공유하기 위해 더 많은 데이터를 플랫폼에 담게 되면서 플랫폼의 지속적인 확장을 서로 촉진하게 된다. 이러한 일련의 과정을 통해 결국 데이터를 수집하고 저장할수록, 검색하고 분석할수록, 활용하고 공유할수록 가치가 끊임없이 증가하는 효과를 누릴 수 있게 되는데 이것이 바로 플랫폼의 진정한 힘이자 플랫폼만의 고유 특성인 네트워크 효과와 교차 네트워크 효과다(그림 1-5 참조).

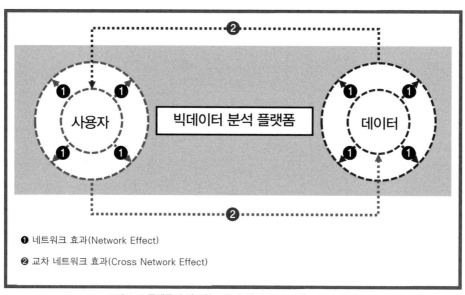

❶ 네트워크 효과(Network Effect)

❷ 교차 네트워크 효과(Cross Network Effect)

그림 1-5 플랫폼의 네트워크 효과 및 교차 네트워크 효과 예시

이번에는 앞서 설명한 플랫폼의 주요 요소를 '보안 데이터'와 '기업 보안 담당자'라고 가정해 보자. 플랫폼의 활용성을 높이면 높일수록 기업 보안 담당자의 데이터 분석 역량이 강화돼 알려진 또는 알려지지 않은 보안 위협의 탐지 가능성을 향상시킬 수 있을 것이며, 이는 결국 기업의 보안 수준 향상으로 직결돼 플랫폼의 활용 범위를 넓혀 나갈 수 있는 촉진제로 활용될 수 있을 것이다. 이와 같은 선순환을 통해 데이

터 분석의 가치를 끊임없이 만끽하는 것. 이것이 보안 빅데이터 분석 및 활용을 위해 플랫폼을 구축해야 한다고 주장하는 가장 큰 이유다.

1.3 왜 구축 가이드가 중요한가?

독자가 플랫폼의 필요성에 공감해 당장 플랫폼 구축을 시작하겠다고 결심하더라도, 막상 본격적으로 플랫폼을 구축하기 위한 고민을 시작하면 무엇을 어디서부터 시작해야 할지 막막할 것이다. 일단 서버부터 사야 하나? 플랫폼에는 어떤 데이터를 어떻게 수집해야 하지? 플랫폼에 어떤 콘텐츠를 담아야 하지? 비용은 얼마나 들지? 등 기업 보안 담당자의 고민거리는 꼬리의 꼬리를 물고 수없이 생겨나게 되는데, 문제는 이에 대한 해답을 찾기가 어렵다는 것이다.

한번도 가 보지 않은 길을 헤쳐 나가기 위해서는 도움의 손길이 필요한데, 절차와 고려사항을 포함한 체계적인 가이드가 해답을 찾기 위한 좋은 솔루션이 될 수 있다. 플랫폼의 성공적 구축 및 안정적인 운영을 도와줄 가이드의 필요성에 대해서 기업에서 흔히 발생하고 있는 보안 담당자의 고민과 구축 가이드가 제공할 가치를 중심으로 알아보자.

1.3.1 플랫폼 구축의 현실: Case By Case

플랫폼 구축을 본격적으로 시작한 기업 보안 담당자라면 모두 제한된 예산과 정해진 기일 안에 문제없이 성공적으로 플랫폼이 완성되기를 바랄 것이다. 하지만 플랫폼 구축을 누가 어떻게 어떤 내용으로 수행해 어떤 비즈니스적 효과를 창출해 내겠다는 계획을 수립하기 시작하면 플랫폼 구축을 위해 사전에 알아야 할 것과 의사결정해야 할 것이 엄청나게 많다는 것을 바로 확인할 수 있을 것이다.

플랫폼을 구축하는 과정은 플랫폼을 주로 사용하면서 가치 창출의 역할을 수행할 업무 담당자와 플랫폼 구축과 운영을 책임질 IT 담당자, 실제 플랫폼 구축과 콘텐츠 탑재 및 운영 환경 구성 등을 실무적으로 챙길 플랫폼 구축 엔지니어까지 이해관계자 모두가 유기적으로 각자의 역할을 소화하며 한 발씩 앞으로 나아가야 하는 고된 항해의 여정과도 같다. 그래서 각 이해관계자들이 플랫폼 구축의 방향성을 공유하고, 상호 간의 원활한 소통을 통해 원하는 것과 할 수 있는 것에 대한 기술적 균형을 유지하는 것이 매우 중요하다.

하지만 보안 분야에서의 빅데이터 분석 플랫폼 구축 프로젝트가 진행되는 과정을 직접 현장에서 겪어보니, 이 '균형'을 유지하는 부분이 매우 어렵다는 것을 뼈저리게 느낄 수 있었다. 신기술 기반의 솔루션을 활용한 플랫폼 구축이라는 프로젝트의 특성상 업무 담당자나 IT 담당자에 비해 구축 엔지니어가 핵심 기술 요소에 대한 경험치를 더 보유하고 있는 경우가 많다. 우려되는 건 이로 인해 기술적 불균형이 발생할 경우 구축 엔지니어의 기존 프로젝트 수행 경험과 보유 역량에 따라 새롭게 구축할 플랫폼의 기능과 안정성이 결정되는 상황이 벌어질 수 있다는 것이다. 게다가 구축 엔지니어가 풍부한 경험을 가지고 있다 하더라도, 통상적으로 이런 경험과 노하우를 기꺼이 공유하는 경우는 거의 없고 대부분 사례 소개나 간략한 구축 결과 공유로 그친다는 사실도 상황을 더욱 악화시킬 수 있는 위험 요소다.

결국 이 경우 업무 담당자는 IT 담당자와 구축 엔지니어가 구현해 주는 대로 울며 겨자먹기로 써야 하고, IT 담당자는 구축 엔지니어가 어떻게 해서 기능 구현 및 설정을 수행하는지 구체적으로 알 수가 없어 답답해도 마냥 엔지니어만 믿고 가는 수밖에 없다. 물론 업무 담당자와 IT 담당자의 끊임없는 수정 요청사항에 지쳐 제대로 된 구현 및 테스트 작업도 못해보고 땜질식 처방으로 연명하는 구축 엔지니어도 고통스럽기는 마찬가지다. 이것이 현재 플랫폼 구축을 하고 있거나 이미 구축을 완료해 활용하고 있는 국내외 기업들에게서 심심치 않게 나타나는 현실이며, 구축 전부터 구축 후 운영 단계까지의 상세 절차와 각 단계별 중점 고려사항 등을 체계적으로 정리한 실무적인 가이드의 필요성이 업무 및 IT 담당자뿐만 아니라 구축 엔지니어들에게서도 대두되고 있는 이유다.

1.3.2 성공적 구축은 성공적 활용의 전제조건

앞서 플랫폼의 네트워크 효과를 설명할 때도 언급했었지만, 플랫폼의 진정한 가치는 구축을 완료한 시점이 아닌 활용이 시작되는 시점부터 발휘된다. 아무리 완벽한 기능을 탑재하고 환상적인 성능을 보장하는 플랫폼을 구축했다 하더라도, 사용자가 플랫폼에 접근해 가치를 창출하고 활용하지 않는다면 아무런 의미가 없다.

그림 1-6과 그림 1-7에서 보듯이 매출 향상 및 비용 절감, 전략적 의사결정 업무 수행 지원 등을 목적으로 빅데이터 시스템을 도입하고자 하는 기업이 매년 꾸준히 증가하고 있으나, 이 중 절반 이상의 기업이 적지 않은 비용투자의 필요성, 관련 전문 인력 부재, 동종 업계의 성공사례 부족, 관련 경험 및 임직원의 관심 부족 등을 우려해 2020년 이후에 도입을 검토해 보겠다고 답변할 수밖에 없는 상황이 현재 국내 기업이 처한 안타까운 현실이다.

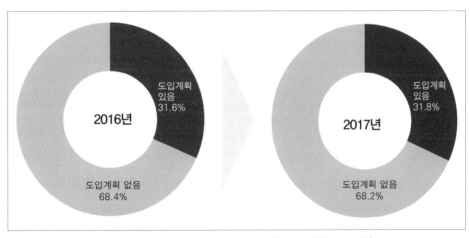

그림 1-6 국내 기업의 빅데이터 시스템 향후 도입 의향(미도입 기업)
(출처: 2017년 BIG DATA 시장현황 조사, www.itfind.or.kr/admin/getFile.htm?identifi
er=02-004-180509-000003)

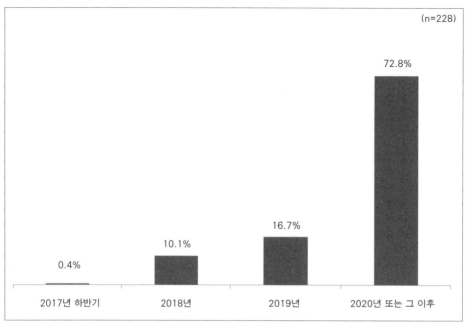

(n=228)

그림 1-7 국내 기업의 빅데이터 시스템 향후 도입 시기(미도입 기업)
(출처: 2017년 BIG DATA 시장현황 조사, www.itfind.or.kr/admin/getFile.htm?identifi
er=02-004-180509-000003)

빅데이터 분석 플랫폼의 미흡한 구축은 활용 시 여러 가지 제약과 오류를 유발시키
며, 견고하게 구축하지 않은 상태에서 무작정 활용하려고 했다가는 신뢰성을 담보할
수 없는 분석 결과만을 받아든 채 시간만 낭비하게 될 수 있다. 극단적으로는 제대로
된 활용을 위해 새롭게 플랫폼을 구축해야 하는 상황도 발생할 수 있기 때문에 '잘
만들기 위한' 방법도 '잘 쓰기 위한' 방법 못지 않게 중요하게 다뤄야 한다.

성공적 구축은 성공적 활용의 전제조건이기에, 성공적인 구축을 위해서는 담당자의
경험과 노하우에 의존하는 기존 구축 방식에서 벗어나 가이드 기반의 체계적이고 효
율적인 구축이 이뤄져야 할 것이다. 독자가 구축 가이드의 중요성에 대해 공감한다
면, 이제 가이드를 마련하는 노력을 통해 그 가치를 만끽할 준비가 된 것이다.

1.3.3 구축 가이드가 제공할 가치: 품질, 시간, 그리고 시너지

체계적인 가이드가 플랫폼 구축을 추진할 담당자에게 어떤 도움을 줄 수 있을까? 나는 가이드가 다음 3가지의 가치는 기본적으로 제공할 수 있다고 생각한다.

- **품질 보장**: 체계적인 가이드를 기반으로 한 플랫폼 구축 과정에는 업무 담당자와 IT 담당자, 플랫폼 구축 엔지니어가 각자의 위치에서 수행해야 할 필수 작업들이 기본적으로 포함돼 있기 때문에 일정 수준 이상의 플랫폼 기능 및 성능을 보장한다. 이는 구축뿐만 아니라 활용 관점에서도 기본적인 활용 수준을 보장하기 위한 선행 지표로 활용될 수 있으며, 보장 수준은 각 이해관계자가 가이드를 얼마나 견고하게 구성하느냐에 따라 결정된다.

- **구축 리드타임 단축**: 가이드 기반의 체계적인 구축 과정을 따라가다 보면 각 단계별로 해야 할 활동과 고려사항들을 사전에 인지하고 체크해 나갈 수 있기 때문에 주먹구구식 작업 수행을 통해 발생할 수 있는 시행착오와 정상화 조치 시간을 획기적으로 단축할 수 있다. 또한 향후 플랫폼 확장, 장애 조치 등 각 담당자들이 원하는 것을 찾고 조치하는 데 걸리는 시간을 절약할 수 있는 장점도 있다. 게다가 리드타임^{Lead Time}의 단축은 구축에 주어진 시간을 플랫폼의 완성도를 높이고 활용성을 향상시키는 데 사용할 수 있는 기회를 제공할 수 있다는 점에서 그 가치가 더욱 부각될 수 있다.

- **공유가치 창출을 통한 시너지**: 가이드를 활용할 업무 담당자와 IT 담당자, 구축 엔지니어는 가이드에 담긴 구축 절차와 각 단계별 고려사항, 주로 발생하는 질문과 답, 기술적인 팁을 통해 실무적인 경험치를 동시에 확보할 수 있을 뿐만 아니라, 구축 완료 후 다른 담당자와 업무를 공유하거나 인수 인계할 때도 유용하게 활용할 수 있다. 이렇게 해서 얻게 된 '그들만의 경험과 노하우'는 가이드를 보완하는 양질의 콘텐츠로 활용될 수 있으며, 이는 가이드의 수준을 한 단계 업그레이드시켜 플랫폼의 완성도를 지속적으로 향상시키는 시너지 효과를 담당자에게 제공할 수 있다. 이것이 바로 가이드가 제공할 수 있는 궁극의 가치다.

1.4 왜 스플렁크인가?

지금까지 보안 빅데이터 분석 플랫폼 구축을 체계적인 가이드를 기반으로 수행했을 때 가장 효과적인 이유와 이를 통해 플랫폼 구축 추진 담당자가 얻을 수 있는 가치에 대해 설명했다. 그런데 그 수많은 국내외 빅데이터 솔루션과 플랫폼 제품들 중에 왜 스플렁크라는 솔루션을 기반으로 플랫폼 구축 가이드를 제공하고자 했을까?

물론 최근에 가장 중점적으로 연구했고, 프로젝트 현장에서 솔루션을 활용해 플랫폼을 구축하는 과정을 직접 수행하고 있기 때문에 이 책의 주요 콘텐츠를 표현하기에 가장 익숙한 솔루션이라는 것이 나의 솔직한 답변이다. 하지만 타 빅데이터 솔루션 및 플랫폼 제품과 비교했을 때 스플렁크가 가지고 있는 고유의 특성을 감안한다면, 보안 분야에서 플랫폼으로 구축됐을 때 가장 효과적으로 활용할 수 있는 솔루션으로 스플렁크도 충분히 검토할 가치가 있다고 생각한다.

내가 이러한 생각을 가지게 된 이유가 무엇인지 독자가 주목할 만한 스플렁크의 주요 특징을 플랫폼 구축 시 담당자의 주요 검토 관점별로 살펴보면 표 1-1과 같다.

> ✓ NOTE
>
> - 표의 분류는 국내외 기업의 일반적인 솔루션 도입 검토 항목을 토대로 선정했으며, 항목은 향후 기술할 워크플로우와 상세 가이드 내용을 감안해 빅데이터 분석 플랫폼의 주요 구성 요소를 도출했다.
> - 우리가 접할 수 있는 모든 소프트웨어가 그러하듯이 스플렁크도 분명한 한계가 존재하고 모든 기능적인 측면과 성능적인 측면에서 월등히 우수하다고 단정할 수 없다. 따라서 여기서는 시중에서 접할 수 있는 타 솔루션/플랫폼 제품 대비 스플렁크의 우수성을 표현하는 것을 최대한 배제하고, 앞서 정의한 분류와 항목별로 스플렁크 솔루션에서 제공하는 기능/비기능적인 특징을 기술하는 데 집중했다.
> - 스플렁크의 기술적인 특징도 엄밀히 말하면 프로젝트 현장 경험과 공개돼 있는 문헌자료에 대한 분석을 통해 도출된 개인적 해석이자 의견이라고 할 수 있다. 이는 제조사인 스플렁크의 공식적인 의견이라고 볼 수 없으며, 현재 스플렁크를 도입해 사용하고 있거나 앞으로 도입할 계획이 있는 기업의 IT 환경에 따라 다르게 적용될 수 있다.

표 1-1 플랫폼 주요 구성 요소별 스플렁크 주요 특징

분류	항목	스플렁크 주요 특징
기능적 측면	데이터 수집	정형 및 비정형 데이터를 웹 화면 및 서버 콘솔 환경에서 제공하는 설정을 통해 수집 가능하고 File이나 Stream, JSON 등 다양한 방식을 활용할 수 있도록 기능 제공
	데이터 저장	대용량 데이터 저장에 따른 검색 성능을 보장하고 저장량 증가 시 저장 공간을 효율화하기 위해 다수의 서버에 데이터를 분산 압축 저장하는 기술을 적용
	데이터 검색 및 분석	데이터 수집 및 저장 직후부터 솔루션 고유의 검색 쿼리를 통해 실시간 검색이 가능하도록 기능을 제공하며, 시계열 검색 및 비정형 데이터 검색 지원
	데이터 시각화	데이터 검색 및 분석 결과에 대해 즉각적인 시각화가 가능하도록 차트 및 대시보드 구현 기능을 제공하며 변경 사항 발생 시 사용자가 직접 수정 가능
	플랫폼 운영 및 관리	클러스터링이라는 기능을 제공해 원본 데이터의 유실을 방지하고 기존 운영중인 시스템의 중단 없이 서버 증설이나 기능 확장을 할 수 있도록 지원
비용적 측면	플랫폼 도입 비용	하루 데이터 수집량을 기준으로 라이선스를 산정하며, 저장 데이터의 분석을 통해 재생산된 데이터는 라이선스 추가 없이도 활용이 가능하다는 특징을 가지고 있음. 기업 또는 개인이 취급하는 대부분의 하드웨어를 지원해 기존 인프라 및 유휴서버 활용이 가능함.
	플랫폼 운영 비용	솔루션 업그레이드를 위한 설치파일과 매뉴얼, 솔루션 관련 주요 문서들을 공식 홈페이지를 통해 다운로드할 수 있고 문제 해결을 위해 계약 조건에 따라 온라인 또는 유선 서포트를 지원받을 수 있음. 사용자 커뮤니티 콘텐츠는 제약 없는 활용이 가능하며 다양한 무료 앱을 제공해 사용자 선택에 따라 플랫폼의 기능 개선을 위해 설치 및 활용할 수 있음.

1장에서는 보안 분야에서 데이터 분석의 중요성이 부각되고 있는 현상에 대해 살펴보고, 이를 위한 스플렁크 기반 보안 빅데이터 분석 플랫폼 구축 가이드의 필요성에 대해 알아봤다.

2장에서는 플랫폼의 효과적이고 체계적인 구축을 지원하기 위한 방법론인 '보안 빅데이터 분석 플랫폼 구축 워크플로우'에 대해 소개하고, 이에 대한 개요 및 각 단계별 활동과 중점 고려사항에 대해 살펴볼 것이다.

2

보안 빅데이터 분석
플랫폼 구축 워크플로우

1장에서 보안 빅데이터 분석 플랫폼 구축 가이드의 필요성과 가치에 대해 설명했다면, 2장에서는 플랫폼 구축을 보다 체계적으로 수행하기 위한 길잡이가 돼 줄 워크플로우에 대해 소개한다.

워크플로우는 보안 빅데이터 분석 플랫폼을 구축하기 위한 실무적 절차와 고려사항을 포함한 방법론으로, 2장에서는 이를 총 5단계로 구분해 설명하고 각 단계별 정의 및 담당자가 숙지해야 할 주요 활동에 대해 알아본다.

2장에서 다루는 내용은 다음과 같다.

- 보안 빅데이터 분석 플랫폼 구축 워크플로우 정의
- 5단계로 구성한 보안 빅데이터 분석 플랫폼 구축 절차
- 각 단계별 주요 활동 및 실제 비즈니스에서의 주요 고려사항

2.1 워크플로우 개요

앞서 업무 담당자와 IT 담당자, 구축 엔지니어 간 원활한 소통과 협업이 보안 빅데이터 분석 플랫폼의 품질을 결정하는 가장 중요한 요소 중 하나라고 설명했다. 하지만 실제 프로젝트 현장에서 이를 잘 해내기는 쉽지 않다. 소통과 협업이라는 것이 같이 앉아서 이야기를 많이 하고 함께 일한다고 되는 그런 단순한 것이 아니기 때문이다.

서로 다른 이해관계자가 각자의 역할을 충실히 실행해 하나의 목표를 함께 달성해 나가기 위해서는 모두가 공감할 수 있는 '일의 정의와 절차'가 있어야 하며, 서로가 어느 시점에 무슨 일을 어떻게 하고 있는지 파악할 수 있도록 일의 흐름을 명시한 '프로세스'가 필요하다. 마지막으로 각 단계와 활동을 완성도 있게 수행해 내기 위해

서 꼭 챙겨야 하거나 검토해봐야 할 '중점 고려사항'을 숙지해 플랫폼에 담아낼 수 있다면 금상첨화일 것이다.

실제 프로젝트 현장에도 플랫폼 구축 및 운영 업무를 수행하면서 왜 해야 하는지, 무엇을 어떻게 해야 하는지, 다음은 무엇을 해야 하는지, 작업을 다 하고도 제대로 완료한 것인지 등을 고민하는 사람들이 많은데 보통은 이런 부분들이 플랫폼 구축에 많은 영향을 미치지 않을 것이라고 생각한다. 하지만 실제로는 업무 속도가 더디게 진행되고, 동일한 작업을 반복하게 하고, 작업의 누락으로 오류가 발생하고, 누구는 엄청 바쁜데 누구는 할 게 없는 업무와 자원의 비효율적 배분 등의 다양한 문제로 나타나게 된다.

이것이 업무에 대한 단계와 활동을 정의하고, 단계와 활동 간 프로세스를 정의하고, 중점적으로 고려해야 할 사항들을 정리해 그림 2-1과 같이 워크플로우를 정립한 이유다. 플랫폼 구축 업무는 다수의 인력이 동시에 여러 작업을 정상적으로 수행해야 성공적으로 완성해 낼 수 있으므로 구축 과정에서 발생하는 전체 업무를 조망하고, 각각의 단위 업무와 업무 간 흐름을 익히는 것이 가장 중요하다. 그래서 업무 흐름과 단위 업무에서의 고려사항, 이를 플랫폼에 담아내는 절차를 구체화하는 데 집중하고자 절차 또는 방법론이라는 개념보다는 좀 더 포괄적인 워크플로우라고 정의했다.

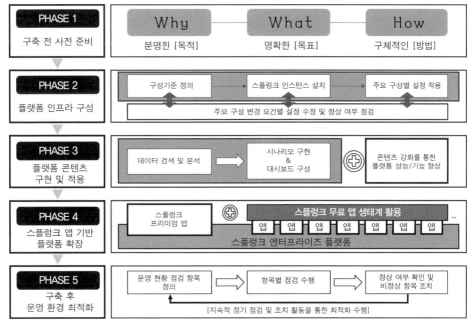

그림 2-1 보안 빅데이터 분석 플랫폼 구축 워크플로우

그림 2-1에서 보는 바와 같이 보안 빅데이터 분석 플랫폼 구축 워크플로우는 구축 작업을 시작하기 전 사전 준비 작업을 수행하는 것으로 시작해, 구축이 완료된 후 운영 환경을 최적화해 안정적인 플랫폼 운영체계를 마련하는 과정까지 총 5단계로 구성돼 있다. 각 단계는 담당자가 이전 단계에서 필요한 작업을 모두 수행했는지 체크하고 다음 단계로 넘어가는 것을 권고하고자 순차적으로 구성했다.

실제 플랫폼을 구축하는 핵심 과정은 인프라를 구성하고, 활용할 콘텐츠를 담고, 앱을 기반으로 플랫폼을 확장해 사용자가 활용하고자 하는 플랫폼의 전체 모습을 구성하는 Phase 2부터 Phase 4까지의 3단계 과정이다. 이미 구축 전 사전 준비를 마쳤거나, 구축 후 운영 환경을 최적화하는 절차가 이미 기업 내 표준으로 정의돼 있을 경우, Phase 2부터 Phase 4까지의 내용을 발췌해 활용해도 무방하다.

그러면 지금부터 각 단계별 정의와 단계별로 어떤 활동이 이뤄지는지 알아보고, 담당자가 플랫폼 구축을 원활하게 수행하는 데 있어 도움이 될 만한 고려사항들은 어떤 것이 있는지 살펴보도록 하자.

✔ NOTE

2장에서는 각 단계와 단계별 활동에 대한 정의와 개념을 소개하는 것을 목적으로 한다. 각 단계와 활동별 상세 수행 절차 및 실제 현장에서 활용할 예시는 이 책의 3장부터 7장까지 각 단계별로 상세하게 소개할 예정이니 각 장의 내용을 참고하기 바란다.

2.2 Phase 1: 구축 전 사전 준비

플랫폼 구축은 이해관계자가 만나서 다양한 사용자 그룹이 활용할 데이터를 어떻게 플랫폼에 담아낼 것인지 결정해야 하는 등 일반적인 단위 업무 애플리케이션을 구축하는 것보다 좀 더 광범위한 범위를 다뤄야 하고, 진행 과정에서의 변동성이 매우 크기 때문에 철저한 사전 준비는 필수다.

Phase 1에서는 구축 담당자가 반드시 고민하고 사전에 의사결정해야 할 주요 요건들을 'Why - What - How' 관점에서 정의한다. 물론 실제 구축을 수행하면서 더욱 많은 요건들을 정의하고 구체화해야 하지만, 적어도 '왜 플랫폼을 구축하는가?', '구축하고자 하는 플랫폼은 무엇이고 어떤 모습으로 구성할 것인가?', '구축 목표를 달성하기 위해 구성 요소별로 어떻게 플랫폼을 구축해 나갈 것인가?'에 대한 질문에 답을 가지고 있어야만 플랫폼 구축에 참여하는 이해관계자들과 동일한 방향성을 공유하고 플랫폼 구축을 신속 정확하게 추진할 수 있다. Phase 1에서 다룰 주요 활동에 대한 개요는 다음과 같다.

2.2.1 Why: 플랫폼 구축 목적 명시

플랫폼 구축을 본격적으로 시작하기 전, 가장 먼저 고려해야 하는 것이 바로 구축 목적을 명확하게 정의하는 것이다. 플랫폼을 왜 구축하는지, 무엇을 하기 위해 구축하는지 등 이 'Why'에 대한 해답을 명시할 수 있어야 한다.

보통 업무 목표를 달성하기 위함이거나 자동화 또는 전산화된 업무 수행 체계를 마련하기 위해 플랫폼을 구축하는 경우가 많고, 이외에도 법적 요건을 준수하기 위해 플랫폼 구축을 시도하는 경우도 발생할 수 있다.

2.2.2 What: 플랫폼 기본 구성 요소 정의

'Why'에 대한 해답을 찾아 목적을 명시했다면, 이제 어떤 플랫폼을 구축할지 'What'에 대한 해답을 찾아 플랫폼의 전반적인 청사진과 달성하고자 하는 목표를 정의할 수 있어야 한다.

우선 서버, OS, N/W 등 플랫폼의 기반 인프라 구성을 위한 구축 환경을 정의해야 하며, 그 다음으로는 데이터 수집부터 분석 및 활용까지 빅데이터 분석 플랫폼의 기본적인 구성 요건에 대한 깊이 있는 고민을 통해 플랫폼에 무엇을 담아낼지 확정해야 한다.

2.2.3 How: 주요 구성 요소별 플랫폼 구현 방안 수립

플랫폼에 담을 기본적인 구성 요소를 정의했다면, 어떻게 작업을 수행할지 'How'에 대한 해답을 찾아볼 시간이다. 앞서 정의했던 구성 요소를 기준으로 각각의 구현 방법을 구체화해서 플랫폼 구성 과정에 적용할 구현 방안을 세부적으로 확정하는 것이 핵심이다.

예를 들어 구축 환경의 경우 서버는 어떤 브랜드에 어느 정도의 사양을 가진 서버를 몇 대 도입해 설치하고, OS는 무엇을 설치하며, 네트워크는 어느 망에 어떻게 구성하도록 한다는 것을 확정하는 수준까지 구체화돼야 구축 과정에서의 혼선을 방지하고 보다 완성도 높게 플랫폼을 구축할 수 있다. 이 과정에서는 플랫폼의 세세한 작업 내용까지 논의되고 확정돼야 하기 때문에 업무 담당자와 IT 담당자, 구축 엔지니어 등 플랫폼 구축 및 활용에 참여하는 이해관계자들 간의 충분한 커뮤니케이션과 신속한 의사결정 환경이 지원돼야 함을 명심하자.

2.3 Phase 2: 플랫폼 인프라 구성

집과 빌딩도 기초 공사가 꼼꼼하게 진행되고 기반이 굳건하게 다져져야 오랫동안 튼튼하게 문제없이 제 역할을 다할 수 있다. 플랫폼도 이와 마찬가지로 기반이 되는 인프라가 견고하게 구성돼야 계획한 기능과 성능을 담보할 수 있고 향후 플랫폼 확장을 시도할 때도 다양한 방안을 검토해 볼 수 있다.

Phase 2에서는 스플렁크 솔루션을 활용해 보안 빅데이터 분석 플랫폼 인프라를 구성하기 위한 절차와 고려사항을 실제 프로젝트 현장의 대표적인 구축 요건을 예로 들어 '구성 기준 정의 → 스플렁크 인스턴스 설치 → 주요 구성별 설정 적용'순으로 정의해 설명하고, 기존 구성을 변경해야 할 경우 실제 현장에서 도움이 될 만한 구성 변경 가이드를 제시한다. Phase 2에서 다룰 주요 활동에 대한 개요는 다음과 같다.

2.3.1 구성 기준 정의

스플렁크 솔루션을 활용해 보안 빅데이터 분석 플랫폼을 구성할 때 업무 담당자 및 IT 담당자가 요청하는 구축 요건을 중심으로 구성 기준을 정의한다. 구성 기준은 서버 대수부터 OS 종류와 설치 버전, 필수적으로 설치해야 하는 소프트웨어, 데이터 수집 대상과 방식 등 다양한 항목들을 포함하며, 구체적이면 구체적일수록 좋다.

2.3.2 스플렁크 인스턴스 설치

앞서 정의된 구성 기준에 맞게 서버에 스플렁크 솔루션을 설치하는 작업을 수행한다. 스플렁크 솔루션은 설치 대상 OS 환경에 따라 적절한 설치파일을 제공하는데, 설치 대상에 따라 설치 방법이 다르고 역할별 설정 방법도 다르므로 이에 대한 사전/사후 작업을 구체적으로 명시해야 한다.

2.3.3 주요 구성별 설정 적용

서버별/역할별 스플렁크 인스턴스 설치가 완료되면 기본 구성 상태로 인스턴스가 동작하도록 설정돼 있는데, 사전 정의한 구성 기준 및 각 인스턴스가 수행할 역할에 맞게 동작하도록 하려면 스플렁크 인스턴스별로 주요 conf 파일 내 설정값을 변경해줘야 한다. 역할별/기능별 변경 대상 conf 파일이 무엇인지 확인하고, 이에 대한 설정 변경 후 적용하는 과정에 대해 명시한다.

2.3.4 주요 구성 변경 요건별 설정 가이드

실제 플랫폼 구축을 수행하다 보면 불가피한 사유로 사전 정의한 구성 기준을 변경해야 하는 상황이 발생할 수 있는데, 이런 경우 설정 수정을 통한 대응 방법을 신속하게 파악하고 향후 구축될 플랫폼에 미치는 영향도를 면밀하게 파악해 구성 변경 작업을 수행할 수 있어야 한다. 여기서는 플랫폼 구축 현장에서 주로 발생하는 구성 변경 상황에 대해 정의하고, 각 상황별 설정 변경 및 정상 여부 점검 가이드를 제시한다.

2.4 Phase 3: 플랫폼 콘텐츠 구현 및 활용

플랫폼의 기반을 든든히 지지해 줄 인프라 구성을 완료하고 나면, 이제 본격적으로 플랫폼에서 사용할 각종 콘텐츠를 구현해 탑재해야 한다. 플랫폼의 활성화는 결국 얼마나 양질의 콘텐츠가 플랫폼에 담겨 있고, 이를 비즈니스에 얼마나 잘 활용할 수 있는지에 따라 결정되기 때문이다.

Phase 3에서는 보안 분야에서 유의미하게 활용할 수 있는 각종 콘텐츠를 스플렁크 솔루션에서 제공하는 기능을 활용해 구현하고 플랫폼에 적용하는 방법에 대해 안내한다. Phase 3에서 다룰 주요 활동에 대한 개요는 다음과 같다.

2.4.1 데이터 검색

스플렁크 솔루션의 고유 검색 질의어인 SPL을 기반으로 데이터 분석 기반 보안 업무 수행의 기초가 될 주요 데이터 검색 기법을 안내한다. 가장 간단한 키워드 검색부터 업무 수행에 도움이 되기 위한 복합 검색까지의 팁을 예시를 통해 소개할 것이다.

2.4.2 데이터 분석

데이터 검색 결과를 기반으로 한 주요 데이터 분석 기법들을 제시하고, 비즈니스에 유용하게 쓰일 수 있는 상관/연관/시계열 분석 예시를 제공할 것이다. 데이터 분석 활동에서 다룰 스플렁크 문법과 기능들은 이어서 설명할 시나리오와 대시보드의 기본 콘텐츠로 활용이 가능하다.

2.4.3 시나리오 구현 및 적용

데이터 분석을 통해 확인한 탐지 조건에 맞게 원하는 대상을 주기적으로 찾아내기 위한 시나리오를 정의하고, 이를 스플렁크 솔루션에서 제공하는 기능을 활용해 구현 및 적용하는 방법에 대해 설명한다.

2.4.4 대시보드 구성 및 활용

스플렁크 솔루션에서는 앞서 설명한 데이터 검색 결과를 활용해 데이터 시각화를 지원할 패널 및 대시보드 구성 기능을 제공한다. 여기서는 실제 플랫폼 구축 현장에서의 적용 사례를 예로 들어 지속적인 데이터 모니터링과 분석을 지원할 대시보드 구성 및 활용 방법에 대해 가이드한다.

2.4.5 콘텐츠 강화를 위한 툴과 팁

앞에서 설명한 콘텐츠 구현 방법을 활용해 양질의 콘텐츠를 구현했더라도, 사용자가 이를 지속적으로 활용하다 보면 콘텐츠 강화를 위한 업데이트가 필요할 수밖에 없다. 다행히 스플렁크 솔루션에서는 기존에 구현한 콘텐츠를 강화시키기 위한 다양한 기능을 제공하고 있는데, 여기서는 실제 비즈니스 현장에서 주로 활용하는 콘텐츠 강화 도구와 팁들에 대해 소개한다.

2.5 Phase 4: 스플렁크 앱 기반 플랫폼 확장

스플렁크 솔루션의 가장 큰 특징 중 하나가 바로 고유의 앱 생태계를 가지고 있다는 것이다. 플랫폼 구축 담당자가 스플렁크에서 제공하는 앱을 적절히 선택해 플랫폼에 적용할 수 있다면, 플랫폼의 활용 범위 확장을 통해 전반적인 기능과 성능을 향상시키는 효과를 누릴 수 있다.

Phase 4에서는 사용자의 보안 빅데이터 분석 플랫폼 확장을 지원해 줄 스플렁크 솔루션의 주요 상용 앱과 무료 앱에 대해 살펴보고, 앱별 활용 가이드 및 활용 시 고려사항에 대해 알아본다. Phase 4에서 다룰 주요 활동에 대한 개요는 다음과 같다.

2.5.1 상용 앱

스플렁크 솔루션의 앱 생태계에서 제공하는 앱은 크게 스플렁크 본사에서 개발해 유상으로 배포하는 스플렁크 프리미엄 앱과 주로 스플렁크 사용자 및 엔지니어가 직접 개발해 커뮤니티에 업로드하고 무상으로 배포하는 무료 앱으로 분류할 수 있는데, 스플렁크 솔루션의 대표적인 보안 분야 프리미엄 앱이 바로 스플렁크 엔터프라이즈 시큐리티 앱^{Splunk Enterprise Security App}이다.

여기서는 스플렁크 엔터프라이즈 시큐리티 앱의 주요 화면 및 보안 분야에서의 활용 가이드를 제시한다.

2.5.2 무료 앱

사실 스플렁크 앱 생태계에서는 절대 다수를 차지하는 무료 앱들이 전 세계 수많은 스플렁크 사용자들과 소통하며 막대한 영향력을 발휘하고 있다. 대부분 남녀노소 누구나 인터넷 환경만 갖춰지면 홈페이지에서 다운로드 받아 사용할 수 있는 앱들이지만, 그 중에는 비즈니스에 활용했을 때 꽤 쏠쏠한 재미를 볼 수 있는 유용한 앱들도 많이 존재한다.

여기서는 보안 분야에서 주로 쓰이고, 한번쯤 활용을 검토해 보면 좋을 만한 주요 무료 앱들을 소개하고, 활용 가이드를 제시한다.

2.6 Phase 5: 구축 후 운영 환경 최적화

플랫폼은 구축 후에도 데이터와 사용자라는 주요 참여 요소 간의 상호작용으로 인해 끊임없이 자극을 받게 된다. 이러한 변화무쌍한 상황에 신속하게 대처해 플랫폼의 운영 안정성을 확보하기 위해서는 운영 담당자의 지속적인 모니터링과 정상 상태 유지를 위한 꾸준한 노력이 요구된다.

Phase 5에서는 효과적인 운영 환경 점검 절차 및 비정상 항목 조치 가이드에 대해서 설명하고, 플랫폼을 보다 효율적으로 운영하기 위한 방법에 대해서 알아본다. Phase 5에서 다룰 주요 활동에 대한 개요는 다음과 같다.

2.6.1 플랫폼 운영 현황 점검 항목 정의

플랫폼의 구축 형태에 따라 데이터 수집부터 저장, 검색, 분석을 거쳐 플랫폼 관리에 이르기까지 주요 플랫폼 구성 요소별로 점검 항목을 정의하는 절차에 대해 설명한다.

2.6.2 점검 항목별 현황 점검 수행

앞서 정의한 플랫폼 점검 항목별로 현황 점검을 수행하는 절차에 대해 설명한다.

2.6.3 정상 여부 확인 및 비정상 항목 조치

현황 점검 결과에 대한 정상 여부 확인 방법과 비정상으로 판명된 항목에 대한 주요 조치 방안에 대해 기술한다. 비정상 항목은 점검 항목 중 테스트 환경에서 재현이 가능하거나 실제 플랫폼 운영 현장에서 자주 목격되는 비정상 상황을 중심으로 도출했다.

2.6.4 플랫폼 구성 요소별 운영 효율성 강화 가이드

플랫폼을 구성하는 주요 요소별로 운영 업무의 효율성을 강화하거나, 플랫폼의 안정성을 향상시키기 위한 실무 가이드를 제시한다. 가이드에 포함되는 콘텐츠는 실제 프로젝트 적용 사례들과 함께 스플렁크 솔루션 활용 프로젝트를 다수 경험한 엔지니어들의 경험을 정리했다.

2.7 워크플로우 호환성: 꼭 스플렁크여야만 하는가

지금까지 줄곧 스플렁크라는 솔루션의 기술적 특징을 내세워 이를 활용한 보안 빅데이터 분석 플랫폼 구축 절차를 상세하게 전달하고자 했지만, 사실 지금까지 설명한 워크플로우는 비단 스플렁크 솔루션에 국한돼서만 활용이 가능한 것은 아니다. 워크플로우라는 이름으로 설명한 단계와 활동, 그리고 중점 고려사항들은 빅데이터를 수집해 저장하고, 검색 및 분석 결과를 비즈니스에 활용하기 위해 플랫폼을 구축하려는 목적이라면 다른 어떤 솔루션에도 적용될 수 있는 내용이다.

1장 후반부에서도 언급했지만, 스플렁크 솔루션을 예로 들어 설명한 가장 큰 이유는 다양한 장비에서 발생하는 비정형 머신 데이터를 많이 다뤄야 하는 보안 분야에서는 스플렁크가 가장 효과적인 솔루션이 될 수 있다고 생각하기 때문이다. 하지만 모든 빅데이터 솔루션 및 플랫폼 제품을 검토한 것은 아니기 때문에, 스플렁크와 유사하거나 더욱 뛰어난 머신 데이터 취급 역량을 가진 제품이 있다면 2장에서 설명한 워크플로우가 현장에서 효과를 발휘할 수 있을 것이라고 믿는다.

좀 더 구체적으로 살펴보면 워크플로우의 5가지 단계 중 스플렁크 앱 생태계라는 솔루션 고유의 특성에 의해 완전한 호환이 어려울 수 있는 Phase 4를 제외하고, 나머지 Phase들은 기타 다른 솔루션에도 동일한 기준과 절차로 적용해 활용이 가능하다고 생각한다. 또한 검토하는 솔루션이 앱 설치 기반의 플랫폼 확장이 아닌 3rd party 연동이나 타 솔루션과의 API 연동을 통해 확장이 가능하다면 해당 내용으로 대체하고 얼마든지 호환할 수 있다.

혹여 독자가 스플렁크가 아닌 다른 빅데이터 솔루션을 사용하고 있거나, 관심이 있다면 워크플로우의 체계적 구조와 범용성에 좀 더 초점을 맞춰 살펴봐 주길 바란다. 더 나아가서, 독자의 환경에 맞게 커스터마이징해 활용해 준다면 더욱 감사하겠다.

2장에서는 보안 빅데이터 분석 플랫폼을 체계적으로 구축하기 위한 가장 핵심적인 절차인 워크플로우에 대해 살펴보고, 각 단계별 활동 및 중점 고려사항에 대해 정리해 보면서 플랫폼 구축 담당자가 앞으로 고민하고 결정해 나가야 할 과정에 대해 조망해 봤다.

3장에서는 플랫폼 구축의 첫 번째 단계인 '구축 전 사전 준비' 단계를 소개하고, 플랫폼 구축을 본격적으로 시작하기 전 담당자가 준비해야 할 핵심 요소와 준비 방법에 대해 알아볼 것이다.

3

Phase 1: 구축 전 사전 준비

모든 시스템 구축 과정이 그러하듯이, 플랫폼 구축도 본격적인 시작에 앞서 얼마나 많이 고민하고 준비했느냐에 따라 플랫폼의 품질과 향후 활용성이 결정된다.

3장에서는 보안 빅데이터 분석 플랫폼을 구축하기 위한 첫 단추인 '구축 전 사전 준비' 단계에 대해 알아보고, 담당자가 수행해야 할 주요 활동에 대해 실무적인 예시를 통해 설명한다.

3장에서 다루는 내용은 다음과 같다.

- Why: 플랫폼 구축 목적 명시
- What: 플랫폼 기본 구성 요소 정의
- How: 주요 구성 요소별 플랫폼 구현 방안 수립

3.1 Why: 플랫폼 구축 목적 명시

기업 보안 담당자가 보안 빅데이터 분석 플랫폼 구축을 계획하고 이를 실행에 옮기고자 할 때 가장 먼저 해야 할 일은 바로 '왜 구축하고자 하는가?'에 대한 답을 찾는 것이다. 플랫폼을 구축하는 일은 단순히 솔루션을 도입해서 설치하면 끝나는 문제가 아니며, 사용자가 정해진 기능만 쓰면 플랫폼을 통해 얻고자 했던 효과가 바로 나타나는 것은 더더욱 아니다. 그래서 원하는 목표를 달성하기 위한 플랫폼 구축을 희망한다면 이를 시작하게 된 배경과 구축 목적에 대해 명시할 수 있어야 한다.

보안 분야에서 주로 정의하고 고려하는 플랫폼 구축의 목적은 다음과 같이 크게 업무 개선 목표와 IT 목표 달성, 그 외 기타 요건으로 분류할 수 있으며, 이 책에서는 각 분류별 예시를 보안관제 분야와 정보유출 이상징후 탐지 분야, 기타 분야로 나눠 살펴본다.

3.1.1 업무 개선 목표 달성

대부분의 솔루션 및 시스템의 구축 목적이 이를 통한 업무 개선 목표를 달성하기 위함인데, 특히 보안 분야에서는 기업 보안 업무의 범위를 넓히고, 깊이를 더하고, 인적역량을 강화하기 위한 목적으로 플랫폼을 도입하는 경우가 많다. 플랫폼 구축을 추진하는 담당자는 현재 수행중인 보안 업무의 부족한 점과 플랫폼을 통해 개선하고자하는 점을 명확하게 파악하고, 플랫폼에 담길 데이터와 이를 중점적으로 활용할 사용자를 종합적으로 고려해 비즈니스를 가장 효과적으로 개선할 수 있는 방향으로 플랫폼 구축 목적을 정의해야 한다. 보안 분야에서 정의할 수 있을 것으로 예상되는 업무 개선 목표 달성 예시는 다음과 같다.

- **보안관제 분야**: 보안관제 범위 확대, 외부 보안 위협 모니터링 체계 확립, 내/외부 보안 위협 및 침해시도 탐지능력 강화, 보안 위협 인텔리전스 확보, 보안 사고 예방 및 사후 분석 역량 강화, 보안 솔루션 정책 관리 효율성 향상 등
- **정보유출 이상징후 탐지 분야**: 기업이 보유한 민감정보(개인정보, 중요 기술정보 등) 통합관리체계 마련, 민감정보 유출 의심행위 사전 예측 및 차단 체계 확보, 정보유출 의심행위에 대한 사전/사후 모니터링 체계 마련, 데이터 분석 결과 기반 기업 정보보호활동 고도화 등
- **기타 분야**: 기업 정보보호활동 결과 및 효과 분석 공유 체계 마련, 보안 솔루션 장애 감지 및 모니터링 체계 마련, 보안 데이터 분석가 양성을 위한 교육 및 학습 기반 마련 등

3.1.2 IT 목표 달성

최근 급속도로 발전한 첨단 기술들을 합리적인 비용에 활용할 수 있는 환경이 조성

되면서 보안 분야에서도 기존 시스템의 한계를 극복하고, 저비용 고효율의 신기술 기반 기업 보안 시스템을 구축하기 위한 시도가 지속적으로 일어나고 있다. 일반적으로 플랫폼 구축을 통해 달성하고자 하는 IT 목표는 빅데이터를 수집/저장하고 처리하기 위한 인프라를 마련하거나, 데이터 분석 결과를 업무에 활용할 수 있도록 하기 위한 새로운 기능을 적용하거나, 온라인과 오프라인을 넘나들며 비효율적으로 수행되는 기업 보안 업무를 시스템 기반으로 자동화하고 체계화하는 것을 목적으로 하는 경우가 많다. 앞서 언급한 내용을 토대로 보안 분야에서 정의할 수 있을 것으로 예상되는 IT 목표 달성 예시는 다음과 같다.

- **보안관제 분야**: 보안 장비 로그 통합 인프라 구축, 보안관제 서비스 상시 운영 인프라 구축, 보안 업무 무중단 아키텍처 구현, 이기종 보안 솔루션 통합 분석 기능 적용, 보안위협 탐지 룰 구현 및 적용, 시스템 기반의 보안관제 업무 자동화 프로세스 구현 및 적용, 외부 보안 위협 및 침해시도 자동통보 체계 구축 등
- **정보유출 이상징후 탐지 분야**: 민감정보 유통경로 분석 인프라 구축, 정보유출 이상징후 탐지 및 분석 기능 적용, 이상징후 탐지 시나리오 설계 및 구현, 임직원 정보보호활동 모니터링 대시보드 구현 및 적용, 민감정보 취급 이상행위자 소명 프로세스 자동화 등
- **기타 분야**: 보안 로그 데이터 저장 공간 효율화 적용, 보안 로그 데이터 백업 및 복구 인프라 확보, 보안 솔루션 장애 사전 경보 발생 기능 제공, 내/외부 보안 위협 정보 상시 공유 인터페이스 구현 및 적용, 보안 데이터 분석 훈련 지원을 위한 튜토리얼 제공 등

3.1.3 기타 요건

업무 개선 및 빅데이터 분석을 위한 시스템 기반 마련이라는 목적 이외에도 담당자는 금융산업 등 기업 보안 업무의 특수성을 감안하거나, 특정 보안 사고에 의한 긴급 조치 성격의 다양한 플랫폼 구축 목적을 정의할 수 있다. 보안 분야에서 정의할 수

있을 것으로 예상되는 기타 요건의 예시는 다음과 같다.

- 금융업종에 적용되는 기업 보안 분야 법적 요건 준수

  (예: 개인정보보호법, 신용정보법, 정보통신망법 등)

- 공공/민간정책기관에서 제시하는 보안 수준 강화 권고사항 충족

  (예: 기업 간 보안위협정보 공유체계 마련을 위한 송수신 시스템 구축 등)

- 해킹을 통한 기업 기반시설 파괴, 개인정보 유출 등 기업 보안 사고 재발 방지 및 예방 등

3.2 What: 플랫폼 기본 구성 요소 정의

보안 빅데이터 분석 플랫폼을 구축하는 목적을 분명히 했다면 이제 '무엇을 구축할 것인가?'에 대해 고민해야 한다. 과연 플랫폼에 무엇을 담아낼지, 구축하고자 하는 플랫폼을 어떤 모습으로 만들어낼 것인지 목표를 명확하게 정의하지 않으면 아무리 구축 목적을 분명하게 정하고 이에 대한 참여자 간 공감대가 형성돼 있다고 하더라도 구축 과정에서 혼선이 일어날 수 있으며 이렇게 우왕좌왕하며 얼기설기 엮어진 플랫폼은 결국 사용자가 콘텐츠를 담아내는 데도, 더 잘 활용하기 위해 확장을 시도할 때도 제약이 따르게 된다. 무엇을 구축할지 결정하는 활동에는 플랫폼 인프라를 구성하기 위한 구축 환경부터 데이터가 수집되고 저장되고 활용되는 과정에서 고려해야 하는 기본 구성 요소를 정의하는 것까지 포함된다. 플랫폼의 전체적인 모양새를 정하기 위한 이번 활동을 통해 구성을 고려할 주요 항목들과 항목별 예시는 다음과 같다.

3.2.1 구축 환경

구축 환경은 플랫폼을 구축하는 데 필요한 인프라 구조 전반을 의미한다. 구축 환경을 면밀하게 검토해 확정하는 것이 중요한 이유는 가장 하부구조이자 향후 플랫폼의

기능 및 성능을 향상시키거나 증설을 고려할 때 운영 환경에서 사용중인 플랫폼의 영향도를 최소화하고 안정적으로 작업을 수행할 수 있어야 하기 때문이다.

구축 환경은 크게 하드웨어와 소프트웨어로 분류할 수 있으며, 추가로 이중화 구성이나 보안 소프트웨어 필수 설치 등 플랫폼을 도입하고자 하는 기업에서 내부적으로 준수해야 하는 표준 정책이 존재한다면 함께 검토할 필요가 있다.

3.2.2 데이터 수집 및 전송

보안 빅데이터 분석 플랫폼을 구성하는 가장 핵심적인 요소가 바로 '데이터'다. 어떤 목적으로 어디에 위치한 어떤 데이터를 어떻게 수집할지 결정하는 것이 핵심이며, 수집할 데이터를 어떻게 데이터 저장소로 전송할지도 중요한 의사결정 사항이기 때문에 이 또한 함께 고려해 데이터 수집 및 전송 체계를 명확하게 정의해야 한다.

또한 실제 플랫폼을 구축해 보면 데이터 수집이 추가되거나 수집 방식 및 범위가 변경되는 경우가 빈번하게 발생하기 때문에, 데이터 유실을 방지하고 수집 및 전송 지연이 일어나지 않도록 데이터 수집 대상 담당자와의 충분한 검토와 협의가 필요하다.

3.2.3 데이터 저장

데이터 저장에 대한 고민의 핵심은 데이터 수집 대상으로부터 전송되는 원천데이터를 어떻게 저장하고, 끊임없이 저장되는 원천데이터를 어떻게 관리하며, 사용자가 저장된 데이터를 원활하게 검색해 사용할 수 있게 하려면 어떻게 해야 하는지에 대해 결정하는 것이다. 데이터 저장 방안을 구체화하기 위해서는 데이터를 활용할 업무 담당자와 저장 공간의 효율적 관리 역할을 맡고 있는 IT 담당자의 요구사항이 무엇인지 명확하게 파악해 항목에 반영하는 것이 필요하다.

3.2.4 데이터 검색

원천데이터에 대한 다양한 검색을 통해 데이터의 의미와 속성을 파악하는 것은 플랫폼을 구축하고 활용하는 데 있어 가장 기본이 되는 기능이다. 따라서 플랫폼이 사용자의 다양한 데이터 검색 요건을 충족하는지, 기본 기능에 포함돼 있지 않다면 추가 개발 또는 커스터마이징을 통해 기능을 제공할 수 있는지 검토해 확정해야 한다. 데이터 검색 구성 요소의 정의는 일반적으로 업무 담당자가 데이터 분석 및 활용에 대한 필요 기능을 도출하고 IT 담당자가 이를 플랫폼에 적용하기 위한 IT 구현 요건을 정의해 구축 엔지니어에게 전달하면, 구축 엔지니어는 이에 대한 구현 가능 여부와 구현 방법을 검토해 제시하는 형태로 진행된다.

3.2.5 데이터 분석 및 활용

데이터 검색을 통해 획득한 원천데이터에 대한 이해를 기반으로, 다양한 데이터 분석 기법을 적용해 시나리오와 대시보드를 구현하고 이를 비즈니스에 활용하는 것이 플랫폼의 존재 이유이므로 이에 대한 참여자 간 심도 있는 논의와 의사결정이 필요하다.

데이터 분석 및 활용 구성 요소 정의도 데이터 검색 때와 마찬가지로 업무 담당자는 비즈니스적 요건을, IT 담당자는 IT 구현 요건을, 구축 엔지니어는 구현 가능 여부와 기술적 구현 방법을 고민해 플랫폼의 핵심 콘텐츠를 어떻게 구성해 담아내고 이를 어떻게 비즈니스에 활용할지에 대해 확정할 수 있어야 한다.

3.2.6 데이터 시각화

플랫폼에서 다루는 데이터가 워낙 방대하기 때문에 이를 분석하고 활용하는 데 있어 새로운 접근 방법이 필요한데, 최근 들어 신속하게 데이터 간의 관계를 파악하고 일반적인 추세와 이상치를 식별해 의사결정에 활용하기 위한 방법으로 각광받고 있는 것이 바로 데이터 시각화다.

데이터 시각화 구성 요소 정의를 위해서는 데이터 시각화 구현 및 적용을 위한 데이터 분석 대상과 활용 기법, 표현 방법 등에 대한 사전 검토 및 확정 작업이 필요하다. 데이터 분석 결과에 대한 시각화 기능이 플랫폼에 적절하게 적용될 수 있다면 플랫폼이 담고 있는 콘텐츠를 더욱 가치 있게 만들 수 있을 것이다.

3.2.7 플랫폼 운영 및 관리

플랫폼의 인프라 기반을 튼튼하게 다지고 양질의 콘텐츠를 담아 비즈니스에 활용할 수 있는 체계를 구축하는 것만큼, 이와 같은 플랫폼 서비스가 항상 정상 상태를 유지하며 안정적으로 운영될 수 있도록 관리하는 것도 매우 중요하다.

플랫폼 운영 및 관리 구성 요소는 플랫폼을 구성하는 인프라 환경부터 데이터 수집 및 전송 ~ 데이터 시각화에 이르는 플랫폼의 주요 기능에 대한 정상동작 여부를 체크하고 안정적인 상태를 유지하기 위한 모니터링 항목들을 포함한다.

3.3 How: 주요 구성 요소별 플랫폼 구현 방안 수립

플랫폼 구축을 위한 분명한 목적과 명확한 목표를 정의했다면, 이제 '어떻게 구축할 것인가?'에 대한 고민과 해답을 찾아 앞서 정의한 플랫폼의 기본 구성 요소별로 구체적인 구현 방안을 수립할 차례다. 구성 요소별 구현 방안은 플랫폼을 주로 활용할 업무 담당자와 IT 담당자의 요건 및 구축 엔지니어의 사전 확정 요청사항을 다시 한 번 살펴보고, 플랫폼 구축을 추진하는 기업의 업무 및 IT 표준 중 반드시 준수해야 할 필수 사항이 있는지 종합적으로 검토해 최대한 구체적으로 수립해야 향후 구축 시 신속하고 안정적인 작업 수행이 가능하다. 플랫폼 구성 요소별 구현 방안 수립 예시는 다음과 같다.

3.3.1 구축 환경 정의

구분	구성 요소	구성 상세 항목	주요 검토사항 예시
H/W	서버	RAID 설정 구성	RAID 설정 정보, Disk fault 시 대응 방안 등
		CPU 구성	단위 GHz, core 수 등
		MEMORY 구성	총 용량, 단위 용량, 장착 개수 등
		DISK 구성	SSD 여부, 총 용량, RPM 등
		NIC 구성	총 수량, 1G 또는 10G 지원 여부
		기타 구성	전원 이중화, 장애 발생 시 대책, 증설 가능 여부 등
	네트워크 장비	스위치	사용 여부, 망 구성 기준(L2 or L3 or L4) 및 수량 등
		TAP 스위치	Dummy TAP 또는 Aggregation TAP 사용 여부, 제품 사양 등
		기타 구성	네트워크 이중화 구성, 보장 성능 유무 등
	기타	정책 표준 준수	서버 보안가이드 준수, 망분리 환경 구성, 재해복구 환경 구성, 유휴 서버 활용 등
S/W	OS	종류	Windows Server, Linux, Mac OS 등
		버전	OS 종류별 설치 버전 명시
		기타 구성	필수 설치 패키지, 주요 설정 가이드, 보안 표준 등
	플랫폼 솔루션 (스플렁크)	종류	Enterprise, Enterprise Security, Universial Forwarder 등
		버전	스플렁크 앱별 설치 버전 명시
		기타 구성	설치 위치 및 IP/Port 확정, 계정 및 주요 config 기본 설정 등
	플랫폼 솔루션 외	종류	필수 보안 S/W, 백업 S/W 등
		버전	대상별 설치 버전 명시
		기타 구성	메인 서버와의 통신 상태 체크, 보안성 사전 체크 등
기타	정책 표준 준수	보안 가이드	H/W 및 S/W 보안가이드 준수 여부 체크 등
		H/W 및 S/W 표준	기업별 H/W 및 S/W 표준 장비 사용 유무 및 Spec 충족 여부 체크 등
		서비스 제공 표준	주간, 야간, 주/야간 포함(24 * 365) 등
		서비스 운영 표준	구성 대상(AP, DB 등), 구성 방식(Active-Active, Active-Standby), DR 적용 유무 등

3.3.2 데이터 수집 및 전송 방안

구분	구성 요소	구성 상세 항목	주요 검토사항 예시
데이터 수집	수집 목적	보안 비즈니스 활용	보안 위협 및 침해시도 모니터링, 정보유출 징후 모니터링 등
		보안 인프라 모니터링	보안 장비 상태 체크, 보안 솔루션 상태 모니터링
		기타	보안 로그 분석을 위한 참조 정보(IP 주소, IT 자산 정보 등) 수집 등
	수집 위치	외부	외부 인터넷 구간 대상
		내부	내부 인트라넷 구간 대상
		경계	외부와 내부 연결이 모두 가능한 DMZ 구간 대상
	수집 대상	보안 솔루션	Appliance 형태의 보안 장비, 애플리케이션 형태의 보안 솔루션 등
		보안 솔루션 외	기업의 업무 시스템 데이터, DW 데이터, 메타 데이터 등
	수집 방식	Agent 방식	스플렁크의 데이터 수집 Agent를 활용한 데이터 수집
		Agentless 방식	Syslog 연동, 네트워크 스트림 데이터 수집, SNMP 프로토콜 활용 등
데이터 전송	전송 위치	기본 데이터 저장소	스플렁크의 기본 데이터 저장소인 인덱서 서버로 전송
		기본 데이터 저장소 외	RDBMS 등 스플렁크 인덱서 서버가 아닌 기타 장소로 데이터 전송
	전송 방식	원천데이터 전송	수집한 데이터를 가공 없이 그대로 저장소에 전송
		데이터 변환 전송	데이터 압축, 데이터 필드 암호화, 전처리 후 가공 데이터 전송 등

3.3.3 데이터 저장 방안

구분	구성 요소	구성 상세 항목	주요 검토사항 예시
데이터 저장	저장 용량	저장 대상 총 용량	실시간 + 배치성 수집 데이터의 일간 총 용량 산정 등
		데이터 소스별 용량	보안 솔루션 및 이외 수집 대상별 일 평균 데이터 저장량 산정 등
	저장 위치	로컬 저장	데이터 저장 서버 내 로컬디스크에 저장
		원격지 저장	NAS(Network Access Storage) 등 원격지 저장소에 데이터 저장
	저장 방식	원본 저장	원천데이터의 전처리 없이 그대로 저장
		원본 저장 외	압축 저장, 데이터 파싱 후 저장, 암호화 저장 등
	관리 방식	보관 기간	7일, 1개월, 1년 등 저장 데이터 전체 또는 데이터 소스별 보관 기간
		보관 정책	보관 기간이 지난 데이터는 압축 후 백업 또는 삭제 등
	기타 구성	백업 관리	데이터 백업 주기 및 백업 방안 수립 등
		복구 관리	데이터 손상 및 유실 시 복구 방안 및 절차 수립 등
		용량 확장	서비스 중단 없이 저장 공간을 확장할 수 있는 방안 수립 등

3.3.4 데이터 검색 방안

구분	구성 요소	구성 상세 항목	주요 검토사항 예시
데이터 검색	검색 사용자 정의	사용자 수	정기 또는 비정기 사용자 수를 정의
		동시 접속자 수	최대 동시 접속 사용자 수를 추정
		사용자 그룹 구분	업무 승인자/담당자, IT 승인자/담당자, 플랫폼 운영 담당자 등
	검색 기능	기본 기능	키워드 검색, AND/OR/NOT 조건 검색, 데이터 조인 검색 등
		고급 기능	실시간 검색, 배치 검색, 이벤트 추이 검색, 이전 검색 결과 재활용 등
	검색 성능	실시간 성능	실시간 검색 수행 시 데이터량에 따른 보장 성능 및 최대 성능 검토 등
		비실시간 성능	Background에서 배치 검색 작업 수행 시 데이터량에 따른 보장 성능 및 최대 성능 검토 등
	기타 구성	검색 환경 구성 조건	검색 기능의 무중단 지원을 위한 이중화 또는 클러스터링 기능 제공 등
		검색 결과 연계	검색문 및 검색 결과의 내/외부 저장 및 공유 기능 제공 등
		기능 및 성능 향상	사용자 수 증가 또는 업무량 증가에 따른 증설 방안 수립 등

3.3.5 데이터 분석 및 활용 방안

구분	구성 요소	구성 상세 항목	주요 검토사항 예시
데이터 분석	분석 사용자 정의	사용자 수	데이터 분석에 참여할 정기 또는 비정기 사용자 수를 정의
		사용자 역할 구분	의사결정자, 데이터 모델링 담당자, 데이터 분석 담당자, 원천데이터 전처리 담당자 등
	분석 기능	기본 기능	이기종 보안 솔루션 이벤트에 대한 시계열 분석, 상관 분석, 기초 통계 추출 등
		고급 기능	특정 사용자 대상 Timeline 분석, 분석 결과 재활용, 통계 알고리즘을 활용한 이상치 탐지, 추이 예측, 이상범주 분류 등
	분석 성능	실시간 성능	실시간 분석 수행 시 분석횟수 및 데이터량에 따른 보장 성능 검토 등
		비실시간 성능	정기 분석 데이터 추출 또는 시나리오 배치 작업 수행 시 분석 대상 데이터 소스 및 데이터량에 따른 보장 성능 검토 등
	기타 구성	분석 환경 구성 조건	분석 기능의 무중단 지원을 위한 이중화 또는 클러스터링 기능 제공 등
		기능 및 성능 향상	분석업무량 또는 처리 데이터량 증가에 따른 증설 방안 수립 등

구분	구성 요소	구성 상세 항목	주요 검토사항 예시
분석 결과 활용	시나리오 활용	시나리오 정의	업무별 시나리오 구현 목적 및 탐지 로직 사전 정의
		시나리오 구현 및 적용	시나리오 구현 방법 및 적용 절차 수립 등
		시나리오 운영 및 관리	시나리오에 의한 탐지 결과 검증 절차 수립 및 시나리오 Life-Cycle 관리 방안 마련 등
	대시보드 활용	대시보드 정의	업무별 대시보드 구현 목적 및 분석 결과 배치 확정, 그래프 적용 대상 및 방법 명시 등
		대시보드 구현 및 적용	대시보드 구현 방법 및 적용 절차 수립 등
		대시보드 운영 및 관리	대시보드 결과에 따른 분석 결과 및 그래프 표현 수정/보완 방안 수립, 대시보드별 자원 활용 현황 모니터링 및 최적화 방안 마련 등
	기타 활용	내외부 연계 및 재활용	데이터 분석 결과에 대한 플랫폼 내 타 사용자 공유 방안 또는 3rd party 연계를 통한 외부 공유 방안 수립 등

3.3.6 데이터 시각화 방안

구분	구성 요소	구성 상세 항목	주요 검토사항 예시
데이터 시각화	시각화 대상 정의	원천데이터 기준	원본 데이터에 대한 실시간 수집 모니터링 대시보드 등
		검색 및 분석 결과 기준	데이터 검색 결과의 일별 추이 그래프, 데이터 분석 결과에 대한 상세 내역 Drill-Down 대시보드 등
	시각화 기법 정의	플랫폼 기본 기능	플랫폼에서 기본적으로 제공하는 테이블/그래프 표시 기능 활용 (스플렁크의 경우, 가로막대/세로막대/꺾은선 그래프 등)
		플랫폼 기본 기능 외	플랫폼에서 추가 기능 설치를 통해 제공하는 기능을 활용하거나, 사용자 정의에 따른 커스텀 대시보드를 구현해 적용 등
	시각화 적용 및 활용	데이터 시각화 반영 및 커스터마이징	데이터 시각화 반영 절차 정의, 시간 조건 및 항목 변경 시 수정반영 방안 수립 등
		결과 내보내기	데이터 시각화 결과(데이터/그래프 등)에 대한 내부 또는 외부 내보내기 기능 제공 등
		외부 컴포넌트 연동	3rd party 솔루션 연동을 통해 외부 컴포넌트를 플랫폼에 접목해 활용할 수 있는 기능 제공 등

3.3.7 플랫폼 운영 및 관리 방안

구분	구성 요소	구성 상세 항목	주요 검토사항 예시
플랫폼 인프라 환경	H/W	서버	서버의 주요 구성 요소별 정상동작 여부 체크 등
		네트워크	서버 간 또는 서버 〈–〉 네트워크 장비 간 정상통신 여부 체크 및 조치 등
	S/W	OS	OS의 정상동작 여부 및 주요 config 정상반영 여부 체크 등
		플랫폼 솔루션 (스플렁크)	스플렁크 인스턴스 정상동작 여부 및 주요 역할 정상수행 여부 체크 등
		플랫폼 솔루션 외	플랫폼에 설치돼 있는 기타 S/W의 정상동작 여부 체크 등
	기타	표준 준수 현황	플랫폼 운영 중 보안 가이드 또는 기업의 표준 정책 미준수 사항 발생 여부 체크 및 조치 방안 수립 등
플랫폼 기능 및 성능	데이터 수집	데이터 수집 기능 및 성능 점검	데이터 수집 대상별 정상연동 여부 및 데이터 유실 존재유무 점검 등
	데이터 전송	데이터 전송 기능 및 성능 점검	송신 및 수신 데이터에 대한 정합성 체크 및 전송 성능 상 이슈발생 유무 점검 등
	데이터 저장	데이터 저장 기능 및 성능 점검	데이터 정상 저장 및 유실/손실 유무 점검, 데이터 백업/복구를 위한 데이터 복제 기능 적용 시 정상복제 여부 점검 등
	데이터 검색	데이터 검색 기능 및 성능 점검	주요 데이터 검색 기능에 대한 정상동작 여부 점검 및 과다 검색으로 인한 시스템 부하 발생여부 점검 등
	데이터 분석/ 시각화	데이터 분석/시각화 기능 및 성능 점검	주요 데이터 분석 기능에 대한 정상동작 여부 점검 및 분석 결과 정합성 체크, 데이터 시각화 기능의 정상동작 또는 3rd party 정상연동 여부 점검 등
	타 시스템 연계	타 시스템 연계 기능 및 성능 점검	REST API, DB Connection 등 기업 내부 또는 외부 시스템과 플랫폼 간 연동 상태 및 연동 모듈 정상동작 여부 점검 등
플랫폼 운영 정책	사용자 이력 분석	시스템 접근 및 사용 이력 점검	기간별/사용자그룹별 시스템 접근 이력 및 데이터 검색/분석 이력 분석 등
	시스템 접근 통제	시스템 접근 통제 정책 적용 현황 점검	사용자 역할별 또는 IP 주소별 시스템 접근 통제 이력 분석, 사용자 계정 패스워드 변경 이력 조회 등
	라이선스 정책 관리	라이선스 정책 적용 현황 및 변동량 점검	데이터 수집 및 분석에 필요한 플랫폼 라이선스 변동량 분석 및 정상적용여부 점검, 라이선스 초과에 따른 조치유무 체크 등

3장에서는 보안 빅데이터 분석 플랫폼을 왜 구축하는지에 대해 목적을 분명하게 하
고, 무엇을 구축하고자 하는지 목표를 명확하게 정의한 후, 어떻게 구축을 완성해낼
것인지 주요 요소별 구현 방법을 구체화하는 과정을 예시와 함께 살펴봤다.

4장에서는 플랫폼 구축의 두 번째 단계인 '플랫폼 인프라 구성'을 소개하고, 플랫폼
의 기반 체계를 구성하기 위한 사전 의사결정 사항과 세부적 절차, 상황별 중점 고려
사항에 대해 알아볼 것이다.

Phase 2: 플랫폼 인프라 구성

스플렁크 솔루션은 주로 서버 콘솔 환경에서의 설정 파일 수정 및 적용을 통해 플랫폼 구축 작업을 수행하기 때문에 플랫폼 아키텍처 구성을 명확하게 정의하고 이에 따른 작업 절차를 차질없이 준수하는 것이 필수다.

4장에서는 플랫폼 구축 담당자가 주로 채택하는 3가지 플랫폼 인프라 환경 구성 절차에 대해 스플렁크 인스턴스 설치부터 주요 설정 파일 적용까지 상세하게 알아보고, 빅데이터 분석 플랫폼 구축 현장에서 발생하는 주요 상황별 설정 변경도 함께 살펴보도록 한다.

4장에서 다루는 내용은 다음과 같다.

- 단일 서버 환경(1 Server – Multi Instance) 구성 절차
- 복수 서버 환경(1 Server – 1 Instance without clustering) 구성 절차
- 클러스터링 기반 분산 처리 환경(1 Server – 1 Instance with clustering) 구성 절차
- 주요 상황별 설정 변경 가이드

4.1 사전 공지사항

플랫폼 인프라를 구성하는 상세 절차와 가이드를 본격적으로 알아보기 전에, 이 책의 내용과 범위, 제약사항에 대해 명확하게 정의해 독자와의 시각차를 줄이고 독자가 이 책을 더욱 효과적으로 활용할 수 있도록 하기 위한 사전 공지사항은 다음과 같다.

- 이 책에서는 실제 구축 현장에서 발생하는 대표적인 상황을 정의하고, 상황에 맞게 스플렁크 솔루션을 설치하고 설정하는 절차와 작업 시 고려사항을 전달하는 것에 중점을 두고 있기 때문에 책에서 언급하는 절차와 고려사항이 모든 기업 환경과 사용자 요건에 부합하지 않을 수 있다.

- 이를 보완하고자 4장의 마지막에 '주요 구성 변경 요건별 설정 가이드'를 추가했으니, 독자는 우선 이 책에서 제시하는 대표 인프라 구성 기준이 구축하

고자 하는 플랫폼의 구성과 동일한지 살펴보고, 이와 상이하다면 주요 구성 변경 요건별 설정 가이드 내용을 참고해 독자에게 적합한 플랫폼 인프라 구성 가이드로 활용하길 바란다.

- 4장 이후부터 다루는 내용은 기업 보안 담당자가 플랫폼 구축 실무를 수행함에 있어 즉시 활용 가능한 가이드를 제공하도록 설계했기 때문에, 사전 정의된 구성 기준 이외 다른 부가적인 설정 및 단어와 용어의 기본 개념 설명은 최소화했다. 스플렁크 솔루션 관련 단어 및 용어에 대한 기본 개념과 사용 예제를 보다 자세히 알고 싶다면 기본서인 『Splunk 7 에센셜 3/e』(에이콘, 2019)이나 스플렁크 공식 홈페이지에서 제공하는 매뉴얼을 참고하기 바란다.

- 플랫폼 구축 현장에서 실제 작업을 수행하는 것과 최대한 유사하게 설명하기 위해 모든 작업 절차는 서버 콘솔 환경에서의 설정 파일 수정을 기준으로 기술하며, 스플렁크 웹 화면으로만 설정이 가능하거나 웹 화면으로 설정하는 것이 더 편리하다고 판단되는 경우에 한해서만 스플렁크 웹 화면 활용 절차를 추가로 설명한다.

- 스플렁크 엔터프라이즈 설치 파일은 https://www.splunk.com/en_us/download/splunk-enterprise.html에서 다운로드 가능하며, 설치 파일 다운로드 및 설치 과정은 계속해서 반복되는 내용이라 단일 서버 구성 환경 가이드 설명 시 한 번만 다루도록 한다. 그 이후 가이드에서 언급되는 설치 파일 다운로드 및 설치 과정은 본 내용을 참고하기 바란다.

- 스플렁크 엔터프라이즈 버전은 집필 시점에서 최신 버전인 7.2.4를 기준으로 설명한다.

- 일반적으로 스플렁크 엔터프라이즈와 스플렁크 유니버설 포워더의 설치는 "/opt" 하위에 설치를 하기 때문에 여기서도 "/opt" 경로 하위에 설치해 설정하는 것을 기준으로 설명한다.

- 환경 구성 절차 설명 시 혼선을 방지하고 인스턴스를 명확하게 지칭하고자 스플렁크 솔루션의 설치 폴더명을 다음과 같이 사전 정의했음을 참고하기 바란다.

- 스플렁크 헤비 포워더 = "splunk_hf"
- 스플렁크 유니버설 포워더 = "splunkforwarder"
- 스플렁크 인덱서 = "splunk _idx"
- 스플렁크 검색 헤드 = "splunk _sh"
- 스플렁크 클러스터 마스터 = "splunk_cm"
- 스플렁크 배포 인스턴스 = "splunk_deployer"

- 스플렁크 엔터프라이즈와 스플렁크 유니버설 포워더는 conf 파일이 적용되는 우선순위가 있는데, 일반적으로 사용자가 생성한 앱 하위에 local 폴더를 생성해 설정을 적용한다. 이 책에서도 내용 전달의 편의성을 위해 스플렁크 엔터프라이즈는 "/opt/splunk/etc/system/local", 스플렁크 유니버설 포워더는 "/opt/splunkforwarder/etc/system/local"로 conf 파일의 위치를 통일한다.

- 인덱서 클러스터링 설정, 서치 헤드 클러스터링 설정, 배포 서버 설정 등에서는 conf 파일 위치가 상이하니 경로 확인 시 참고하기 바란다.

- 자세한 conf 파일 우선순위 정보는 스플렁크 공식 매뉴얼 "Splunk-7.2.0-Admin_ko-KR.pdf" 문서의 "설정 파일 우선순위" 항목을 참고하기 바란다.

4.2 시뮬레이션 환경 구성 가이드

4장 이후부터 살펴볼 플랫폼 구축 실무 가이드 내용은 독자의 이해를 돕고, 독자들이 직접 테스트 환경을 구축해 실무 감각을 익혀볼 수 있도록 가상의 시뮬레이션 환경을 기반으로 설명한다.

시뮬레이션 환경을 구축한 테스트 PC 및 가상 머신의 사양 정보는 다음과 같다.

테스트 PC 사양	가상 머신 사양
CPU: Intel Core i7 2.6GHz 6코어	CPU: Intel Core i5 2.4GHz 4코어
메모리: 32GB DDR4 24MHz	메모리: 4GB
HDD: 512GB SSD	HDD: 50GB SSD
OS: MacOS Mojave	OS: CentOS 7

시뮬레이션 환경을 구성하기 위한 가상 머신 소프트웨어로는 VMWare사의 Fusion 시리즈와 workstation 시리즈, Oracle사의 Virtual Box를 주로 사용하는데 여기서는 Mac OS용으로 VMWare Fusion Pro를, Windows OS용으로 Virtual Box를 활용해 구성해 봤다.

인터넷에 다운로드 사이트부터 다양한 설치 및 설정 방법을 가이드하는 블로그가 많으니 자세한 설치 및 설정 방법은 지면 관계상 생략하며, 동일한 환경에서 직접 손으로 스플렁크 설치와 설정을 수행해 보며 플랫폼 구축 실무를 피부로 느껴보고 싶다면 자신의 테스트 PC에 적합한 소프트웨어를 다운로드 받아 시뮬레이션 환경을 구성해 보길 추천한다.

4.3 가상 데이터 수집 설정

먼저 Agent 방식의 수집 설정 및 Syslog 데이터 생성 시뮬레이션을 위해 별도의 가상 서버를 구성해 스플렁크 유니버셜 포워더를 설치하고 Syslog 데이터를 발생시키는 스크립트를 업로드해 실행시켰다.

Agent로 수집할 파일은 스플렁크 공식 매뉴얼에서 확인할 수 있는 스플렁크 튜토리얼 파일을 다운로드 받아 데이터 검색 예시에 활용할 수 있도록 일부 내용을 수정한 후 그림 4-1과 같이 /var/log/access_log 폴더를 신규 생성해 업로드했다. 파일 내 데이터에 대한 수집 설정은 향후 설명할 스플렁크 엔터프라이즈 및 스플렁크 유니버셜 포워더 설정 과정을 참고하기 바란다.

```
[root@splunk-uf1 access_log]# hostname
splunk-uf1
[root@splunk-uf1 access_log]# pwd
/var/log/access_log
[root@splunk-uf1 access_log]# ll
합계 12788
-rw-r--r--. 1 root root 4174047   3월 20 23:19 1www.access.log
-rw-r--r--. 1 root root 3955202   3월 20 23:19 2www.access.log
-rw-r--r--. 1 root root 3959294   3월 20 23:19 3www.access.log
-rw-r--r--. 1 root root  997392   3월 22 00:52 access_201901.log
[root@splunk-uf1 access_log]#
```

그림 4-1 Agent 방식의 수집 파일 명세

수집 및 전송 설정을 완료하면 그림 4-2와 같이 저장된 데이터가 정상적으로 검색되는 것을 확인할 수 있다.

그림 4-2 Agent 수집 데이터 검색 결과

✔ NOTE

스플렁크 튜토리얼 파일 다운로드 경로:

http://docs.splunk.com/images/Tutorial/tutorialdata.zip

syslog 데이터는 자동으로 syslog 이벤트를 발생시키는 스크립트를 작성한 후 출발지 IP와 도착지 IP 정보를 사용자 환경에 맞게 수정해 /opt/splunkforwarder/bin/scripts 폴더에 syslog.sh라는 파일명으로 업로드했다. 스크립트 파일 위치 및 상세 내용은 그림 4-3과 같다.

```
[root@splunk-uf1 scripts]# pwd
/opt/splunkforwarder/bin/scripts
[root@splunk-uf1 scripts]# ll
합계 8
-r--r--r--. 1 10777 10777   71 2월  6 13:27 readme.txt
-rwxrwxrwx. 1 root  root  2885 3월 23 04:08 syslog.sh
[root@splunk-uf1 scripts]# cat syslog.sh
#!/bin/bash
# Path to netcat
NC="/bin/nc"
# Where are we sending messages from / to?
ORIG_IP="192.168.2.137"
DEST_IP="192.168.2.134"
# List of messages.
MESSAGES=("Error Event" "Warning Event" "Info Event")
# How long to wait in between sending messages.
SLEEP_SECS=1
# How many message to send at a time.
COUNT=1
# What priority?
#          emergency  alert  critical  error  warning  notice  info  debug
# kernel           0      1         2      3        4       5     6      7
# user             8      9        10     11       12      13    14     15
# mail            16     17        18     19       20      21    22     23
# system          24     25        26     27       28      29    30     31
# security        32     33        34     35       36      37    38     39
# syslog          40     41        42     43       44      45    46     47
# lpd             48     49        50     51       52      53    54     55
# nntp            56     57        58     59       60      61    62     63
# uucp            64     65        66     67       68      69    70     71
# time            72     73        74     75       76      77    78     79
# security        80     81        82     83       84      85    86     87
# ftpd            88     89        90     91       92      93    94     95
# ntpd            96     97        98     99      100     101   102    103
# logaudit       104    105       106    107      108     109   110    111
# logalert       112    113       114    115      116     117   118    119
# clock          120    121       122    123      124     125   126    127
# local0         128    129       130    131      132     133   134    135
# local1         136    137       138    139      140     141   142    143
# local2         144    145       146    147      148     149   150    151
# local3         152    153       154    155      156     157   158    159
# local4         160    161       162    163      164     165   166    167
# local5         168    169       170    171      172     173   174    175
# local6         176    177       178    179      180     181   182    183
# local7         184    185       186    187      188     189   190    191
PRIORITIES=(0 1 2 3 4 5 6 7)

while [ 1 ]
do
    for i in $(seq 1 $COUNT)
    do
        # Picks a random syslog message from the list.
        RANDOM_MESSAGE=${MESSAGES[$RANDOM % ${#MESSAGES[@]} ]}
        PRIORITY=${PRIORITIES[$RANDOM % ${#PRIORITIES[@]} ]}
        $NC $DEST_IP -u 514 -w 1 <<< "<$PRIORITY>`env LANG=us_US.UTF-8 date "+%b %d %H:%M:%S"` $ORIG_IP service: $RANDOM_MESSAGE"
    done
    sleep $SLEEP_SECS
done

[root@splunk-uf1 scripts]#
```

그림 4-3 Syslog 데이터 발생 스크립트 명세

스크립트를 실행하면 syslog 데이터가 즉시 발생해 사전 정의된 수집 설정에 맞게 스플렁크 인덱서 서버로 전송되며, 정상적으로 저장됐다면 그림 4-4와 같이 검색을 통해 syslog 이벤트 데이터를 확인할 수 있다.

그림 4-4 syslog 전송 데이터 검색 예시

인터넷 검색을 통해 이와 같은 syslog 생성 스크립트에 대한 다양한 정보를 확인할 수 있으니 가상 데이터 수집 설정 시 참고하기 바란다.

NOTE

syslog 스크립트 정보 확인 경로:

https://github.com/dbough/syslog-generator/blob/master/syslogGen.sh

4.4 단일 서버 환경 구성

독자가 플랫폼을 구축하고자 하는 기업의 보안 담당자라 가정해 보자.

당장 플랫폼을 구축해 보안 업무 담당자가 보안 장비 및 보안 애플리케이션 로그를 통합 분석할 수 있는 환경을 구성하라는 미션을 부여받았는데, 독자가 활용할 수 있는 서버가 1대밖에 없다면 도대체 무엇을 할 수 있을지 막막할 것이다.

다행히 스플렁크는 단 1대의 서버만 있더라도 데이터 수집부터 저장, 검색 및 분석에 이르기까지 가장 핵심적인 기능을 포함한 빅데이터 분석 플랫폼 구축이 가능하다.

지금부터 스플렁크 솔루션의 설치와 데이터 수집 및 저장, 검색을 담당할 각각의 역할을 설정해 주는 작업을 통해 서버 1대로 모든 것을 다 처리하는 가장 기초적인 플랫폼 인프라 구성 절차에 대해 자세히 알아보도록 하자.

4.4.1 구성 기준 정의

플랫폼 구성 요소별 기준은 다음과 같다.

- 서버는 2대, Spec은 앞서 정의한 시뮬레이션 환경 내 버추얼 머신^{Virtual Machine} 자원 기준
- OS는 리눅스 환경 기준(CentOS 7)
- 스플렁크 솔루션은 스플렁크 엔터프라이즈 7.2.4와 스플렁크 유니버설 포워더 7.2.4 설치
- 데이터 수집 대상은 Syslog 연동 대상 보안장비 1대와 Agent 연동 대상 보안 애플리케이션 1대로 정의하고, 데이터는 별도 수집 서버 없이 플랫폼에 직접 수집해 저장
- 원천데이터는 필터링 또는 마스킹이 필요할 수 있으며, 필터링은 '|'를 구분자로 활용
- 사용자는 별도 검색 서버 없이 플랫폼에 직접 접근해 검색 및 분석 작업 수행

사전 정의한 구성 기준을 도식화해 표현하면 그림 4-5과 같다.

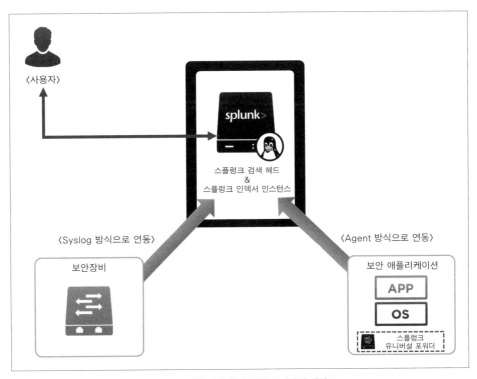

<사용자>

splunk>

스플렁크 검색 헤드
&
스플렁크 인덱서 인스턴스

<Syslog 방식으로 연동>

보안장비

<Agent 방식으로 연동>

보안 애플리케이션

APP

OS

스플렁크
유니버설 포워더

그림 4-5 단일 서버 환경 구성 아키텍처 개념도

이제 본격적으로 스플렁크 솔루션 설치 및 설정 작업 과정에 대해 살펴보자.

4.4.2 스플렁크 엔터프라이즈 설치 및 설정

스플렁크 엔터프라이즈 설치 파일은 https://www.splunk.com/en_us/download/ splunk-enterprise.html에 접속해 다운로드 받을 수 있다. 다운로드를 하기 위해서는 스플렁크 공식 홈페이지에 회원가입 후 로그인을 해야 하며, 설치하고자 하는 대상 서버의 플랫폼 및 OS 버전 등을 확인해 설치 파일을 다운로드 받아 활용하면 된다.

지면 관계상 여기서는 사전 구성한 시뮬레이션 환경에 맞게 64bit Linux tar 압축 파일을 다운로드 받아 설치하는 것을 기준으로 설명한다.

우선 설치 파일을 다운로드 받아 서버에 업로드한 후, 다음과 같이 명령어를 입력해 스플렁크 설치 파일의 압축을 해제한다.

■ 명령어

```
/> cd opt
/opt> tar xvzf splunk-7.2.4-8a94541dcfac-Linux-x86_64.tgz
```

Gzip으로 압축된 파일은 tar 명령어에 z 옵션을 추가해 해제할 수 있다. tar 명령어에 대한 상세 옵션 설명은 스플렁크를 설치한 서버 콘솔 환경에서 'man tar' 명령어를 입력한 후 화면에 출력된 내용을 참고하기 바란다.

압축이 해제되면 현재 디렉터리 하위에 스플렁크라는 디렉터리가 생성되며, 이곳에 스플렁크 구동에 필요한 파일 및 디렉터리들이 생성된다.

이제 스플렁크 솔루션을 구동시켜 보자. 솔루션 구동을 위한 접속 경로 및 명령어는 다음과 같다.

■ 명령어

```
/opt> cd splunk
/opt/splunk> cd bin
/opt/splunk/bin> ./splunk start
```

최초 설치한 후 위 명령어를 실행하면 그림 4-6과 같이 먼저 License Agreement가 표시되며 확인한 후 y를 입력하면 스플렁크의 관리자 계정명과 암호 입력을 요구한다. 계정의 경우 스플렁크 기본 관리자 계정인 admin을 입력하면 되며, 암호는 최초 로그인 시 8자리 이상으로 새롭게 지정하면 된다. 계정과 암호를 입력하면 스플렁크 설치가 완료된다.

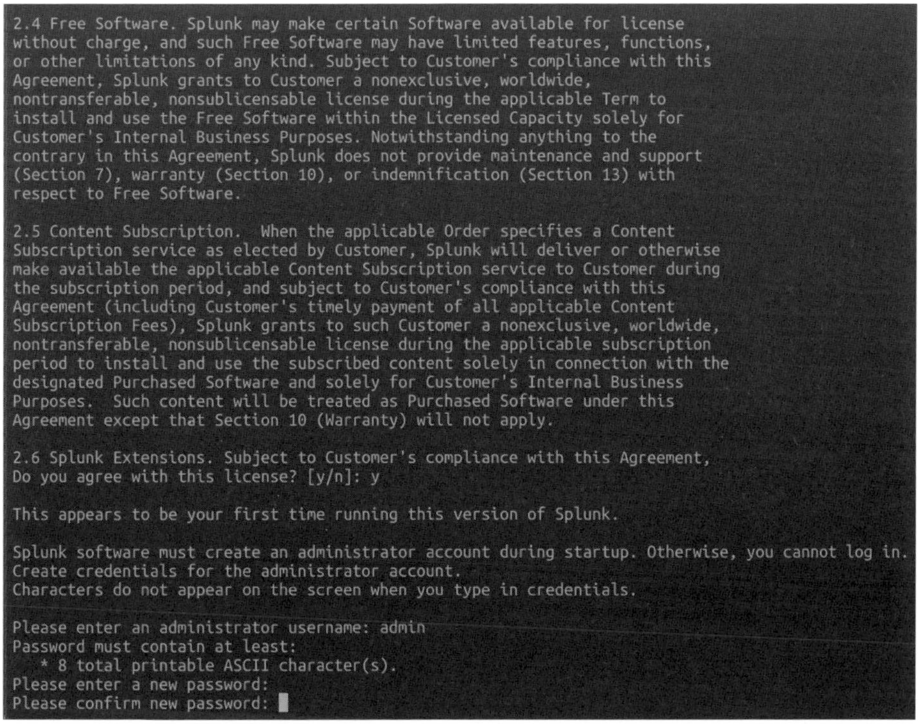

```
2.4 Free Software. Splunk may make certain Software available for license
without charge, and such Free Software may have limited features, functions,
or other limitations of any kind. Subject to Customer's compliance with this
Agreement, Splunk grants to Customer a nonexclusive, worldwide,
nontransferable, nonsublicensable license during the applicable Term to
install and use the Free Software within the Licensed Capacity solely for
Customer's Internal Business Purposes. Notwithstanding anything to the
contrary in this Agreement, Splunk does not provide maintenance and support
(Section 7), warranty (Section 10), or indemnification (Section 13) with
respect to Free Software.

2.5 Content Subscription.  When the applicable Order specifies a Content
Subscription service as elected by Customer, Splunk will deliver or otherwise
make available the applicable Content Subscription service to Customer during
the subscription period, and subject to Customer's compliance with this
Agreement (including Customer's timely payment of all applicable Content
Subscription Fees), Splunk grants to such Customer a nonexclusive, worldwide,
nontransferable, nonsublicensable license during the applicable subscription
period to install and use the subscribed content solely in connection with the
designated Purchased Software and solely for Customer's Internal Business
Purposes.  Such content will be treated as Purchased Software under this
Agreement except that Section 10 (Warranty) will not apply.

2.6 Splunk Extensions. Subject to Customer's compliance with this Agreement,
Do you agree with this license? [y/n]: y

This appears to be your first time running this version of Splunk.

Splunk software must create an administrator account during startup. Otherwise, you cannot log in.
Create credentials for the administrator account.
Characters do not appear on the screen when you type in credentials.

Please enter an administrator username: admin
Password must contain at least:
   * 8 total printable ASCII character(s).
Please enter a new password:
Please confirm new password:
```

그림 4-6 스플렁크 설치 화면

스플렁크는 설치가 완료되면 내부 인덱스 디렉터리 및 파일을 자동으로 생성한다. 스플렁크 정상동작 여부는 그림 4-7과 같이 명령어를 실행한 후 프로세스 ID를 체크함으로써 확인할 수 있다.

■ 명령어

```
/opt/splunk/bin> ./splunk status
```

```
Splunk> See your world. Maybe wish you hadn't.

Checking prerequisites...
        Checking http port [8000]: open
        Checking mgmt port [8089]: open
        Checking appserver port [127.0.0.1:8065]: open
        Checking kvstore port [8191]: open
        Checking configuration... Done.
                Creating: /Applications/splunk/var/lib/splunk
                Creating: /Applications/splunk/var/run/splunk
                Creating: /Applications/splunk/var/run/splunk/appserver/i18n
                Creating: /Applications/splunk/var/run/splunk/appserver/modules/static/css
                Creating: /Applications/splunk/var/run/splunk/upload
                Creating: /Applications/splunk/var/spool/splunk
                Creating: /Applications/splunk/var/spool/dirmoncache
                Creating: /Applications/splunk/var/lib/splunk/authDb
                Creating: /Applications/splunk/var/lib/splunk/hashDb
New certs have been generated in '/Applications/splunk/etc/auth'.
        Checking critical directories...        Done
        Checking indexes...
                Validated: _audit _internal _introspection _telemetry _thefishbucket history main summary
        Done
        Checking filesystem compatibility... Done
        Checking conf files for problems...
        Done
        Checking default conf files for edits...
        Validating installed files against hashes from '/Applications/splunk/splunk-7.2.4-8a94541dcfac-darwin-64-manifest'
        All installed files intact.
        Done
All preliminary checks passed.

Starting splunk server daemon (splunkd)...
Generating a 2048 bit RSA private key
.....................+++++
........+++++
writing new private key to 'privKeySecure.pem'
-----
Signature ok
subject=/CN=cdsui-MacBookPro.local/O=SplunkUser
Getting CA Private Key
writing RSA key
Done

Waiting for web server at http://127.0.0.1:8000 to be available... Done

If you get stuck, we're here to help.
Look for answers here: http://docs.splunk.com

The Splunk web interface is at http://cdsui-MacBookPro.local:8000

 cds@cdsui-MacBookPro  /Applications/Splunk/bin  ./splunk status
splunkd is running (PID: 3407).
splunk helpers are running (PIDs: 3408 3410 3414 3455 3501).
 cds@cdsui-MacBookPro  /Applications/Splunk/bin 
```

그림 4-7 스플렁크 설치 완료 및 서비스 구동 확인

스플렁크 서비스 정상가동 여부는 설치된 스플렁크 서버의 IP 주소와 기본 웹 포트 (8000)를 활용해 다음과 같이 접속 URL을 입력해도 확인할 수 있다.

---

http://사용자의 IP 주소:8000/

웹 브라우저를 통해 처음 접속하면 그림 4-8과 같은 로그인 화면이 나타나는데, 최초 설치 시 지정한 관리자 계정명과 암호를 입력해 로그인하면 된다.

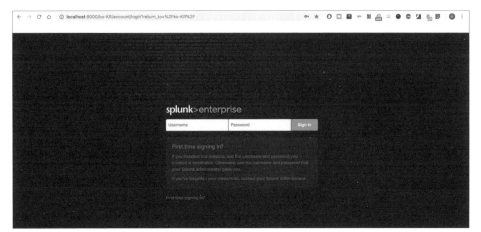

그림 4-8 스플렁크 웹 로그인 화면

이제 스플렁크 엔터프라이즈 설치가 완료됐으니 분석할 데이터를 수집하고 전송할
수 있도록 설정을 적용해 보자.

4.4.3 데이터 수집 및 전송 설정

스플렁크 엔터프라이즈 라이선스 적용

단일 서버 환경 구성에서 가장 먼저 할 일은 사용자가 보유한 스플렁크 엔터프라이
즈 라이선스를 적용하는 것이다. 독자가 하루 500MB까지 수집 가능한 임시 라이선
스를 발급받아 사용하고 있다면 별도의 라이선스 적용 절차가 필요 없으나, 영구 라
이선스를 보유하고 있거나 증설 라이선스를 추가로 반영해야 한다면 스플렁크 웹에
접속해 추가 라이선스를 반영해 줘야 한다. 여기서는 사용자가 보유한 영구 라이선
스를 추가로 반영하는 경우를 예로 들어 라이선스 적용 절차를 설명한다.

먼저 스플렁크 웹을 접속하고 로그인한 후 그림 4-9와 같이 [설정 → 라이선싱] 메
뉴를 선택한다.

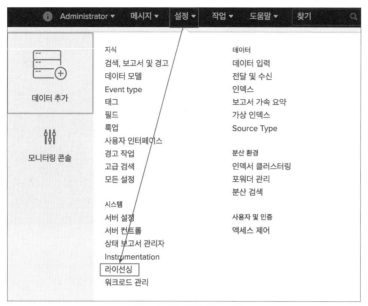

그림 4-9 라이선싱 메뉴 선택

다음으로 그림 4-10과 같이 [라이선스 추가]를 클릭하면 추가로 등록할 라이선스 파일을 선택하는 화면으로 이동한다. 여기서 [파일 선택]을 클릭하고 라이선스 파일을 등록한 후 설치를 선택하면 라이선스가 추가된다(그림 4-11 참조).

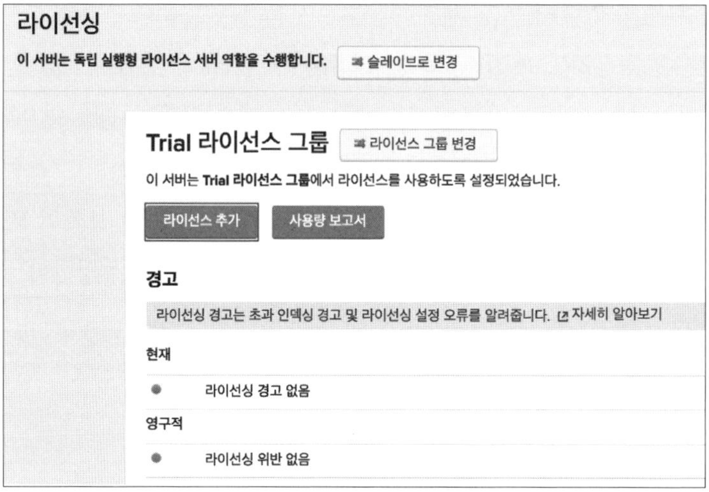

라이선싱

이 서버는 **독립 실행형 라이선스 서버 역할을 수행합니다.** ⏻ 슬레이브로 변경

Trial 라이선스 그룹 ⏻ 라이선스 그룹 변경

이 서버는 **Trial 라이선스 그룹**에서 라이선스를 사용하도록 설정되었습니다.

라이선스 추가   사용량 보고서

경고

라이선싱 경고는 초과 인덱싱 경고 및 라이선싱 설정 오류를 알려줍니다. ↗ 자세히 알아보기

현재

● 라이선싱 경고 없음

영구적

● 라이선싱 위반 없음

그림 4-10 라이선스 추가 선택

그림 4-11 신규 라이선스 파일 등록 및 설치

신규로 등록한 라이선스의 최종 반영을 위해서는 그림 4-12와 같이 [지금 다시 시작]을 선택해 스플렁크 서비스를 재시작해야 한다.

그림 4-12 신규 라이선스 적용을 위한 스플렁크 서비스 재시작

재시작이 완료된 후 스플렁크 웹에 재로그인해 [설정 → 라이선싱] 메뉴로 이동하면 그림 4-13과 같이 새롭게 등록한 라이선스가 반영돼 있는 모습을 확인할 수 있다.

그림 4-13 신규 라이선스 적용 확인

앞서 설명한 신규 적용 라이선스 정보는 다음과 같이 /opt/splunk/etc/system/local/server.conf에 반영돼 저장된다.

```
/opt/splunk/etc/system/local/server.conf
[general]
serverName = splunk_svr
pass4SymmKey = $7$D6j43/Rx+pVdI3kPSwZUnsAdZuhcp6gI2G5Bq8tYYXd+Wl0x0jtz0Q==
… 중략 …
[lmpool:auto_generated_pool_download-trial]
description = auto_generated_pool_download-trial
quota = MAX
slaves = *
stack_id = download-trial

[lmpool:auto_generated_pool_forwarder]
description = auto_generated_pool_forwarder
quota = MAX
slaves = *
stack_id = forwarder

[lmpool:auto_generated_pool_free]
description = auto_generated_pool_free
quota = MAX
slaves = *
stack_id = free

[lmpool:auto_generated_pool_enterprise]          # 스플렁크 웹에서 추가한 라이선스 정보
description = auto_generated_pool_enterprise
quota = MAX
slaves = *
stack_id = enterprise
… 중략 …
```

스플렁크 엔터프라이즈에서의 데이터 수집 설정

먼저 Syslog 방식으로 전송되는 보안 장비 이벤트 로그의 수집 설정 방법부터 알아
보자.

TCP 또는 UDP 프로토콜 기반으로 전송되는 Syslog 데이터를 수집하기 위해서는

수집 대상 데이터의 수신 설정을 관리하는 inputs.conf 파일에 새롭게 설정값을 추가해 적용해야 한다. 대표적인 보안장비인 방화벽에서 UDP 프로토콜을 기반으로 514 포트를 활용해 데이터를 송신한다고 가정했을 때, 전송되는 데이터를 수신하기 위한 inputs.conf 설정 예시는 다음과 같다.

```
/opt/splunk/etc/system/local/inputs.conf
[udp://192.168.10.10:514]  # Syslog 데이터 전송 장비의 IP 주소와 포트 정보 입력
connection_host = ip       # 데이터를 전송하는 서버의 IP 주소로 호스트를 설정
index = firewall           # 데이터를 저장할 index 정의
sourcetype = fw:product    # 데이터를 저장할 sourcetype 정의
```

위와 같이 설정하면 스플렁크는 192.168.10.10이라는 IP 주소를 부여받은 보안 장비가 Syslog로 전송하는 데이터를 514 포트로 수신해 사전 정의한 index 및 sourcetype에 수신한 데이터를 저장하게 된다.

다음으로 스플렁크의 데이터 송신 Agent인 스플렁크 유니버셜 포워더에서 전송되는 데이터를 수집하기 위한 설정 방법을 알아보자.

Agent에서 전송하는 데이터를 스플렁크 엔터프라이즈에서 수집해 저장하기 위해서는 데이터를 전송하기 전 스플렁크 유니버셜 포워더에 설정돼 있는 데이터 송신 포트와 동일한 포트 정보를 스플렁크 엔터프라이즈 내 inputs.conf 파일에 설정값을 추가해 적용해야 한다. 4장 초반부에 설명한 Agent 방식의 수집 대상 데이터가 스플렁크 기본 전송 포트인 9997 포트를 사용해 데이터를 전송한다고 가정했을 때, 전송되는 데이터를 수신하기 위한 inputs.conf 설정 예시는 다음과 같다.

```
/opt/splunk/etc/system/local/inputs.conf
[splunktcp://9997]  # Agent가 전송하는 데이터에 대한 수신 포트 설정. 스플렁크 유니버셜 포워더에서 9997 포
                      트로 전달 시 수신 포트도 동일하게 설정해야 한다.
connection_host = ip  # 데이터를 전송하는 서버의 IP 주소로 호스트를 설정
```

위와 같이 설정하면 스플렁크는 데이터 송신 Agent가 TCP 프로토콜을 활용해 9997

포트를 통해 전송하는 수집 대상 데이터를 동일 포트로 수신해 Agent에서 사전 정의한 index 및 sourcetype에 수신한 데이터를 저장하게 된다.

4.4.4 데이터 저장 설정

수신할 데이터의 수집 설정을 완료했다면, 이제 수집된 데이터의 저장소인 인덱스를 신규 생성해 데이터 저장 설정을 적용할 차례다. 사용자가 별도로 데이터 저장 설정을 하지 않더라도 스플렁크 설치 시 _internal, _audit, _introspection, main 등의 기본 인덱스는 자동으로 생성되며, 이들에 대한 속성값은 /opt/splunk/etc/system/default/indexes.conf에 정의된 설정을 기본값으로 사용한다. 위와 같이 사용자가 새롭게 수집한 데이터에 대한 신규 인덱스를 생성하고 속성값을 설정해 주기 위해서는 /opt/splunk/etc/system/local 폴더에 indexes.conf를 신규로 작성해 설정값을 추가해 줘야 한다.

앞서 설명한 방화벽 데이터의 저장 설정을 적용하기 위한 indexes.conf 설정 예시는 다음과 같다.

```
/opt/splunk/etc/system/local/indexes.conf
[firewall]
coldPath = $SPLUNK_DB/firewall/colddb              # Cold Zone으로 변경되면 저장되는 경로
enableDataIntegrityControl = 0                     # 데이터 무결성 검사 여부 설정(1과 0 또는 true, false)
enableTsidxReduction = 0                           # 버킷 내 tsidx 파일 감소 기능 설정(1과 0 또는 true, false)
homePath = $SPUNK_DB/firewall/db                   # hotdb 및 warmdb가 저장되는 경로
maxTotalDataSizeMB = 512000                        # 지정한 인덱스의 최대 저장 크기 설정
thawedPath = $SPLUNK_DB/firewall/thaweddb          # Thawed Zone은 추후 복구를 위해 데이터를 아카이빙
                                                     해놓을 경로
```

4.4.5 데이터 검색 설정

빅데이터 분석 플랫폼을 활용해 본격적인 데이터 검색 및 분석 작업을 수행하기 위해서는 수집해 저장한 데이터에 대한 다양한 검색을 통해 데이터 필드와 매핑값에 대한 해석을 수행할 수 있어야 한다. 스플렁크에서 수집 및 저장한 데이터는 데이터 필드와 매핑값이 key=value 형태로 정제돼 있을 경우 이를 인식해 자동으로 필드와 매핑값을 추출해 사용자가 별도의 전처리 작업을 하지 않아도 손쉽게 데이터를 검색할 수 있도록 지원한다.

하지만 사용자가 다루는 원천데이터의 대다수가 key=value 형태로 정제돼 있지 않은 텍스트 방식의 비정형 데이터이기 때문에 이를 활용한 데이터 검색을 위해서는 사전에 key=value 형태로 데이터 필드와 매핑값을 정제하는 작업을 수행해 줘야 하는데 이를 필드 추출이라고 한다.

스플렁크는 사용자의 원활한 데이터 검색 및 분석을 지원하기 위해 구분자와 정규식을 이용한 필드 추출 방법을 지원하는데, 여기서는 가장 대표적인 방법인 구분자 기반 필드 추출 방법에 대해 살펴본다. 정규식을 이용한 방법은 이후 복수 서버 환경 구성 절차를 설명할 때 다룬다.

검색 대상 데이터의 구분자 기반 필드 추출은 /opt/splunk/etc/system/local 폴더에 위치한 transforms.conf와 props.conf 파일의 설정값을 수정해 반영하면 된다. 스플렁크에서는 "|", "$", "," 등 특정값으로 구분할 수 있는 데이터의 경우 구분자를 지정한 후 구분된 데이터별로 필드명을 정의해 매핑해 주면 손쉽게 필드 추출 정책을 데이터에 적용해 필드를 추출해 낼 수 있다.

필드 추출 예시에서는 '|'로 구분된 인사정보 데이터를 샘플로 수집했으며, 데이터의 상세 정보는 다음과 같다.

■ 인사정보

```
2019-01-13 14:37:48|2584687|Smith.O|HR|Manager|192.168.7.3
2019-01-13 13:12:09|2599130|Harry.C|Lab|HeadManager|192.168.5.10
2019-01-13 12:09:33|2476331|Suzan.I|Planning|Manager|192.168.2.49
```

```
2019-01-13 12:07:28|2051424|Jenny.S|Planning|Staff|192.168.2.44
2019-01-13 09:16:01|2032884|Charly.J|GeneralAffairs|Director|192.168.1.12
```

필드 추출 설정값을 새롭게 정의하고 구분자와 추출 필드명을 지정하기 위한 transforms.conf 설정 예시는 다음과 같다.

```
/opt/splunk/etc/system/local/transforms.conf
[ad_information]    # 필드 추출 설정값
DELIMS = "|"        # 구분자
FILEDS = "LOG_DATE","EMP_NUM","USER_NAME","DEPT_NAME", "EMP_TYPE","USER_IP"  # 필드명
```

앞서 설정한 필드 추출 설정값을 적용해 사용자가 원하는대로 원천데이터의 필드 추출을 수행하기 위한 props.conf 설정 예시는 다음과 같다. 이때 props.conf에 설정할 필드 추출 클래스명은 transforms.conf에 작성한 필드 추출 설정값과 동일하게 작성해야만 한다.

```
/opt/splunk/etc/system/local/props.conf
[adinfo]            # 소스타입명
REPORT-ad-info = ad_information   # tranforms.conf 내 정의한 설정값. REPORT-로 시작되는 것은 클래
                                    스명이며, 사용자 임의로 작성할 수 있다.
```

위와 같이 설정한 후 transforms.conf와 props.conf 저장을 완료하면, 스플렁크 인스턴스 재시작 없이도 그림 4-14와 같이 데이터 검색 화면 좌측 데이터 필드 메뉴에서 LOG_DATE, EMP_NUM, USER_NAME 등 앞서 설정한 데이터 필드가 추출된 것을 확인할 수 있다.

그림 4-14 구분자를 사용한 필드 추출

4.4.6 스플렁크 유니버설 포워더 설치 및 설정

스플렁크 유니버설 포워더 설치

스플렁크 유니버설 포워더 설치 파일은 https://www.splunk.com/en_us/ download/splunk-forwarder.html에 접속해 다운로드 받을 수 있다. 다운로드하기 위해서는 스플렁크 공식 홈페이지에 회원가입한 후 로그인해야 하며, 설치하고자 하는 대상 서버의 플랫폼 및 OS 버전 등을 확인해 설치 파일을 다운로드 받아 활용하면 된다.

지면 관계상 여기서는 사전 구성한 시뮬레이션 환경에 맞게 64bit Linux tar 압축 파일을 다운로드 받아 설치하는 것을 기준으로 설명한다.

우선 설치 파일을 다운로드 받아 서버에 업로드한 후, 다음과 같이 명령어를 입력해 스플렁크 설치 파일의 압축을 해제한다.

■ **명령어**

```
/> cd opt
/opt> tar xvzf splunkforwarder-7.2.4-8a94541dcfac-Linux-x86_64.tgz
```

압축이 해제되면 현재 디렉터리 하위에 splunkforwarder라는 디렉터리가 생성되며, 이곳에 스플렁크 유니버설 포워더 구동에 필요한 파일 및 디렉터리들이 생성된다.

이제 스플렁크 유니버설 포워더를 구동시켜 보자. 구동을 위한 접속 경로 및 명령어는 다음과 같다.

■ **명령어**

```
/opt> cd splunkforwarder
/opt/splunkforwarder> cd bin
/opt/splunkforwarder/bin> ./splunk start
```

최초 설치 후 위 명령어를 실행하면 그림 4-15와 같이 먼저 License Agreement가 표시되며 확인 후 y를 입력하면 스플렁크의 관리자 계정명과 암호 입력을 요구한다. 계정의 경우 스플렁크 기본 관리자 계정인 admin을 입력하면 되며, 암호는 최초 로그인 시 8자리 이상으로 새롭게 지정하면 된다. 계정과 암호를 입력하면 스플렁크 유니버설 포워더 설치가 완료된다.

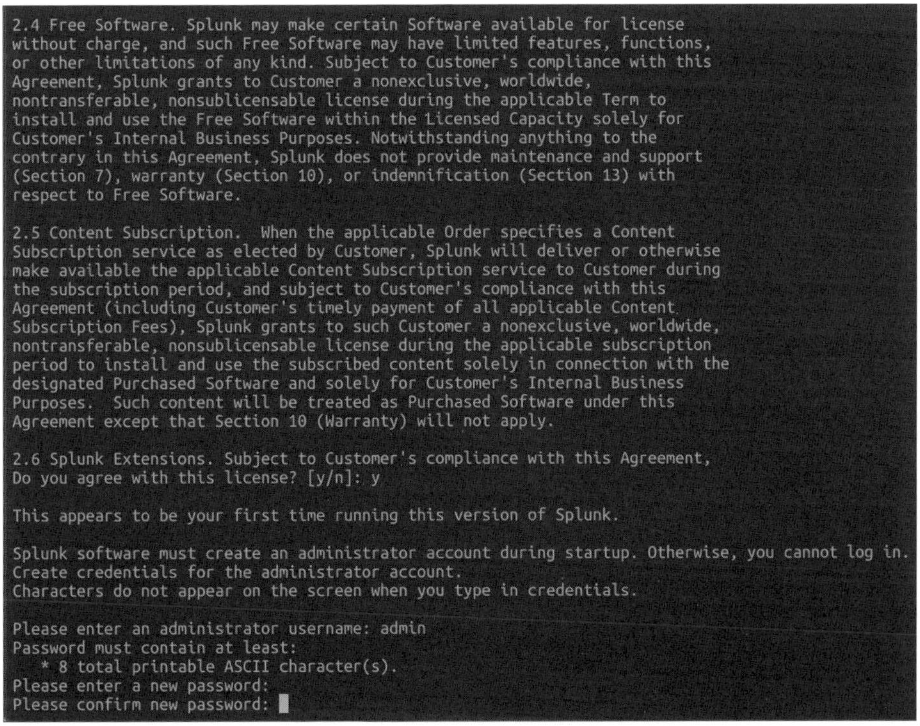

그림 4-15 스플렁크 유니버설 포워더 설치 화면

스플렁크 유니버설 포워더도 스플렁크 엔터프라이즈와 같이 설치가 완료되면 내부 인덱스 디렉터리 및 파일을 자동으로 생성한다. 스플렁크 유니버설 포워더의 정상동 작 여부는 그림 4-16과 같이 명령어를 실행한 후 프로세스 ID를 체크함으로써 확인 할 수 있다.

■ **명령어**

```
/opt/splunkforwarder/bin> ./splunk status
```

```
2. cds@cdsui-MacBookPro: /Applications/splunkforwarder/bin (zsh)

2.3 Test and Development Software.  If the applicable Order specifies that any
Software is provided under a test and development license, then subject to
Customer's compliance with this Agreement, Splunk grants to Customer a
nonexclusive, worldwide, nontransferable, nonsublicensable license during the
applicable Term to install and use the Test and Development Software within
the Licensed Capacity in a non-production system used for software product
migration testing, software product pre-production staging, testing new data
sources, types or use cases, or other non-production use. In no way should the
Test and Development Software be used for any revenue generation, commercial
activity or other productive business or purpose.  Notwithstanding anything to
the contrary in this Agreement, Splunk does not provide warranty (Section 10),
or indemnification (Section 13) with respect to the Test and Development
Software.

2.4 Free Software. Splunk may make certain Software available for license
without charge, and such Free Software may have limited features, functions,
or other limitations of any kind. Subject to Customer's compliance with this
Agreement, Splunk grants to Customer a nonexclusive, worldwide,
nontransferable, nonsublicensable license during the applicable Term to
install and use the Free Software within the Licensed Capacity solely for
Customer's Internal Business Purposes. Notwithstanding anything to the
contrary in this Agreement, Splunk does not provide maintenance and support
(Section 7), warranty (Section 10), or indemnification (Section 13) with
respect to Free Software.

2.5 Content Subscription.  When the applicable Order specifies a Content
Subscription service as elected by Customer, Splunk will deliver or otherwise
make available the applicable Content Subscription service to Customer during
the subscription period, and subject to Customer's compliance with this
Agreement (including Customer's timely payment of all applicable Content
Subscription Fees), Splunk grants to such Customer a nonexclusive, worldwide,
nontransferable, nonsublicensable license during the applicable subscription
period to install and use the subscribed content solely in connection with the
designated Purchased Software and solely for Customer's Internal Business
Purposes.  Such content will be treated as Purchased Software under this
Agreement except that Section 10 (Warranty) will not apply.

2.6 Splunk Extensions. Subject to Customer's compliance with this Agreement,
Do you agree with this license? [y/n]: y

This appears to be your first time running this version of Splunk.

Splunk software must create an administrator account during startup. Otherwise, you cannot log in.
Create credentials for the administrator account.
Characters do not appear on the screen when you type in credentials.

Please enter an administrator username: admin
Password must contain at least:
   * 8 total printable ASCII character(s).
Please enter a new password:
Please confirm new password:

Splunk> See your world.  Maybe wish you hadn't.

Checking prerequisites...
        Checking mgmt port [8089]: open
                Creating: /Applications/splunkforwarder/var/lib/splunk
                Creating: /Applications/splunkforwarder/var/run/splunk
                Creating: /Applications/splunkforwarder/var/run/splunk/appserver/i18n
                Creating: /Applications/splunkforwarder/var/run/splunk/appserver/modules/static/css
                Creating: /Applications/splunkforwarder/var/run/splunk/upload
                Creating: /Applications/splunkforwarder/var/spool/splunk
                Creating: /Applications/splunkforwarder/var/spool/dirmoncache
                Creating: /Applications/splunkforwarder/var/lib/splunk/authDb
                Creating: /Applications/splunkforwarder/var/lib/splunk/hashDb
New certs have been generated in '/Applications/splunkforwarder/etc/auth'.
        Checking conf files for problems...
        Done
        Checking default conf files for edits...
        Validating installed files against hashes from '/Applications/splunkforwarder/splunkforwarder-7.2.4-8a94541dcfac-darwin-64-mani
fest'
        All installed files intact.
        Done
All preliminary checks passed.

Starting splunk server daemon (splunkd)...
Done
 cds@cdsui-MacBookPro  /Applications/splunkforwarder/bin   ./splunk status
splunkd is running (PID: 6433).
splunk helpers are running (PIDs: 6437).
 cds@cdsui-MacBookPro  /Applications/splunkforwarder/bin  █
```

그림 4-16 스플렁크 유니버설 포워더 설치 완료 및 서비스 구동 확인

파일 및 디렉터리 모니터링 설정

스플렁크 유니버설 포워더는 데이터 수집 대상 서버에 설치돼 수집할 이벤트 데이터를 스플렁크 헤비 포워더 또는 인덱서로 전달하는 역할을 수행하는 스플렁크의 데이터 수집 에이전트[Agent]다. conf 파일 작성 및 수정을 통해 데이터 송수신을 설정하는 부분은 스플렁크 엔터프라이즈와 동일하나, 별도의 라이선스를 필요로 하지 않는다는 것이 다른 점이라 할 수 있다.

스플렁크 유니버설 포워더는 스플렁크 엔터프라이즈와 마찬가지로 conf 파일 수정을 통해 다양한 데이터 수집 설정을 적용할 수 있는데, 여기서는 파일 또는 디렉터리를 모니터링해 원천데이터를 수집하는 과정을 예로 들어 데이터 수집 및 전송 설정 절차를 살펴보도록 한다.

스플렁크 유니버설 포워더가 수집 대상 데이터를 포함한 파일이나 디렉터리를 모니터링하도록 설정하기 위해서는 /opt/splunkforwarder/etc/system/local 폴더에 inputs.conf를 신규로 생성한 후, 설정값을 추가해 모니터링 경로 및 파일명, index 및 sourcetype명 등을 지정해 줘야 한다.

특정 폴더에 생성되는 웹 서버 접속 로그를 수집해 전송하기 위한 설정을 적용한다고 가정했을 때, inputs.conf 설정 예시는 다음과 같다.

```
/opt/splunkforwarder/etc/system/local/inputs.conf
[monitor:///var/log/access_log/access_*.log]   # 수집대상 경로
index = web                                      # index 설정
sourcetype = access                              # sourcetype 설정
disabled = 0                                     # 수집 여부 설정(1과 0 또는 true, false)
ignoreOlderThan = 1d           # 수집대상 파일의 생성 일자 기준으로 설정된 시간값
                               이전의 데이터는 수집하지 않는다. 1d, 1h, 10m 등으로 시간 설정 가능하다.
blacklist = access_\w+.log     # blacklist 설정을 통해 특정 파일을 수집 대상에서 제외시킬 수 있다. 또한
                               whitelist 설정으로 특정 파일만 수집할 수 있도록 설정할 수도 있으며, 설정
                               값은 정규표현식으로 입력한다.
```

conf 파일 변경 후 스플렁크 엔터프라이즈 인스턴스를 재시작해주면 변경한 설정 정보가 반영됐음을 확인할 수 있다.

로그 이벤트 속성 설정

inputs.conf 파일 수정을 통해 원천데이터의 수집 설정을 적용했다면, 사용자는 로그 데이터의 캐릭터셋 지정 또는 이벤트 라인 구분 설정 등 데이터 저장 전 로그 이벤트의 속성을 정의해 검색에 용이하도록 데이터 전처리를 설정할 수 있다.

이 설정은 inputs.conf 파일을 수정한 후 로그 이벤트 전송이 원활하지 않을 경우에 한해 선택적으로 적용할 수 있으며 설정 시 로그 이벤트가 전송되지 않는 상황을 개선할 수 있다.

소스타입별 로그 이벤트 속성을 설정하기 위해서는 /opt/splunkforwarder/etc/system/local 폴더에 props.conf를 신규로 생성한 후, 설정값을 추가해 이벤트 캐릭터셋, 이벤트 라인 구분 여부, 시간값 형식 등을 지정해 줘야 한다. 앞서 설명한 웹 서버 접속 로그 이벤트의 속성 설정을 위한 props.conf 설정 예시는 다음과 같다.

```
/opt/splunkforwarder/etc/system/local/props.conf
[weblog]                                # 소스타입명
SHOULD_LINEMERGE = false                # 이벤트의 라인을 구분. false일 때 로그 라인을 구분함(true, false)
CHARSET = UTF-8                         # 이벤트의 캐릭터셋 지정
TIME_FORMAT = %Y-%m-%d %H:%M:%S         # 이벤트의 시간값 형식(2019-01-02 05:00:00)
TIME_PREFIX = date\:                    # 이벤트에서 시간값의 위치를 지정. 이와 같이 설정된 경우 시간값
                                          앞에 "date:" 텍스트가 있다는 의미임
```

conf 파일을 변경한 후 스플렁크 엔터프라이즈 인스턴스를 재시작해주면 변경한 설정 정보가 반영됐음을 확인할 수 있다.

만약 수집 대상 로그 이벤트의 캐릭터셋 정보가 불명확한 경우에는 다음과 같이 명령어 실행을 통해 수집 파일의 캐릭터셋 정보를 확인할 수 있으니 참고하기 바란다.

```
/var/log/web>file bi weblog-20190102.log      # 작성 후 Enter
text/plain; charset=utf-8                      # 캐릭터셋 정보 출력
```

로그 이벤트 전송 설정

수집한 원천데이터를 검색에 활용하기 위해서는 스플렁크 헤비 포워더나 인덱서 서버로 데이터를 전송해야 한다.

수집한 로그 이벤트의 전송 설정을 적용하기 위해서는 /opt/splunkforwarder/etc/system/local 폴더에 outputs.conf를 신규로 생성한 후, 설정값을 추가해 데이터를 전송할 기본 그룹을 정의하고 데이터를 수신할 서버 정보 및 전송 설정을 적용해 주면 된다.

앞서 스플렁크 엔터프라이즈 인스턴스 설정 시 적용했던 서버 IP 주소와 포트 정보를 적용해 로그 이벤트를 전송하는 outputs.conf 설정 예시는 다음과 같다.

```
/opt/splunkforwarder/etc/system/local/outputs.conf
[tcpout]
defaultGroup = default-autolb-group      # 데이터를 전송할 기본 그룹 정의
                                          사용자가 임의로 그룹명을 정의할 수 있다.


[tcpout:default-autolb-group]            # 데이터를 전송할 기본 그룹명
disabled = 0                             # 데이터 전송 설정(1 또는 0/true, false)
server = 192.168.0.1:9997                # 데이터 수신 서버 IP 주소 및 포트 정보
                                          (스플렁크는 기본적으로 9997 포트를 사용함)
```

conf 파일 변경 후 스플렁크 엔터프라이즈 인스턴스를 재시작해주면 변경한 설정 정보가 반영됐음을 확인할 수 있다.

4.4.7 플랫폼 인프라 구성 후 정상 동작 확인

단일 서버 환경 구성을 완료한 후 플랫폼이 정상적으로 구성됐는지 알아보기 위해서는 스플렁크 웹에 접속한 후 스플렁크 엔터프라이즈 기본 앱인 [검색 및 보고] 앱에서 앞서 수집한 로그 이벤트를 검색해 조회되는지 확인해 보면 된다. 그림 4-17과 같이 수집된 데이터가 정상적으로 검색된다면 플랫폼 인프라 구성을 완료한 것이다.

그림 4-17 플랫폼 인프라 정상 동작 확인

4.5 복수 서버 환경 구성

앞서 서버 1대로 모든 것을 처리하는 구성을 살펴봤는데, 사실 스플렁크 솔루션에서는 서버 1대가 하나의 역할을 독립적으로 수행할 수 있도록 구성하는 것을 권장한다. 다시 말하면, 한 대의 서버에서 하나의 스플렁크 인스턴스가 설치돼 동작하는 구조가 스플렁크를 활용해 빅데이터 분석 플랫폼을 구축하는 가장 기본적인 구성이라는 것이다. 서버당 단일 인스턴스로 구성하게 되면 그만큼 서버 및 스플렁크 인스턴스에 미치는 부하를 분산할 수 있고, 데이터 저장 및 검색 성능도 독립적으로 보장받을 수 있다는 장점이 있다. 이에 따라 담당자가 플랫폼 구축을 추진하는 데 있어 서버를 1대 이상 도입할 수 있는 여건이 된다면 서버별로 독립적인 인스턴스를 구성해 플랫폼을 구축하는 것을 권고한다.

그러면 지금부터 서버별로 독립적인 스플렁크 인스턴스를 구성해 다수의 서버를 활용한 보안 빅데이터 분석 플랫폼 구성 절차와 주요 고려사항에 대해 자세히 알아보도록 하자.

4.5.1 구성 기준 정의

플랫폼 구성 요소별 기준은 다음과 같다.

- 서버는 총 4대, OS는 CentOS 7
- 설치 인스턴스는 헤비 포워더 1대, 인덱서 1대, 검색 헤드 1대, 유니버설 포워더 1대
- 사용자는 검색 헤드 서버에 접속해 수집한 데이터의 검색 및 분석 작업 수행
- 원천데이터는 스플렁크 유니버설 포워더가 설치된 서버 내 수집 대상 파일을 모니터링
- 스플렁크 엔터프라이즈 설치 버전은 7.2.4
- 스플렁크 유니버설 포워더 설처 버전은 7.2.4

사전 정의한 구성 기준을 도식화해 표현하면 그림 4-18과 같다.

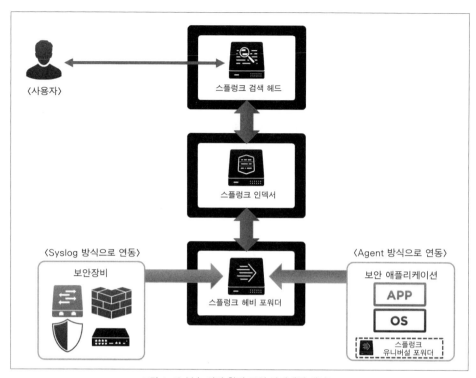

그림 4-18 복수 서버 환경 구성 아키텍처 개념도

4.5.2 스플렁크 엔터프라이즈 인스턴스 설치

복수 서버 환경 구성에서 스플렁크 엔터프라이즈는 각 서버별로 하나씩, 총 3개의 인스턴스를 설치해 설정을 적용하게 된다.

설치 파일 다운로드 및 스플렁크 인스턴스 설치 과정은 단일 서버 환경 구성에서 설명한 내용과 동일하므로, 앞서 설명한 내용을 참고하기 바란다.

4.5.3 데이터 수집 및 전송 설정

스플렁크 헤비 포워더는 데이터 수집 대상 장비나 스플렁크 유니버설 포워더에서 전달하는 원천데이터를 수집해 스플렁크의 데이터 저장소인 인덱서 서버에 전송하는 역할을 수행하는 인스턴스다. 수신한 원천데이터를 인덱서로 유실없이 전달할 수 있도록 하는 것이 기본 기능이며, 데이터 수집 및 전송 상황에 따라 원천데이터 필터링이나 마스킹과 같은 다양한 추가 설정도 적용할 수 있다.

여기서는 스플렁크 헤비 포워더 인스턴스를 활용해 이벤트 데이터의 수집 및 전송 설정을 어떻게 적용하는지 살펴보고, 로그 이벤트의 필터링 및 마스킹 설정 적용 절차에 대해 알아보도록 하자.

스플렁크 엔터프라이즈 라이선스 슬레이브 적용

복수 서버 환경에서의 스플렁크 인스턴스는 각각의 라이선스 정책을 동기화하고 정상적으로 동작하도록 하기 위해 스플렁크 라이선스 마스터 역할을 수행할 인스턴스를 정해 설정하고, 나머지는 라이선스 슬레이브로 적용하는 설정을 적용해줘야 한다.

일반적으로 복수 서버 환경 구성에서는 스플렁크 검색 헤드 인스턴스가 라이선스 마스터 역할을 수행하며, 나머지 인스턴스는 라이선스 슬레이브 설정을 적용하므로, 여기서도 동일하게 설정하도록 한다.

스플렁크 헤비 포워더의 라이선스 슬레이브 설정 적용을 위해서는 먼저 스플렁크 웹에 접속해 그림 4-19와 같이 [설정 → 라이선싱] 메뉴를 선택해야 한다.

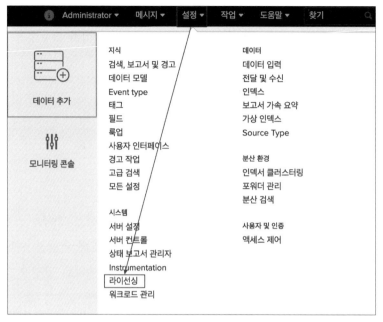

그림 4-19 라이선싱 메뉴 접속

라이선싱 메뉴에서 그림 4-20과 같이 [슬레이브로 변경]을 선택하면 현재 독립실행형 라이선스 서버 역할을 수행하고 있는 스플렁크 헤비 포워더 인스턴스를 라이선스 슬레이브로 변경할 수 있다.

그림 4-20 라이선스 슬레이브로 변경 선택

[슬레이브로 변경]을 선택하면 그림 4-21과 같이 마스터 연결 변경 화면이 나타나는데, [다른 Splunk 인스턴스를 마스터 라이선스 서버로 지정]을 선택하고 라이선스 마스터인 스플렁크 검색 헤드 인스턴스가 설치된 서버의 IP 주소와 관리 포트를 입력한 후 저장을 선택하면 라이선스 슬레이브 설정이 완료된다. 스플렁크의 기본 관리 포트는 8089이니 설정 시 참고하기 바란다.

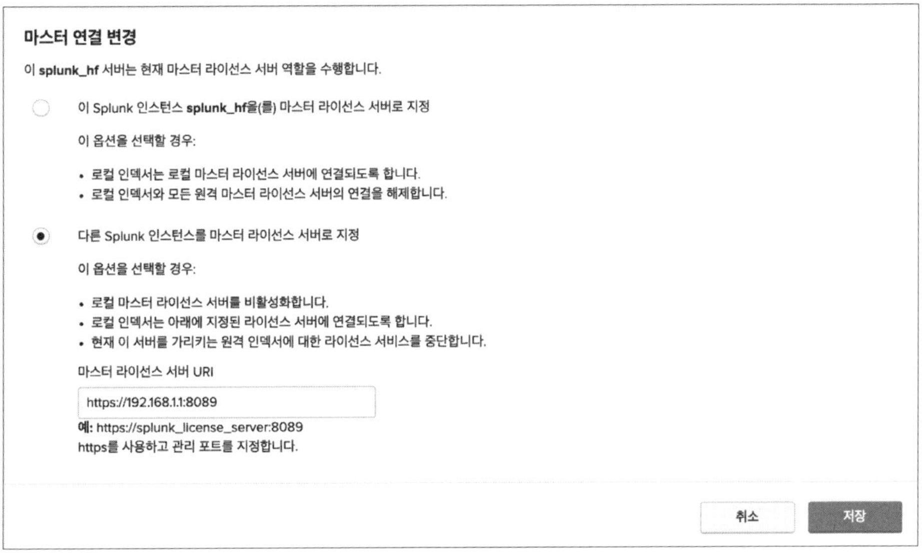

그림 4-21 라이선스 마스터 URI 입력

라이선스 마스터 URI 및 라이선스 슬레이브 설정을 적용하기 위해서는 스플렁크 서비스를 재시작해줘야 한다. 설정을 변경한 후 그림 4-22와 같이 스플렁크 엔터프라이즈 인스턴스를 재시작해주면 변경한 설정 정보가 반영됐음을 확인할 수 있다.

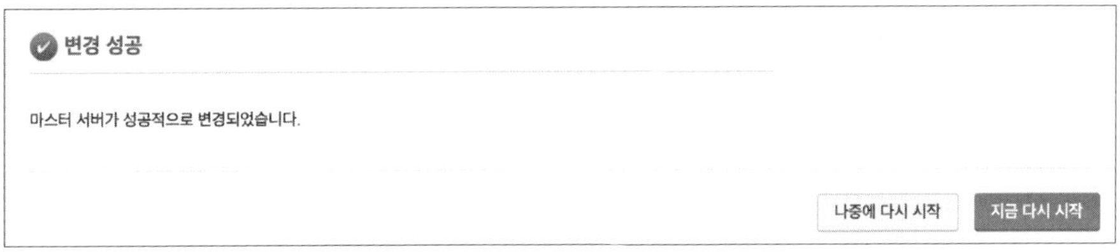

그림 4-22 라이선스 마스터 등록 및 슬레이브 설정 적용 후 스플렁크 서비스 재시작

재시작을 완료한 후 [설정 → 라이선싱] 메뉴를 선택하면 그림 4-23과 같이 스플렁크 라이선스 마스터 등록 및 슬레이브 적용 설정이 정상적으로 반영된 것을 확인할 수 있다.

그림 4-23 라이선스 마스터 등록 및 슬레이브 적용 확인

스플렁크 웹에서 변경한 스플렁크 라이선스 마스터 정보는 /opt/splunk_hf/etc/system/local/server.conf에 반영된다. server.conf 예시는 다음과 같다.

```
/opt/splunk_hf/etc/system/local/server.conf
[general]
serverName = splunk_hf
pass4SymmKey = $7$gp7np8lSQf5BYBigaEgI36rGZyenttgKbJQeXsTYBueL/t5TjFg+og==

[sslConfig]
sslPassword = $7$08v8qCEcrAKhCWpm+MR6y14eNpHgUUUmjeWu/XoxNf6vCIiuGmig0w==

[kvstore]
port = 8291

[lmpool:auto_generated_pool_download-trial]
description = auto_generated_pool_download-trial
quota = MAX
slaves = *
```

```
stack_id = download-trial

[lmpool:auto_generated_pool_Forwarder]
description = auto_generated_pool_Forwarder
quota = MAX
slaves = *
stack_id = forwarder

[lmpool:auto_generated_pool_free]
description = auto_generated_pool_free
quota = MAX
slaves = *
stack_id = free

[license]
master_uri = https://192.168.1.1:8089   # 라이선스 마스터 서버의 IP 주소 및 관리 포트 정보
```

스플렁크 라이선스 마스터 서버의 정보 변경은 스플렁크 웹과 server.conf에서 모두 가능하니 참고하기 바란다.

로그 이벤트 수신 설정

스플렁크 헤비 포워더의 주된 역할은 원천데이터를 수집해 스플렁크 인덱서로 전송하는 것이다. 이제 앞서 단일 서버 환경 구성 시 정의한 로그 이벤트 발생 조건을 참고해 스플렁크 헤비 포워더가 로그 이벤트를 수신할 수 있도록 설정하는 절차에 대해 살펴보도록 하자.

먼저 보안장비에서 발생하는 데이터를 수집하기 위한 가장 대표적인 방식인 Syslog 이벤트 수신 설정 방법부터 알아보자.

TCP 또는 UDP 프로토콜 기반으로 전송되는 Syslog 데이터를 수집하기 위해서는 수집 대상 데이터의 수신 설정을 관리하는 inputs.conf 파일에 새롭게 설정값을 추가해 적용해야 한다.

TCP 프로토콜을 기반으로 1001 포트를 활용해 로그 이벤트를 발생시키는 보안장비 데이터를 수집한다고 가정했을 때, 전송되는 데이터를 수신하기 위한 inputs.conf 설정 예시는 다음과 같다.

```
/opt/splunk_hf/etc/system/local/inputs.conf
[tcp://192.168.200.150:1001]    # TCP Syslog 전송 장비의 IP 주소와 전송 포트 입력
connection_host = ip            # 데이터를 보내는 서버의 IP 주소로 호스트 설정
index = proxy                   # 데이터를 전달할 index 지정
sourcetype = pxy:product        # 데이터를 전달할 sourcetype 지정
```

위와 같이 설정하면 스플렁크 헤비 포워더는 192.168.200.150이라는 IP 주소를 부여받은 보안장비가 Syslog로 전송하는 TCP 데이터를 1001 포트로 수신해 사전 정의한 index 및 sourcetype에 수신한 데이터를 저장하게 된다.

> ✔ NOTE
>
> 국내 기업에 적용돼 있는 보안장비는 UDP Syslog 방식으로 로그 이벤트를 전송하는 경우가 대부분이나 일부 보안장비들은 TCP Syslog 방식으로만 로그 이벤트 전송이 가능한 경우가 있으니 데이터 수신 설정 시 주의하기 바란다.

다음으로 스플렁크 유니버설 포워더에서 전송되는 데이터에 대한 수신 설정을 적용해 보자.

스플렁크 유니버설 포워더에서 전송할 데이터를 스플렁크 헤비 포워더가 수신할 수 있도록 설정하기 위해서는 데이터를 전송하기 전 스플렁크 유니버설 포워더에 설정돼 있는 데이터 송신 포트와 동일한 포트 정보를 스플렁크 헤비 포워더 내 inputs.conf 파일에 설정값을 추가해 적용해야 한다. 스플렁크 유니버설 포워더가 스플렁크 기본 전송 포트인 9997 포트를 사용해 데이터를 전송한다고 가정했을 때, 전송 데이터 수신을 위한 inputs.conf 설정 예시는 다음과 같다.

```
/opt/splunk_hf/etc/system/local/inputs.conf
[splunktcp://9997]    # 전송 이벤트에 대한 수신 포트 설정. 스플렁크 유니버설 포워더에서 9997 포트로 전송
```

```
connection_host = ip    # 데이터를 전송하는 서버의 IP 주소로 호스트 설정
```

위와 같이 설정하면 스플렁크 헤비 포워더는 스플렁크 유니버설 포워더가 TCP 프로토콜을 활용해 9997 포트로 전송하는 수집 대상 데이터를 동일 포트로 수신해 사전 정의한 index 및 sourcetype에 맞게 수신 데이터를 저장하게 된다.

로그 이벤트 전송 설정

로그 이벤트 수신 설정을 통해 스플렁크 헤비 포워더가 수집한 데이터를 사용자가 검색에 활용하기 위해서는 스플렁크 인덱서 서버로 수집 데이터를 전송해 줘야 한다.

수집한 로그 이벤트의 전송 설정을 적용하기 위해서는 /opt/splunk_hf/etc/system/local 폴더에 outputs.conf를 신규로 생성한 후, 설정값을 추가해 데이터를 전송할 기본 그룹을 정의하고 데이터를 수신할 서버 정보 및 전송 설정을 적용해 주면 된다.

사전 정의한 스플렁크 인덱서 서버 IP 주소와 포트 정보를 적용해 로그 이벤트를 전송하는 outputs.conf 설정 예시는 다음과 같다.

```
/opt/splunk_hf/etc/system/local/outputs.conf
[tcpout]
defaultGroup = default-autolb-group    # 데이터를 전송할 기본 그룹 정의
                                        사용자가 임의로 그룹명을 정의할 수 있다.


[tcpout:default-autolb-group]           # 데이터를 전송할 기본 그룹명
disabled = 0                            # 데이터 전송 설정(1 또는 0/true, false)
server = 192.168.0.1:9997               # 데이터 수신 서버 IP 주소 및 포트 정보
```

conf 파일을 변경한 후 스플렁크 헤비 포워더 인스턴스를 재시작해주면 변경한 설정 정보가 반영됐음을 확인할 수 있다.

로그 이벤트 필터링 설정

수집 대상 로그 이벤트 중 특정 문자열이 포함된 데이터만 수집해야 하거나, 수집 대상 데이터량이 스플렁크 라이선스 수집량보다 많아서 데이터 수집 전에 분석에 필요한 데이터만 추출해 저장해야 할 경우, 사용자는 로그 이벤트 필터링 적용을 통해 데이터를 선별적으로 수집해 스플렁크 인덱서 서버에 전송할 수 있도록 설정할 수 있다.

여기서는 다음과 같이 Syslog 타입으로 전송중인 방화벽 데이터에 대해 정규표현식을 활용해 "type=audit"인 로그 이벤트만 분류한 후 스플렁크 인덱서로 전송할 수 있도록 설정하는 과정을 예시로 설명한다.

■ **방화벽 데이터 샘플**

```
Dec  4 13:29:37 127.0.0.59 2018-12-04 13:31:55 md-co-pre-cafe.firewall.
com LogDaemon:  prefix=LAM type=allow ruleid=65535 in=eth0 out=eth4
srcip=127.0.0.183 spt=443 dstip=127.0.0.42 dpt=21446 protocol=TCP len=40
Dec  4 13:29:37 127.0.0.59 2018-12-04 13:31:54 md-co-pre-cafe.firewall.com
LogDaemon:  prefix=LAM type=allow ruleid=65535 in=eth4 out=eth0 srcip=127.0.0.10
spt=80 dstip=183.110.28.59 dpt=46307 protocol=TCP len=40
Dec  4 13:29:37 127.0.0.59 2018-12-04 13:31:54 md-co-pre-cafe.firewall.com
LogDaemon:  prefix=LAM type=deny ruleid=151 in=eth0 out=eth4 srcip=127.0.0.130
spt=36073 dstip=127.0.0.11 dpt=9090 protocol=TCP len=60
Dec  4 10:39:58 127.0.0.59 2018-12-04 10:42:15 md-co-pre-cafe.firewall.com
UI:  prefix=AAL type=audit msg="2018-12-04 10:42:15;ktisadmin;127.0.0.112;3;-;-
;Logout;Success"
Dec  4 10:39:54 127.0.0.59 2018-12-04 10:42:11 md-co-pre-cafe.firewall.com
UI:  prefix=AAL type=audit msg="2018-12-04 10:42:11;ktisadmin;127.0.0.112;3;-;-
;Login;Success"
```

정규표현식을 활용한 로그 이벤트 필터링을 설정하기 위해서는 /opt/splunk_hf/ etc/system/local 폴더에 transforms.conf를 신규로 생성한 후, 설정값을 추가해 정규표현식을 적용할 문자열과 데이터 필드, 이벤트를 전송할 큐 등을 지정해 줘야 한다. 앞서 설명한 방화벽 로그 이벤트의 필터링 설정을 위한 transforms.conf 설정 예시는 다음과 같다.

/opt/splunk_hf/etc/system/local/transforms.conf

```
[setnull]               # transforms 설정값
REGEX = ^.*             # 정규표현식을 적용할 문자열
SOURCE_KEY =_raw        # 정규표현식을 적용할 데이터 필드
DEST_KEY = queue        # FORMAT 결과를 저장할 위치
FORMAT = nullQueue      # 로그 이벤트를 보낼 큐 지정
                        (nullQueue: 설정한 정규표현식에 맞춰 큐를 적재하지 않음을 의미)


[setkeep]                    # transforms 설정값
REGEX = ^.*?type\=audit\s+.  # 정규표현식을 적용할 문자열
SOURCE_KEY =_raw             # 정규표현식을 적용할 데이터 필드
DEST_KEY = queue             # FORMAT 결과를 저장할 위치
FORMAT = indexQueue          # 로그 이벤트를 보낼 큐 지정
                             (indexQueue: 설정한 정규표현식에 맞춰 큐를 적재함을 의미)
```

---

transforms.conf에 적용한 설정을 반영해 필터링된 데이터만을 수집할 수 있도록 하기 위해서는 /opt/splunk_hf/etc/system/local 폴더에 props.conf를 신규로 생성한 후, 수집 대상 로그 이벤트의 호스트 정보와 앞서 transforms.conf와 동일한 명칭으로 필터링 설정 정보를 추가해 주면 된다. props.conf 설정 예시는 다음과 같다.

/opt/splunk_hf/etc/system/local/props.conf

```
[host:: 192.168.10.10]            # 수집 대상 로그 이벤트의 호스트 정보 입력
TRANSFORMS-set = setnull,setkeep  # transforms.conf 내 입력한 필터링 설정값
```

---

conf 파일을 변경한 후 스플렁크 헤비 포워더 인스턴스를 재시작해주면 변경한 설정 정보가 반영됐음을 확인할 수 있다.

로그 이벤트 마스킹 설정

수집 대상 로그 이벤트 내 서버 접속 패스워드나 개인정보 등 유출 시 문제가 될 수 있는 중요 민감정보가 포함돼 있을 경우, 사용자는 로그 이벤트 마스킹 적용을 통해

데이터를 수집하기 전 민감정보를 식별할 수 없는 형태로 치환해 스플렁크 인덱서 서버에 전송할 수 있도록 설정할 수 있다.

여기서는 다음 애플리케이션 서버 로그 데이터 내에서 "sessionID"와 "Ticket" 필드 데이터의 마지막 네 문자만 표시되고 나머지 데이터는 마스킹 처리한 후, 변경된 이벤트를 스플렁크 인덱서로 전송할 수 있도록 설정하는 과정을 예시로 설명한다.

■ 애플리케이션 서버 로그 데이터 샘플

```
"2019-01-21, 06:17:44.04",  188, 15, "Path=/LoginUser Query=CrmId=ClientABC&
ContentItemId=TotalAccess&SessionId=3A1785URH117BEA&Ticket=646A1DA4STF896EE&
SessionTime=25368&ReturnUrl=http://www.clientabc.com,
Method=GET,IP=209.51.249.195,
Content=", ""
```

정규표현식을 활용한 로그 이벤트 마스킹을 설정하기 위해서는 /opt/splunk_hf/ etc/system/local 폴더에 transforms.conf를 신규로 생성한 후, 설정값을 추가해 마스킹할 정규표현식을 정의하고 마스킹 결과를 저장할 필드 위치를 지정해줘야 한다. 앞서 생성한 transforms.conf 파일을 활용한 로그 이벤트 마스킹 설정 예시는 다음과 같다.

```
/opt/splunk_hf/etc/system/local/transforms.conf
[session]                                          # transforms 설정값명
REGEX = (?m)^(.*)SessionId=\w+(\w{4}[&"].*)$       # 마스킹할 필드 정규표현식
FORMAT = $1SessionId=########$2                     # 마스킹할 필드 그룹 설정
DEST_KEY = _raw                                     # FORMAT 결과를 저장할 위치

[ticket]                                            # transforms 설정값명
REGEX = (?m)^(.*)Ticket=\w+(\w{4}&.*)$             # 마스킹할 필드 정규표현식
FORMAT = $1Ticket=########$2                        # 마스킹할 필드 그룹 설정
DEST_KEY = _raw                                     # FORMAT 결과를 저장할 위치
```

transforms.conf에 적용한 설정을 반영하는 과정은 앞서 로그 이벤트 필터링 설정

때와 같이 수집대상 데이터의 소스타입명과 마스킹 설정값 정보를 지정해 주면 된다. props.conf 설정 예시는 다음과 같다.

```
/opt/splunk_hf/etc/system/local/props.conf
[appserver]                               # 수집 대상 데이터의 소스타입명
TRANSFORMS-setmask = session, ticket      # transforms.conf 내 입력한 마스킹 설정값명
```

conf 파일을 변경한 후 스플렁크 헤비 포워더 인스턴스를 재시작해주면 다음과 같이 변경한 설정 정보가 반영돼 로그 이벤트가 수집되고 있음을 확인할 수 있다.

■ **로그 이벤트 마스킹 결과 데이터**

```
"2019-01-21, 02 : 57 : 11.58", 122, 11, "Path = / LoginUser Query = CrmId =
ClientABC &
ContentItemId = TotalAccess & SessionId = ########## 7BEA & Ticket = #####
####### 96EE &
SessionTime = 25368 & ReturnUrl = http : //www.clientabc.com, Method = GET, IP =
209.51.249.195,
Content = "," "
```

4.5.4 데이터 저장 설정

스플렁크 인덱서는 앞서 설명한 스플렁크 헤비 포워더에서 전송된 로그 이벤트를 전달받아 사용자가 정의한 인덱스와 소스타입별로 저장하는 역할을 수행하는 인스턴스다. 스플렁크 헤비 포워더를 통해 전달받은 데이터를 누락없이 저장해 사용자가 SPL을 활용해 검색할 수 있도록 지원하는 것이 기본 기능이며 로그 이벤트의 보관기간 및 보관기간별 저장소 이동 경로, 데이터 복제 설정 등을 적용할 수 있다.

여기서는 스플렁크 인덱서 인스턴스를 대상으로 로그 이벤트의 저장 설정을 어떻게 적용하는지 살펴보도록 하자.

스플렁크 엔터프라이즈 라이선스 슬레이브 적용

앞서 스플렁크 헤비 포워더 인스턴스 설정 시에도 언급했듯이, 복수 서버 환경에서의 스플렁크 인스턴스는 각각의 라이선스 정책을 동기화하고 정상적으로 동작하도록 하기 위해 스플렁크 라이선스 마스터 역할을 수행할 인스턴스를 정해 설정하고, 나머지는 라이선스 슬레이브로 적용하는 설정을 수행해줘야 한다.

이에 따라 스플렁크 인덱서 인스턴스도 본격적인 데이터 저장 설정에 앞서 라이선스 슬레이브 설정을 적용해 줘야 하며, [설정 → 라이선싱] 메뉴를 통한 설정 과정은 앞서 설명한 단일 서버 환경 구성 내용과 동일하므로 참고하기 바라며, 여기서는 설명을 생략하도록 한다.

신규 인덱스 생성

스플렁크 헤비 포워더에서 수집해 스플렁크 인덱서로 전송한 데이터에 대한 신규 인덱스를 생성하고 속성값을 설정해 주기 위해서는 /opt/splunk_idx/etc/system/local 폴더에 indexes.conf를 신규로 작성해 설정값을 추가해 줘야 한다. 데이터 저장 설정 적용을 위한 indexes.conf 설정 예시는 다음과 같다.

```
/opt/splunk_idx/etc/system/local/indexes.conf
[fw]                                        # index명
homePath = $SPLUNK_DB/fw/db                 # hotdb 및 warmdb가 저장되는 공간
coldPath = $SPLUNK_DB/fw/colddb             # Cold Zone으로 변경되면 저장되는 공간
thawedPath = $SPLUNK_DB/fw/thaweddb         # Thawed Zone으로 변경되면 저장되는 공간
maxTotalDataSizeMB = 512000                 # 인덱스의 저장 크기
enableDataIntegrityControl = 0              # 데이터 무결성 검사 여부 설정(1과 0 또는 true, false)
enableTsidxReduction = 0                    # 버킷 내 tsidx 파일 감소 기능 설정(1과 0 또는 true, false)
frozenTimePeriodInSecs = 31536000           # 인덱싱 데이터가 최종 삭제되는 초(Seconds) 시간값.
                                              해당 시간값 초과 시 과거 데이터를 순서로 인덱싱 데이터 삭
                                              제됨. 미설정 시 기본값은 188697600(약 6년)
```

전송 데이터에 대한 저장 설정

스플렁크 인덱서가 스플렁크 헤비 포워더로부터 전송된 데이터를 누락없이 저장하기 위해서는 스플렁크 헤비 포워더에서 설정한 데이터 송신 포트를 데이터 수신 포트로 설정해 전송되는 데이터를 스플렁크 인덱서가 인지해 저장할 수 있도록 해야 한다.

전송 데이터에 대한 포트 리스닝 설정은 /opt/splunk_idx/etc/system/local 폴더 내 inputs.conf 파일에 설정값을 추가해 반영하며, inputs.conf 작성 예시는 다음과 같다.

```
/opt/splunk_idx/etc/system/local/inputs.conf
[splunktcp://9997]    # 전송 데이터의 수신 포트 설정.
                        포트 정보는 스플렁크 헤비 포워더의 데이터 전송 포트와 동일해야 한다.
```

4.5.5 데이터 검색 설정

스플렁크 검색 헤드는 스플렁크 인덱서 서버에 저장된 로그 이벤트를 사용자가 SPL이라는 스플렁크의 고유 검색 질의어를 활용해 검색하고 분석할 수 있도록 지원하는 역할을 수행하는 인스턴스다. 사용자가 검색하고자 하는 데이터 종류와 검색 조건을 입력하면 이를 스플렁크 인덱서에 전달해 검색 결과를 사용자에게 표시할 수 있도록 하는 것이 기본 기능이며, 좀 더 다양하고 구체적인 검색 활동을 지원하기 위해 데이터 필드 추출 등을 설정해 적용할 수 있다. 여기서는 스플렁크 검색 헤드 인스턴스를 대상으로 사용자의 데이터 검색을 지원하기 위해 어떤 설정을 어떻게 적용해야 하는지 살펴보도록 하자.

스플렁크 엔터프라이즈 라이선스 마스터 설정

스플렁크 헤비 포워더와 인덱서 인스턴스 설정을 설명할 때 언급했듯이, 복수 서버 환경을 구성할 때는 일반적으로 스플렁크 검색 헤드 인스턴스가 데이터 검색의 핵심 구성 요소로써 라이선스 마스터 역할을 담당하게 된다. 따라서 타 인스턴스와 달리 스플렁크 검색 헤드 인스턴스는 본격적인 설정 작업을 시작하기에 앞서 라이선스 마스터 설정 작업을 먼저 수행해줘야 한다.

앞서 타 인스턴스의 설정 시 이미 라이선스 마스터 URI를 등록해 설정을 적용해 줬기 때문에, 사용자가 스플렁크 웹에 접속한 후 [설정 → 라이선싱] 메뉴를 선택하면 그림 4-24와 같이 이미 라이선스 마스터 역할을 수행중임을 확인할 수 있다. 혹시 다른 스플렁크 인스턴스를 라이선스 마스터로 설정해야 한다면 하단의 [다른 Splunk 인스턴스를 마스터 라이선스 서버로 지정]을 선택해 설정을 변경해 주면 된다.

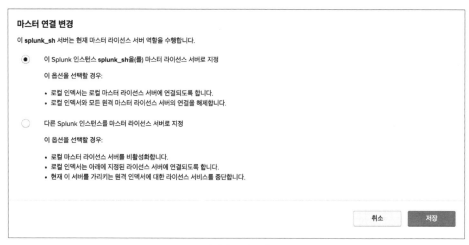

그림 4-24 라이선스 마스터 설정 확인

검색 피어 등록

사용자가 스플렁크 검색 헤드에서 로그 이벤트를 검색하려면 스플렁크 검색 헤드가 스플렁크 인덱서의 존재와 위치를 인식해 사용자가 작성한 검색 질의 내용을 제대로 전달할 수 있도록 스플렁크 인덱서를 검색 피어로 등록해 줘야 한다.

스플렁크 인덱서를 검색 피어로 등록해 주기 위해서는 /opt/splunk_sh/etc/system/local 폴더에 distsearch.conf 파일을 신규 생성한 후, 스플렁크 인덱서 서버의 IP 주소 및 관리 포트 정보를 설정해 줘야 한다.

앞서 언급한 스플렁크 인덱서 서버를 검색 피어로 등록하기 위한 distsearch.conf 설정 예시는 다음과 같다.

/opt/splunk_sh/etc/system/local/distsearch.conf
```
[distributedSearch]
servers = https://192.168.0.1:8089    # 스플렁크 인덱서 서버의 IP 주소 및 관리 포트 설정
```

---

conf 파일을 변경하고 스플렁크 웹에 접속해 [설정 → 분산 검색] 메뉴를 선택한 후 [검색 피어]를 클릭해 보면 그림 4-25와 같이 스플렁크 인덱서가 검색 피어로 정상 등록돼 있음을 확인할 수 있다.

그림 4-25 검색 피어 정상등록 여부 확인

검색 데이터 필드 추출

앞서 단일 서버 환경 구성 시 데이터 검색 설정 항목에서 언급했던 것처럼 사용자가 스플렁크 검색 헤드에서 데이터 검색을 원활하게 수행하고, 검색 결과를 분석에 활용하기 위해서는 원천데이터에 대한 필드 추출 설정이 필요하다. 여기서는 정규표현식을 활용한 필드 추출 설정 방법에 대해 알아보도록 하겠다.

정규표현식 기반 필드 추출 설정도 구분자를 활용한 방식과 마찬가지로 transforms. conf와 props.conf 파일의 설정값을 수정해 반영할 수 있으며, 표 4-1과 같이 데이터 검색 필드 추출 시 자주 활용되는 정규표현식을 정리했으니 참고하기 바란다.

표 4-1 정규표현식 예시

정규표현식	설명
.	어떠한 문자 1개를 의미
*	0개 이상의 문자
+	1개 이상의 문자
?	앞의 문자나 부분식을 0개 또는 1개를 찾음
^	문장의 시작
$	문장의 끝
₩	정규식이 아닌 특정 문자를 표현 / "|" 문자 표현: ₩|
{}	반복수를 지정 / {3}: 3번 반복
₩d	1개의 숫자 / ₩d+: 1개 이상의 숫자
₩w	1개의 문자 / ₩w+: 1개 이상의 문자
₩s	1개의 스페이스 / ₩s+: 1개 이상의 스페이스

정규표현식을 활용한 필드 추출 방법을 알아보기 위해 여기서는 다음과 같이 생성된 웹로그 데이터를 데이터 속성에 따라 "log_date", "log_type", "clientip", "message" 라는 데이터 필드로 추출하는 과정을 예로 들어 설명한다.

■ **웹로그 데이터 샘플**

```
[Fri Jan 18 05:16:53 2019] [error] [client 1.2.3.4] Directory index forbidden by
rule: /home/test/
[Fri Jan 18 05:24:34 2019] [error] [client 1.2.3.4] Directory index forbidden by
rule: /apache/web-data/test2
[Fri Jan 18 06:18:15 2019] [error] [client 1.2.3.4] Client sent malformed Host
header
[Mon Jan 21 22:24:01 2019] [error] [client 1.2.3.4] user test: authentication
failure for "/~dcid/test1": Password Mismatch
```

정규표현식을 사용해 원천데이터에서 사용자가 원하는 데이터만 추출해 필드로 정의하기 위한 props.conf 설정 예시는 다음과 같다

/opt/splunk_sh/etc/system/local/props.conf

[weblog]   # 필드 추출을 적용할 소스타입명

EXTRACT-weblog =

^\[(?P<LOGDATE>.*?)\]\s+\[(?P<LOGTYPE>.*?)\]\s+\[\w+\s+(?P<CLIENTIP>\d+\.\d+\.\d+\.\d+)\]\s+(?P<MESSAGE>.+)$

필드 추출을 위한 정규표현식. 'EXTRACT-'로 시작되는 것은 예약어이며 사용자가 임의로 정의하면 된다.

위와 같이 설정한 후 props.conf 저장을 완료하면, 스플렁크 인스턴스 재시작 없
이도 그림 4-26과 같이 데이터 검색 화면 좌측 데이터 필드 메뉴에서 LOGDATE,
LOGTYPE, CLIENTIP 등 앞서 설정한 데이터 필드가 추출돼 검색 가능한 것을 확인
할 수 있다.

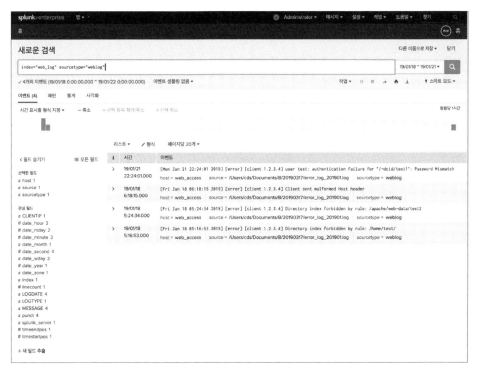

그림 4-26 정규표현식을 사용한 검색 데이터 필드 추출

4.5.6 스플렁크 유니버설 포워더 설치 및 설정

스플렁크의 각 인스턴스 간 역할을 고려하면 데이터 수집 설정부터 먼저 진행하고 그 다음에 데이터 저장 및 검색 설정을 적용할 것이라고 생각하기 쉽다. 하지만 실제 프로젝트 현장에서 구축 엔지니어가 플랫폼 인프라를 구성하는 과정을 살펴보니 모든 설정을 완료한 후, 원천데이터를 수집해 전송하는 설정을 가장 마지막에 적용하는 것을 볼 수 있었다.

작업을 이와 같은 순서로 진행하는 이유는 간단하다. 원천데이터의 유실을 막기 위해서다. 원천데이터의 수집 및 전송 설정을 먼저 수행한 후 헤비 포워더와 인덱서, 검색 헤드 설정을 진행할 경우 설정을 적용해 인스턴스에 반영하는 시간까지 수집되는 데이터는 플랫폼에 저장해 검색에 활용하기 어렵다. 때문에 원천데이터의 유실을 최소화하기 위해서는 스플렁크 엔터프라이즈 인스턴스에 대한 설정을 우선 적용한 후, 마지막으로 스플렁크 유니버설 포워더를 설정해 데이터 수집 및 전송부터 검색까지 일련의 과정을 점검하는 것이 좋다.

복수 서버 환경 구성에서의 스플렁크 유니버설 포워더 인스턴스 설치 및 설정 방법은 단일 서버 환경 구성에서 설명한 내용과 동일하므로, 앞서 설명한 내용을 참고하기 바란다.

4.5.7 플랫폼 인프라 구성 후 정상 동작 확인

복수 서버 환경 구성을 완료한 후 플랫폼이 정상적으로 구성됐는지 알아보기 위해서는 앞서 단일 서버 환경 구성 과정 소개 시 설명했던 것처럼 스플렁크 웹에 접속한 후 스플렁크 엔터프라이즈 기본 앱인 [검색 및 보고]에서 로그 이벤트를 검색해 조회되는지 확인해 보면 된다. 수집된 데이터가 정상적으로 검색된다면 플랫폼 인프라 구성을 완료한 것이다.

4.6 클러스터링 기반 분산 처리 환경 구성

1장에서 원본 데이터의 유실을 방지하고 기존 운영중인 시스템의 중단 없이 서버 증설이나 기능 확장을 할 수 있도록 지원해 주는 스플렁크 핵심 기술 요소인 클러스터링에 대해 이야기했었는데, 방금 설명한 복수 서버 환경 구성을 확장해 인덱서 서버와 검색 헤드 서버의 클러스터링을 적용하고 배포 및 모니터링 콘솔 기능을 추가한 모습이 스플렁크 솔루션에서 제공하는 핵심 기능을 모두 활용한 가장 이상적인 플랫폼 인프라 구성이라고 할 수 있다.

스플렁크의 데이터 저장 및 검색 성능을 향상하고, 시스템 운영 안정성을 확보하도록 지원해 주는 클러스터링 기능을 적용하기 위해서는 상당히 많은 서버와 구축 엔지니어의 장시간 작업이 필요할 수 있지만, 어렵고 힘든만큼 장점이 많기 때문에 충분히 가치있는 시도라고 생각한다.

그러면 지금부터 클러스터링 기반 분산 처리 환경을 구성함으로써 완성형 보안 빅데이터 분석 플랫폼으로 확장하는 절차와 주요 고려사항에 대해 자세히 알아보도록 하자.

4.6.1 플랫폼 구성 요소별 기준 정의

플랫폼 구성 요소별 기준은 다음과 같다.

- 서버는 총 10대, OS는 CentOS 7
- 인스턴스는 헤비 포워더 1개, 인덱서 3개, 검색 헤드 3개, 배포 인스턴스 1개, 유니버설 포워더 1개가 서버 1대당 1개씩 독립적으로 설치되며, 관리 서버에는 라이선스 마스터&클러스터 마스터 1개, 모니터링 콘솔 1개 인스턴스가 설치됨
- 사용자는 L4 Switch를 거쳐 각 검색 헤드 서버에 임의로 접근해 검색 및 분석 업무 수행
- 스플렁크 엔터프라이즈 버전은 7.2.4
- 스플렁크 유니버설 포워더 버전은 7.2.4

사전 정의한 구성 기준을 도식화해 표현하면 그림 4-27과 같다.

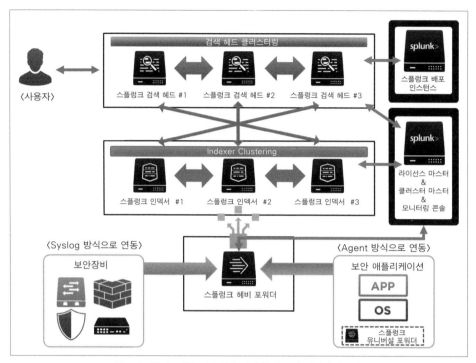

그림 4-27 클러스터링 기반 분산 처리 환경 구성 아키텍처 개념도

4.6.2 스플렁크 엔터프라이즈 인스턴스 설치

클러스터링 기반 분산 처리 환경 구성에서 스플렁크 엔터프라이즈는 총 9대 서버에서 10개의 인스턴스를 설치해 설정을 적용하게 된다. 설치 파일 다운로드 및 스플렁크 인스턴스 설치 과정은 단일 서버 환경 구성에서 설명한 내용과 동일하므로, 앞서 설명한 내용을 참고하기 바란다.

4.6.3 라이선스 마스터 & 클러스터 마스터 설정

클러스터링 기반 분산 처리 환경을 구성하기 위해서는 앞서 설명했던 라이선스 마스터와 함께 클러스터 구성원들을 관리하기 위한 별도의 인스턴스를 설정해 줘야 하는데 이것이 바로 인덱서 클러스터 마스터(이하 클러스터 마스터)다.

클러스터 마스터의 주된 역할은 피어 노드, 즉 클러스터링을 구성하는 구성원들 간의 작업을 통제하고 상태를 파악하는 것이다. 검색 헤드에게 데이터를 검색할 수 있는 위치를 알려주고, 인덱서 간 데이터 복제 작업을 조정하며, 피어 노드의 작동이 중단된 경우 개선 작업을 수행하는 것들이 클러스터 마스터가 플랫폼에서 주로 수행하는 작업이라고 보면 된다.

클러스터링 기반의 분산 처리 환경을 구성하는 경우에는 하나의 스플렁크 인스턴스에 라이선스 마스터와 클러스터 마스터 역할을 통합해 적용하는 것이 일반적이다. 이에 따라 여기서도 라이선스 마스터와 클러스터 마스터 설정을 하나의 인스턴스에 적용하는 것을 예로 들어 설명한다.

라이선스 마스터 설정

먼저 라이선스 마스터를 설정하는 과정부터 살펴보자. 설정 과정은 그림 4-28과 같이 스플렁크 클러스터 마스터 서버에서 사용자가 스플렁크 웹에 접속한 후 [설정 → 라이선싱] 메뉴를 선택해 라이선스 마스터로 지정하면 된다.

혹시 다른 스플렁크 인스턴스를 라이선스 마스터로 설정하고자 한다면 하단의 [다른 Splunk 인스턴스를 마스터 라이선스 서버로 지정]을 선택해 설정을 변경해 주면 된다.

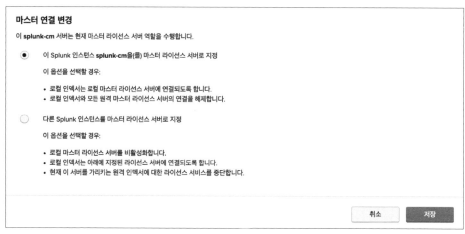

그림 4-28 스플렁크 라이선스 마스터 설정 및 확인

스플렁크 웹에서 적용한 라이선스 마스터 설정은 다음과 같이 /opt/splunk_cm/
etc/system/local/ 폴더에 위치한 server.conf 파일에서 확인할 수 있다.

```
/opt/splunk_cm/etc/system/local/server.conf
[general]
serverName = splunk-cm
pass4SymmKey = $7$bagbr86fHcoo+oZqZ9HZw9TnMWqsYez304iI91CGWZ24vMf5lonhyg==

[sslConfig]
sslPassword = $7$y67IDhdWAD258JULsYhxJcNHIwYUFtfny2pK7UUHKazFJPbKAIcuag==

[lmpool:auto_generated_pool_download-trial]
description = auto_generated_pool_download-trial
quota = MAX
slaves = *
stack_id = download-trial

[lmpool:auto_generated_pool_forwarder]
description = auto_generated_pool_forwarder
quota = MAX
slaves = *
stack_id = forwarder
```

```
[lmpool:auto_generated_pool_free]
description = auto_generated_pool_free
quota = MAX
slaves = *
stack_id = free

[lmpool:auto_generated_pool_enterprise]
description = auto_generated_pool_enterprise
quota = MAX
slaves = *
stack_id = enterprise

[license]                        # 라이선스 등록 설정
active_group = enterprise    # 라이선스 등록 정보
```

클러스터 마스터 설정

다음으로 클러스터 마스터를 설정하는 과정에 대해 알아보자.

클러스터 마스터 설정은 스플렁크 웹과 서버 콘솔 환경에서 모두 수행 가능하나, 여기서는 사용자에게 좀 더 용이한 방법인 스플렁크 웹에서의 설정 과정을 예로 들어 설명한다. 클러스터 마스터를 지정해 주기 위해서는 먼저 인덱서 클러스터링 기능을 활성화해줘야 하는데, 이는 그림 4-29와 같이 [설정 → 인덱서 클러스터링]을 선택해 설정 화면으로 이동한 후, 그림 4-30과 같이 [인덱서 클러스터링 활성화] 버튼을 클릭해 설정해 주면 된다.

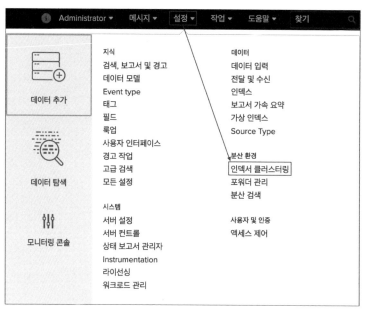

그림 4-29 인덱서 클러스터링 설정 화면 이동

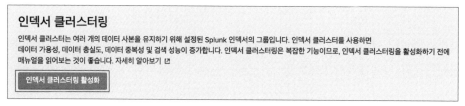

그림 4-30 인덱서 클러스터링 활성화 적용

클러스터링 활성화 화면에서는 그림 4-31과 같이 가장 상단에 위치한 [마스터 노드]를 클릭한 후 우측 하단의 [다음]을 선택하면 마스터 노드의 설정값을 적용하는 화면으로 이동할 수 있다.

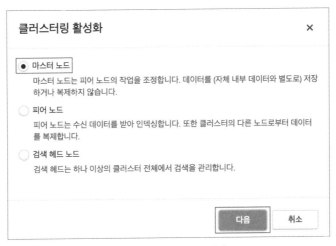

그림 4-31 마스터 노드 선택

마스터 노드 설정 화면에서는 복제 팩터와 검색 팩터, 보안 키와 클러스터 레이블에 대한 설정값을 입력해야 하는데, 각 설정값에 대한 개략적인 설명은 다음과 같다. 특히 가장 중요한 개념인 복제 팩터에 대해 자세히 알고 싶다면 그림 4-32를 참고하기 바란다.

- **복제 팩터**: 클러스터 마스터가 관리하는 원천데이터의 복사본 개수를 의미한다. 기본값은 3이다. 복제 팩터가 3이라는 것은 Indexer-1로 들어온 데이터 1A가 Indexer-2에 데이터 1B, Indexer-3에 데이터 1C로 복제돼 저장된다는 의미다. 복제된 데이터는 클러스터 마스터가 임의로 인덱서에 분산되도록 조정한다. 클러스터링 기능을 적용하면 인덱서 2개가 동작하지 않더라도 나머지 1개 인덱서의 동작을 통해 사용자는 데이터를 검색할 수 있다.
- **검색 팩터**: 클러스터 마스터가 관리하는 검색 가능한 데이터 복사본의 개수를 의미한다. 기본값은 2다. 검색 팩터가 2라는 것은 클러스터 마스터가 모든 데이터의 검색 가능 복사본을 2개로 유지 관리함을 의미하며, 검색 팩터는 복제 팩터보다 작거나 같은 값을 설정해야 한다.
- **보안 키**: 클러스터 마스터와 인덱서, 검색 헤드 간의 통신을 인증하는 키를 의

미하며, 이후 설정하는 스플렁크 인덱서 및 검색 헤드에서 설정하는 보안 키와 동일한 값이어야 한다.

● **클러스터 레이블**: 모니터링 콘솔에서 인지하는 클러스터 마스터의 고유 명칭을 의미한다.

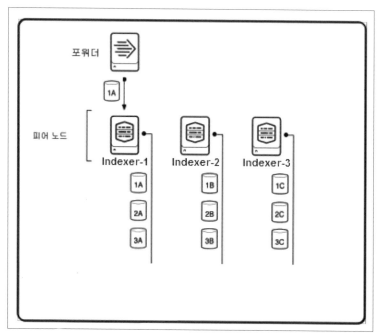

그림 4-32 복제 팩터 개념
(출처: Splunk-7.2.0-indexer_ko-KR.pdf 내 버킷 및 인덱서 클러스터 내용)

마스터 노드 설정에 대한 예시는 그림 4-33과 같다. 설정한 후 우측 하단의 [마스터 노드 활성화] 버튼을 클릭하면 클러스터 마스터 설정이 완료된다.

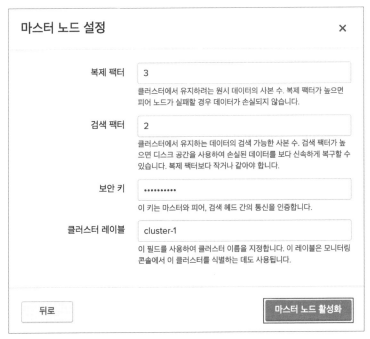

그림 4-33 마스터 노드 활성화

클러스터 마스터 설정을 적용하기 위해서는 스플렁크 서비스를 재시작해줘야 한다. 설정을 변경한 후 그림 4-34와 같이 스플렁크 인스턴스를 재시작해주면 변경한 설정 정보가 반영됐음을 확인할 수 있다.

그림 4-34 마스터 노드 적용 서비스 재시작

스플렁크 웹을 통해 적용한 클러스터 마스터 설정 내역은 /opt/splunk_cm/etc/system/local/ 폴더에 위치한 server.conf 파일에서도 확인할 수 있다.

```
/opt/splunk_cm/etc/system/local/server.conf
[general]
serverName = splunk-cm
pass4SymmKey = $7$bagbr86fHcoo+oZqZ9HZw9TnMWqsYez304iI91CGWZ24vMf5lonhyg==

[sslConfig]
sslPassword = $7$y67IDhdWAD258JULsYhxJcNHIwYUFtfny2pK7UUHKazFJPbKAIcuag==

[lmpool:auto_generated_pool_download-trial]
description = auto_generated_pool_download-trial
quota = MAX
slaves = *
stack_id = download-trial

[lmpool:auto_generated_pool_forwarder]
description = auto_generated_pool_forwarder
quota = MAX
slaves = *
stack_id = forwarder

[lmpool:auto_generated_pool_free]
description = auto_generated_pool_free
quota = MAX
slaves = *
stack_id = free

[diskUsage]
minFreeSpace = 1000

[lmpool:auto_generated_pool_enterprise]
description = auto_generated_pool_enterprise
quota = MAX
slaves = *
stack_id = enterprise

[license]
active_group = enterprise
```

```
[clutering]
cluster_label = cluster-1   # 클러스터 레이블
mode = master   # 클러스터 마스터 설정
pass4SymmKey = $7$2RF/XuIf9Yqe/L6P6Tx6zoK4P6LIf/GTOvUtLQi8ZNHiD78hZujF80Om
# 보안 키
replication_factor = 3      # 복제 팩터
search_factor = 2           # 검색 팩터
maintenance_mode = false  # 유지 관리 모드 설정 여부 (true / false)
```

클러스터 마스터 설정과 관련해 세부 항목별 내용과 설정값을 자세하게 확인하고 싶다면 스플렁크 공식 매뉴얼인 "Splunk-7.2.0-indexer_ko-KR.pdf"를 참고하기 바란다.

인덱스 추가 생성 및 배포 설정

클러스터 마스터가 플랫폼에 수집돼 저장하는 원천데이터에 대한 복제 팩터 및 검색 팩터 설정을 관리하기 때문에, 데이터 복제 및 검색 설정이 제대로 반영되기 위해서는 데이터 저장소인 인덱스에 대한 정보와 설정값을 포함하고 있는 번들을 각 인덱서 피어 노드에 배포해 동기화해줘야 한다.

인덱스 정보 및 설정값은 /opt/splunk_cm/etc/master-apps/local 폴더에 indexes.conf 파일을 신규 생성한 후 설정해 주면 되며, 앞서 언급한 웹 서버 로그와 방화벽 로그에 대한 인덱스를 각각 web, firewall로 정의한다고 가정했을 때 indexes.conf 작성 예시는 다음과 같다.

```
/opt/splunk_cm/etc/master-apps/local/indexes.conf
[web]              # 인덱스명
repFactor = auto  # 인덱스 복제 활성화 설정
homePath = $splunk_DB/web/db              # hotdb 및 warmdb가 저장되는 공간
coldPath = /data1/web/colddb              # Cold Zone으로 변경되면 저장되는 공간
thawedPath = /data2/web/thaweddb         # Thawed Zone으로 변경되면 저장되는 공간
maxTotalDataSizeMB = 512000              # 인덱스의 저장 크기
enableDataIntegrityControl = 0           # 데이터 무결성 검사 여부 설정(1과 0 또는 true, false)
enableTsidxReduction = 0                 # 버킷 내 tsidx 파일 감소 기능 설정(1과 0 또는 true, false)
```

```
frozenTimePeriodInSecs = 31536000   # 인덱싱 데이터가 최종 삭제 되는 초(Seconds) 시간값. 해당 시간
값 초과 시 과거 데이터를 순서로 인덱싱 데이터 삭제됨. 미설정 시 기본값은 188697600(약 6년)
[firewall]
repFactor = auto
homePath = $splunk_DB/firewall/db
coldPath = /data1/firewall/colddb
thawedPath = /data2/firewall/thaweddb
maxTotalDataSizeMB = 1024000
enableDataIntegrityControl = 0
enableTsidxReduction = 0
frozenTimePeriodInSecs = 46656000
```

이제 설정을 완료한 indexes.conf를 인덱서 피어 노드에 배포해 보자. 설정파일에
대한 배포는 서버 콘솔 환경에서 명령어를 입력한 후 실행해 배포를 수행한다. 배포
명령어 실행 예시는 다음과 같다.

- **명령어**

```
/> cd /opt/splunk_cm/bin
/opt/splunk_cm/bin> ./splunk apply cluster-bundle   # 명령어 입력 후 Enter
Warning: Under some circumstances, this command will initiate a rolling restart
of all peers. This depends on the contents of the configuration bundle. For
details, refer to the documentation. Do you wish to continue? [y/n]: y   # 해당 메시
지 출력 시 y 입력
Your session is invalid. Please login.   # 마스터 관리자 계정 및 암호 입력
Splunk username: admin
Password:
Created new bundle with checksum=29C7E965AE6EF5134B149357010D2F62
Applying new bundle. The peers may restart depending on the configurations in
applied bundle.
Please run 'splunk show cluster-bundle-status' for checking the status of the
applied bundle.
OK   # 번들 정상 배포 완료
```

indexes.conf의 정상 배포 여부는 다음과 같이 /opt/splunk_cm/bin 폴더에 위치한

스플렁크 명령어 및 설정값을 입력한 후 실행해 확인해 볼 수 있다.

■ **명령어**

```
/> cd /opt/splunk_cm/bin
/opt/splunk_cm/bin> ./splunk apply cluster-bundle-status    # 명령어 입력 후 Enter

master
        cluster_status=None
        active_bundle
            checksum=29C7E965AE6EF5134B149357010D2F62
            timestamp=1552237759 (in localtime=Mon Mar 11 02:09:19 2019)
        latest_bundle
            checksum=29C7E965AE6EF5134B149357010D2F62
            timestamp=1552237759 (in localtime=Mon Mar 11 02:09:19 2019)
        last_validated_bundle
            checksum=29C7E965AE6EF5134B149357010D2F62
            last_validation_succeeded=1
            timestamp=1552237759 (in localtime=Mon Mar 11 02:09:19 2019)
        last_check_restart_bundle
            last_check_restart_result=restart not required
            checksum=
            timestamp=0 (in localtime=Thu Jan  1 09:00:00 1970)

    splunk-idx1    7B3D7470-799F-48B9-BC6D-55C685596593    default
        active_bundle=29C7E965AE6EF5134B149357010D2F62
        latest_bundle=29C7E965AE6EF5134B149357010D2F62
        last_validated_bundle=29C7E965AE6EF5134B149357010D2F62
        last_bundle_validation_status=success    # 번들 정상 배포
        restart_required_apply_bundle=0
        status=Up

    splunk-idx3    D42D2A1A-8E1C-4E40-9C09-6314EE6D5974    default
        active_bundle=29C7E965AE6EF5134B149357010D2F62
        latest_bundle=29C7E965AE6EF5134B149357010D2F62
        last_validated_bundle=29C7E965AE6EF5134B149357010D2F62
        last_bundle_validation_status=success    # 번들 정상 배포
```

```
        restart_required_apply_bundle=0
        status=Up

 splunk-idx2      E73DD41B-9BDB-4090-9483-78D5EFFE0A62        default
        active_bundle=29C7E965AE6EF5134B149357010D2F62
        latest_bundle=29C7E965AE6EF5134B149357010D2F62
        last_validated_bundle=29C7E965AE6EF5134B149357010D2F62
        last_bundle_validation_status=success  # 번들 정상 배포
        restart_required_apply_bundle=0
        status=Up
```

클러스터 마스터에서 indexes.conf가 정상적으로 배포된 것이 확인됐다면, 이제 인덱서 피어 노드에서 설정파일의 정상 수신 여부를 확인해 보자.

스플렁크 인덱서에 해당 파일이 정상 수신됐다면 /opt/splunk_idx/etc/slave-apps/_cluster/local 폴더에 indexes.conf 파일이 신규 생성됐거나, 최근 배포시각으로 업데이트돼 있어야 한다.

indexes.conf가 정상 배포됐다면, 인덱스 1번 서버 내 indexes.conf 파일을 확인했을 때 다음과 같은 내용을 포함하고 있을 것이다.

/opt/splunk_idx1/etc/slave-apps/_cluster/local/indexes.conf

```
[web]
repFactor = auto
homePath = $SPLUNK_DB/web/db
coldPath = /data1/web/colddb
thawedPath = /data2/web/thaweddb
maxTotalDataSizeMB = 512000
enableDataIntegrityControl = 0
enableTsidxReduction = 0
frozenTimePeriodInSecs = 31536000

[firewall]
repFactor = auto
```

```
homePath = $SPLUNK_DB/firewall/db
coldPath = /data1/firewall/colddb
thawedPath = /data2/firewall/thaweddb
maxTotalDataSizeMB = 1024000
enableDataIntegrityControl = 0
enableTsidxReduction = 0
frozenTimePeriodInSecs = 46656000
```

이와 같은 설정 번들 배포 작업은 스플렁크 웹에서도 수행 가능하며, 사용자는 그림 4-35와 같이 [설정 → 인덱서 클러스터링] 메뉴에서 설정 번들 배포 작업을 수행할 수 있다.

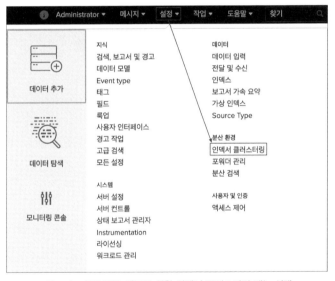

그림 4-35 설정 번들 배포를 위한 인덱서 클러스터링 메뉴 선택

인덱서 클러스터링: 마스터 노드 메인 화면에서 그림 4-36과 같이 우측 상단의 [편집]을 선택한 후 [설정 번들 작업]을 클릭하면 설정 번들 작업 설정 화면으로 이동할 수 있다.

인덱서 클러스터링: 마스터 노드
편집
추가 정보
매뉴얼
노드 유형
마스터 노드 설정
설정 번들 작업
데이터 재분산
롤링 다시 시작
인덱서 클러스터링 비활성화
✓ 모든 데이터가 검색 가능합니다.
✓ 검색 팩터가 충족되었습니다.
3 검색 가능
0 검색 가능하지 않음 피어
2 검색 가능

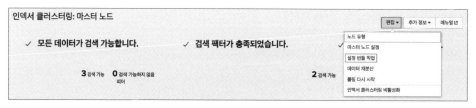

그림 4-36 설정 번들 작업 설정 화면으로 이동

그림 4-37과 같이 설정 번들 작업 화면이 나타나면 [Push] 버튼을 클릭해 설정 번들을 배포한다.

설정 번들 작업
설정 번들을 피어 집합에 배포하려면 적용을 클릭하십시오.
< 마스터 노드로 돌아가기
다시 시작 검사 및 확인
Push
롤백

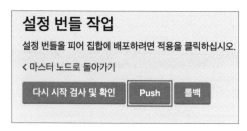

그림 4-37 설정 번들 배포

설정 번들 배포가 성공적으로 완료되면 그림 4-38과 같이 설정 번들 배포 성공 여부 및 배포시간, 번들 ID 등을 확인할 수 있다.

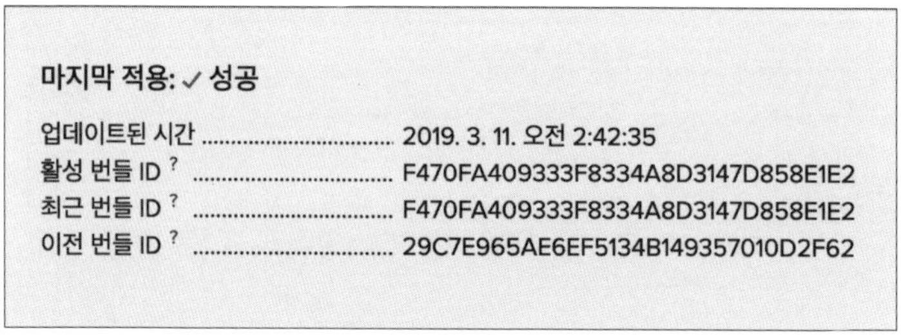

마지막 적용: ✓ 성공
업데이트된 시간 .... 2019. 3. 11. 오전 2:42:35
활성 번들 ID ? F470FA409333F8334A8D3147D858E1E2
최근 번들 ID ? F470FA409333F8334A8D3147D858E1E2
이전 번들 ID ? 29C7E965AE6EF5134B149357010D2F62

그림 4-38 설정 번들 배포 성공

향후 신규 데이터 수집을 통한 인덱스의 추가 생성 설정이 필요할 경우, 위와 같이 추가된 인덱스 정보에 대한 설정 번들 배포를 수행해 줘야만 인덱서 피어 노드가 신규 생성 인덱스를 인식해 데이터를 저장할 수 있음을 참고하기 바란다.

4.6.4 데이터 수집 및 전송 설정

클러스터링 기반 분산 처리 환경 구성 시 스플렁크 헤비 포워더는 수신한 원천데이터를 인덱서로 유실없이 전달할 수 있도록 하는 역할을 변함없이 수행한다. 다만 최소 3개 이상의 복수 서버를 대상으로 수집한 데이터를 전송해야 하기 때문에 분산 전송을 위한 기능 및 성능적 측면을 고려할 필요가 있다. 여기서는 스플렁크 헤비 포워더 인스턴스를 활성화시키는 절차에 대해 알아보도록 하자.

스플렁크 엔터프라이즈 라이선스 슬레이브 적용

앞서 복수 서버 환경 구성 시와 마찬가지로 클러스터링 환경을 구성할 때도 스플렁크 인스턴스 각각의 라이선스 정책을 동기화하고 정상적으로 동작하도록 하기 위해 스플렁크 라이선스 마스터 역할을 수행할 인스턴스를 정해 설정하고, 나머지는 라이선스 슬레이브로 적용하는 설정을 수행해줘야 한다.

[설정 → 라이선싱] 메뉴를 통한 스플렁크 헤비 포워더의 라이선스 슬레이브 적용 과정은 앞서 설명한 단일 서버 환경 구성 내용과 동일하므로 참고하기 바라며, 여기서는 설명을 생략하도록 한다.

로그 이벤트 수신 설정

스플렁크 헤비 포워더의 주요 역할인 원천데이터 수집 및 인덱서로의 전송은 클러스터링 환경을 구성할 때도 변동없이 동일하게 적용된다.

로그 이벤트를 수신하는 설정은 /opt/splunk_hf/etc/system/local 폴더에 inputs.conf 파일을 신규 생성한 후, 설정값을 적용해 인스턴스에 반영하면 된다. 설정 및 적용 과정은 앞서 설명한 복수 서버 환경 구성 내용과 동일하므로 해당 내용을 참고하기 바란다.

로그 이벤트 전송 설정

수집한 로그 이벤트의 전송 설정을 적용하기 위해서는 /opt/splunk_hf/etc/system/local 폴더에 outputs.conf를 신규로 생성한 후, 설정값을 추가해 데이터를 전송할 기본 그룹을 정의하고 데이터를 수신할 서버 정보 및 전송 설정을 적용해 주면 된다.

로그 이벤트 전송 설정 과정 또한 복수 서버 환경 구성 내용과 동일하므로 여기서는 설명을 생략하도록 한다.

로그 이벤트 필터링 & 마스킹 설정

클러스터링 기반 분산 처리 환경 구성 시에도 사용자는 원천데이터 중 특정 키워드가 포함된 데이터만 선별적으로 수집해야 하거나, 중요 민감정보에 대한 전처리가 필요할 경우 /opt/splunk_hf/etc/system/local 폴더에 위치한 transforms.conf와 props.conf를 수정해 로그 이벤트의 필터링 및 마스킹 설정을 적용할 수 있다.

로그 이벤트 필터링 및 마스킹 설정 과정은 앞서 복수 서버 환경 구성 시 설명한 내용과 동일하므로 해당 내용을 참고하기 바란다.

4.6.5 데이터 저장 설정

클러스터링 기반 분산 처리 환경 구성에서 스플렁크 인덱서는 클러스터 마스터 하위의 클러스터 피어 노드로 포함돼 동작하며, 스플렁크 헤비 포워더에서 전달한 로그 이벤트를 저장하고, 저장된 데이터를 클러스터 마스터에서 설정한 복제 팩터와 검색 팩터 값에 맞게 데이터 복제 및 검색 설정을 수행하는 역할을 담당한다. 로그 이벤트는 버킷 단위로 저장되며, 사용자 정의에 따라 인덱스와 소스 타입으로 구분돼 데이터 검색 시 활용된다.

여기서는 스플렁크 인덱서 인스턴스를 활성화시키는 절차에 대해 알아보도록 하자.

스플렁크 엔터프라이즈 라이선스 슬레이브 적용

[설정 → 라이선싱] 메뉴를 통한 스플렁크 인덱서 3대에 대한 각각의 라이선스 슬레이브 적용 과정은 앞서 설명한 단일 서버 환경 구성 내용과 동일하므로 참고하기 바라며, 여기서는 설명을 생략한다.

인덱서 피어 노드 활성화

클러스터 마스터 설정 시 인덱서 클러스터링 설정 적용을 통해 마스터 노드를 활성화했듯이, 인덱서에서는 마스터 노드의 관리 하에 데이터 복제 기능을 수행할 수 있도록 피어 노드를 활성화해줘야 한다.

인덱서 피어 노드 설정도 클러스터 마스터 설정과 마찬가지로 스플렁크 웹과 서버 콘솔 환경에서 모두 수행 가능하나, 여기서는 스플렁크 웹에서의 설정 과정을 예로 들어 설명한다. 먼저 그림 4-39와 같이 [설정 → 인덱서 클러스터링]을 선택해 설정 화면으로 이동한 후, 그림 4-40과 같이 [인덱서 클러스터링 활성화] 버튼을 클릭한다.

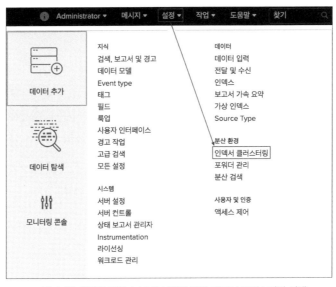

그림 4-39 인덱서 피어 노드 활성화를 위한 인덱서 클러스터링 선택

인덱서 클러스터링

인덱서 클러스터는 여러 개의 데이터 사본을 유지하기 위해 설정된 Splunk 인덱서의 그룹입니다. 인덱서 클러스터를 사용하면 데이터 가용성, 데이터 충실도, 데이터 중복성 및 검색 성능이 증가합니다. 인덱서 클러스터링은 복잡한 기능이므로, 인덱서 클러스터링을 활성화하기 전에 매뉴얼을 읽어보는 것이 좋습니다. 자세히 알아보기 ☑

인덱서 클러스터링 활성화

그림 4-40 인덱서 클러스터링 활성화 선택

그림 4-41과 같이 클러스터링 활성화 화면이 표시되면 [피어 노드]를 선택한 후 우측 하단의 [다음] 버튼을 클릭해 상세 설정 화면으로 이동한다.

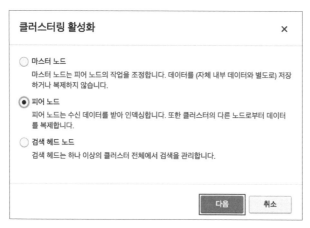

그림 4-41 인덱서 피어 노드 선택

피어 노드 설정에서는 마스터 URI 정보와 피어 복제 포트, 보안 키를 입력해야 한다. 마스터 URI는 앞서 설정한 클러스터 마스터의 URI를 입력하면 되며, 피어 복제 포트는 클러스터 간 데이터 복제를 위한 통신 포트를 설정해 주면 된다(기본값: 8080). 마지막으로 클러스터 마스터와의 통신을 인증하기 위한 보안 키를 입력한 후 우측 하단의 [피어 노드 활성화]를 클릭하면 그림 4-42와 같이 인덱서 피어 노드 설정 입력이 완료된다.

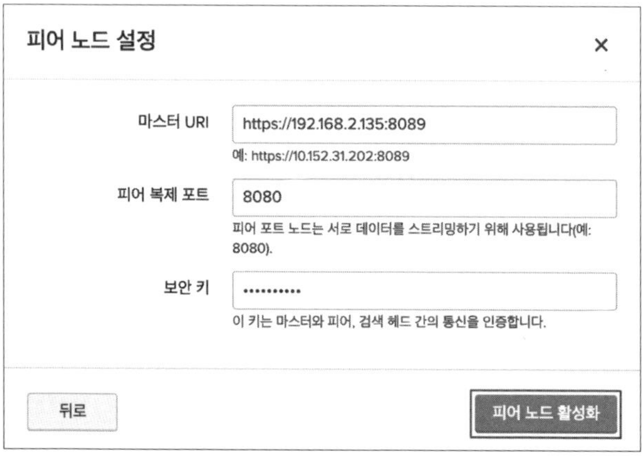

그림 4-42 피어 노드 설정 입력 후 활성화

인덱서 피어 노드 설정 적용을 완료하기 위해서는 스플렁크 서비스를 재시작해줘야 한다. 설정을 변경한 후 그림 4-43과 같이 스플렁크 인스턴스를 재시작해주면 변경한 설정 정보가 반영됐음을 확인할 수 있다.

그림 4-43 피어 노드 적용 서비스 재시작

인덱서 피어 노드 활성화의 정상 적용 여부는 각각의 스플렁크 인덱서 인스턴스에 접속한 후 [설정 → 인덱서 클러스터링]을 선택하면 그림 4-44와 같이 피어 노드 설정 현황 정보를 확인할 수 있다.

그림 4-44 인덱서 피어 노드 정상 적용 여부 확인

인덱서 피어 노드의 전체 현황은 클러스터 마스터에서 확인해 볼 수 있다. 클러스터 마스터 인스턴스에 접속해 [설정 → 인덱서 클러스터링]을 선택하면 그림 4-45와

같이 앞서 활성화한 인덱서 피어 노드들의 상태와 함께 데이터 검색 가능 여부와 검색 팩터 및 복제 팩터 충족 여부를 한눈에 확인해 볼 수 있다.

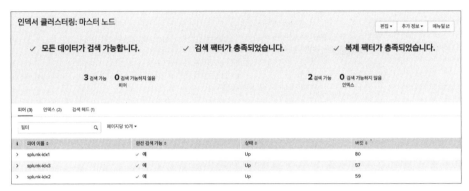

그림 4-45 클러스터 마스터에서의 인덱서 피어 노드 현황 확인

스플렁크 웹을 통해 적용한 인덱서 피어 노드 설정 내역은 /opt/splunk_idx/etc/system/local/ 폴더에 위치한 server.conf 파일에서도 확인할 수 있다. 인덱서 피어 노드 설정이 정상적으로 완료됐다면, 인덱스 1번 서버 내 server.conf 파일을 확인했을 때 다음과 같은 내용을 포함하고 있을 것이다.

```
/opt/splunk_idx1/etc/system/local/server.conf
[general]
serverName = splunk-idx1
pass4SymmKey = $7$Oi3OfusDni4zIC39DrPuFM4W1TGgmok1dS054YFvhpHo866roTz4zQ==

[sslConfig]
sslPassword = $7$626czAfgXtk9/iyFIpYrn2mDtz2qpYTtdpeSCRt+Rp6duU0noiWp2A==

[lmpool:auto_generated_pool_download-trial]
description = auto_generated_pool_download-trial
quota = MAX
slaves = *
stack_id = download-trial

[lmpool:auto_generated_pool_forwarder]
description = auto_generated_pool_forwarder
```

```
quota = MAX
slaves = *
stack_id = forwarder

[lmpool:auto_generated_pool_tree]
description = auto_generated_pool_free
quota = MAX
slaves = *
stack_id = free

[diskUsage]
minFreeSpace = 1000

[license]
master_uri = https://192.168.2.135:8089  # 라이선스 마스터 등록

[replication_port://8080]  # 인덱서 간 데이터 복제 포트

[clustering]  # 클러스터 마스터 관련 설정값
master_uri = https://192.168.2.135:8089  # 클러스터 마스터 입력
mode = slave  # 클러스터 구성원 등록
pass4SymmKey = splunk123$  # 클러스터 마스터의 보안 키와 동일하게 작성
```

server.conf 파일 변경을 통해 인덱서 피어 노드 설정을 적용하고자 할 때는 위 파일 내용과 같이 [clustering] 설정값 아래에 클러스터 마스터 URI 및 데이터 복제 포트, 보안 키 등을 입력한 후 스플렁크 서비스를 재시작해주면 설정을 적용할 수 있으며, 정상 적용 여부는 설정을 적용한 스플렁크 인덱서 서버에 접속한 후 콘솔 환경에서 다음 명령어를 실행해 확인할 수 있다.

■ 명령어

```
/> cd /opt/splunk_idx1/bin
/opt/splunk_idx1/bin> ./splunk list cluster-config  # 명령어 입력 후 Enter

config
```

```
access_logging_for_heartbeats:1
allowed_hbmiss_count:3
cluster_label:cluster-1
cxn_timeout:60
decommission_node_force_timeout:300
decommission_search_jobs_wait_secs:180
disabled:0
forwarderdata_rcv_port:9997
forwarderdata_use_ssl:0
frozen_notifications_per_batch:10
guid:7B3D7470-799F-48B9-BC6D-55C685596593
heartbeat_period:1
heartbeat_timeout:60
manual_detention:off
master_uri:https://192.168.2.135:8089
max_auto_service_interval:30
max_fixup_time_ms:0
max_peer_build_load:5
max_peer_rep_load:5
max_peer_sum_rep_load:5
max_peers_to_download_bundle:0
max_primary_backups_per_service:10
mode:slave
notify_scan_min_period:10
notify_scan_period:10
percent_peers_to_restart:10
ping_flag:1
quiet_period:60
rcv_timeout:60
remote_storage_upload_timeout:300
rep_cxn_timeout:60
rep_max_rcv_timeout:180
rep_max_send_timeout:180
rep_rcv_timeout:60
rep_send_timeout:60
replication_factor:3
replication_port:8080
```

```
replication_use_ssl:0
reporting_delay_period:10
restart_timeout:60
search_factor:2
search_files_retry_timeout:600
secret:********
send_timeout:60
service_interval:1
site:default
```

클러스터 마스터에서의 피어 노드 등록 현황도 클러스터 마스터 서버에 접속한 후 콘솔 환경에서 명령어 실행을 통해 확인할 수 있는데, 명령어 실행 및 표시 내용에 대한 예시는 다음과 같다.

■ **명령어**

```
/> cd /opt/splunk_cm/bin
/opt/splunk_cm/bin> ./splunk show cluster-status   # 명령어 입력 후 Enter 입력

Replication factor met
Search factor met
All data is searchable
Indexing Ready YES

splunk-idx1 7B3D7470-799F-48B9-BC6D-55C685596593 default
Searchable YES
Status Up
Bucket Count=142

splunk-idx3 D42D2A1A-8E1C-4E40-9C09-6314EE6D5974 default
Searchable YES
Status Up
Bucket Count=143

splunk-idx2 E73DD41B-9BDB-4090-9483-78D5EFFE0A62 default
Searchable YES
```

```
Status Up
Bucket Count=140
```

인덱스 생성 정보에 대한 정상 배포 확인

앞서 클러스터 마스터 설정 시 각 인덱서 피어 노드에 배포했던 indexes.conf는 최초 설정 시에만 배포하는 것이 아니다. 헤비 포워더를 통해 전송된 새로운 데이터가 정상적으로 저장되려면 이를 저장할 공간인 인덱스를 사전에 정의해 인덱서 피어 노드가 새롭게 정의된 인덱스를 인식할 수 있어야 한다.

이를 위해서는 클러스터 마스터를 통해 인덱스 생성 정보가 배포돼 모든 인덱서 피어 노드에 동기화돼 있어야 하는데, 만약 데이터 수집 이전에 이러한 동기화 작업이 이뤄지지 않으면 수집한 데이터는 저장되지 않은 채 스플렁크 인덱서에서 오류가 발생할 수 있다.

따라서 사용자는 인덱서 피어 노드 간 인덱스 설정 정보를 항상 최신 상태로 유지시켜주기 위해 인덱스 생성 정보에 대한 주기적인 배포를 수행해줘야 하며, 정상 적용 여부는 클러스터 마스터 서버의 /opt/splunk_cm/etc/master-apps/_cluster/local 폴더에 위치한 indexes.conf과 각 인덱서 서버 내 local 폴더에 위치한 indexes.conf의 파일명 및 작성 내용이 동일한지 확인해 보면 된다.

전송 데이터에 대한 저장 설정

앞서 복수 서버 환경 구성 시에도 강조했던 것처럼 스플렁크 인덱서가 스플렁크 헤비 포워더로부터 전송된 데이터를 누락없이 저장하기 위해서는 스플렁크 헤비 포워더에서 설정한 데이터 송신 포트를 데이터 수신 포트로 설정해 전송되는 데이터를 스플렁크 인덱서가 인지해 저장할 수 있도록 해야 한다.

특히 클러스터링 기반 분산 처리 환경 구성 시에는 모든 인덱서 피어 노드를 대상으로 전송 데이터에 대한 포트 리스닝 설정을 누락없이 반영해 줘야 한다는 사실을 잊지 않길 바란다.

전송 데이터에 대한 포트 리스닝 설정은 /opt/splunk_idx/etc/system/local 폴더 내 inputs.conf 파일에 설정값을 추가해 반영하며, 인덱서 1번 서버를 기준으로 inputs.conf 작성 예시를 설명하면 다음과 같다.

/opt/splunk_idx1/etc/system/local/inputs.conf

[splunktcp://9997] # 전송 데이터의 수신 포트 설정.
　　　　　　　　　　포트 정보는 스플렁크 헤비 포워더의 데이터 전송 포트와 동일해야 한다.

위와 같이 inptus.conf 설정을 입력한 후 적용을 완료하기 위해서는 개별 인덱서 서버에 접속하고 스플렁크 서비스를 재시작해야 한다는 점을 참고하기 바란다.

4.6.6 데이터 검색 설정

클러스터링 기반 분산 처리 환경 구성에서 스플렁크 검색 헤드는 사용자가 SPL를 활용해 저장된 데이터를 검색하고 분석할 수 있도록 하는 기본 역할 이외에도, 검색 헤드 클러스터링이라는 추가 기능을 적용해 대용량의 데이터를 다수의 사용자가 동시에 접근해 검색 및 분석에 활용할 수 있도록 지원하는 역할도 함께 수행할 수 있다.

검색 헤드 클러스터링은 주로 일 데이터 수집량 및 검색량이 대용량이고 향후 지속적으로 증가할 가능성이 높은 경우에 데이터 검색 성능 및 안정성 확보를 위해 구성하는 경우가 많으며, 구성을 위해서는 최소 3대 이상의 스플렁크 검색 헤드 서버가 필요하다.

검색 헤드 클러스터링은 사용자의 데이터 검색 작업과 클러스터 구성원 간의 역할을 관리하는 캡틴과 나머지 검색 헤드 인스턴스를 지칭하는 클러스터 구성원으로 구성돼 있으며, 캡틴은 클러스터 구성원 간 선출 과정을 통해 동적으로 결정되는 구조를 가지고 있다.

검색 헤드 클러스터링의 주요 특징은 다음과 같다.

- **수평 확장 지원**: 검색 헤드 클러스터링을 설정한 후 사용자 및 동시접속자가 증가해 데이터 검색에 부하가 발생할 경우, 사용자는 새로운 검색 헤드를 추가해 부하를 분산하고 검색 성능을 향상시킬 수 있다.
- **고가용성**: 사용자가 접속해 사용중인 검색 헤드의 작업이 중단될 경우, 사용자는 검색 헤드 클러스터 내 다른 검색 헤드에서 동일한 검색을 지속적으로 수행할 수 있다.
- **서비스 중단 최소화**: 검색 헤드 클러스터링 내 클러스터 구성원들은 서로 통신하며 캡틴의 존재와 정상동작 여부를 체크하며, 캡틴의 작동이 중단되더라도 다른 구성원이 자동으로 클러스터 캡틴으로 선출돼 역할을 담당하기 때문에 서비스 중단을 최소화할 수 있다.

여기서는 검색 헤드 클러스터링을 적용하기 위해서는 어떤 과정을 거쳐야 하는지, 어떤 것들을 중점적으로 고려해야 하는지 살펴보도록 하자.

스플렁크 엔터프라이즈 라이선스 슬레이브 적용

[설정 → 라이선싱] 메뉴를 통한 스플렁크 검색 헤드 3대에 대한 각각의 라이선스 슬레이브 적용 과정은 앞서 설명한 단일 서버 환경 구성 내용과 동일하므로 참고하기 바라며, 여기서는 설명을 생략하도록 한다.

검색 피어 등록

스플렁크 검색 헤드가 데이터 검색을 정상적으로 수행하기 위해서는 우선 스플렁크 인덱서와 통신할 수 있어야 한다. 이를 위해서는 /opt/splunk_sh/etc/system/local 폴더에 server.conf 파일을 신규로 작성해 클러스터 마스터의 URI와 관리 포트 정보를 입력한 후 설정을 적용함으로써 검색 헤드를 검색 피어로 등록해줘야 한다.

특히 검색 헤드 서버가 2대 이상일 경우 각각의 검색 헤드 서버에 접속해 server.conf 파일 설정 작업을 수행해줘야 검색 피어가 정상적으로 적용된다.

검색 헤드 1번 서버를 검색 피어로 등록하는 것을 기준으로 server.conf 작성 예시를 설명하면 다음과 같다.

```
/opt/splunk_sh1/etc/system/local/server.conf
[general]
serverName = splunk-sh1
pass4SymmKey = $7$5qb5zBw9VazGoqASMefB/cbrc6v402FZAiJi5x+/OWommOQY59QlJA==

[sslConfig]
sslPassword = $7$FzEx1y8+5kUxUP4euzaIdGiiNbjmsRk9YFwpqwVKlUSAM2eDi/X3iQ==

[lmpool:auto_generated_pool_download-trial]
description = auto_generated_pool_download-trial
quota = MAX
slaves = *
stack_id = download-trial

[lmpool:auto_generated_pool_forwarder]
description = auto_generated_pool_forwarder
quota = MAX
slaves = *
stack_id = forwarder

[lmpool:auto_generated_pool_free]
description = auto_generated_pool_free
quota = MAX
slaves = *
stack_id = free
```

[clustering] # 클러스터 마스터 관련 설정값
master_uri = https://192.168.2.135:8089 # 클러스터 마스터 URI 및 관리 포트 입력
mode = searchhead # 검색 헤드 등록
pass4SymmKey = splunk123$ # 클러스터 마스터의 보안 키 입력

[license] # 라이선스 마스터 관련 설정값
master_uri = https://192.168.2.135:8089 # 라이선스 마스터 URI 및 관리 포트 입력

위와 같이 [clustering] 설정값 아래에 클러스터 마스터 URI 및 스플렁크 인덱서와의 통신 포트, 보안 키 등을 입력한 후 스플렁크 서비스를 재시작해주면 검색 피어 등록이 완료되며, 정상 적용 여부는 스플렁크 웹에 접속해 확인해 볼 수 있다.

앞서 설명한 검색 헤드 1번 서버에 접속해 [설정 → 분산 검색] 메뉴를 선택한 후 [검색 피어]를 클릭해 보면 검색 피어 화면에서 클러스터 마스터에 종속된 인덱서 피어 노드가 표시되는 것을 확인할 수 있다(그림 4-46, 그림 4-47, 그림 4-48 참고).

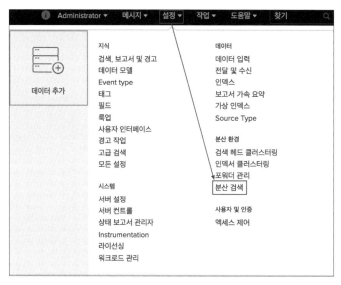

그림 4-46 분산 검색 선택

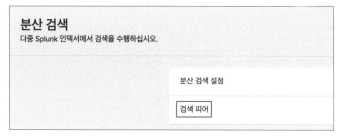

그림 4-47 검색 피어 선택

그림 4-48 검색 피어 화면에서 인덱서 피어 노드 확인

위와 같이 검색 피어 등록이 완료되면 사용자는 스플렁크 인덱서에 저장된 데이터를 검색 헤드에서 검색할 수 있게 된다.

검색 헤드 클러스터링 설정

인덱서 클러스터링에 이어 스플렁크 검색 헤드 인스턴스 간 클러스터링 기능을 적용하기 위한 검색 헤드 클러스터링 설정 과정에 대해 알아보자.

스플렁크 검색 헤드에 클러스터링 설정을 적용하기 위해서는 최소 3개 이상의 검색 헤드 인스턴스가 필요하며, 서버별 독립 인스턴스를 설치한다고 가정했을 때 최소 3 대 이상의 서버가 준비돼야 검색 헤드 클러스터링 설정을 적용할 수 있다.

설정은 일반적으로 개별 검색 헤드 서버에 접근한 후 스플렁크 명령어를 사용해 적용할 수 있으며, 1번부터 3번까지 총 3대의 검색 헤드 서버가 준비돼 있다는 가정 하에 검색 헤드 1번 서버에 클러스터링 설정을 적용하는 명령어 예시는 다음과 같다.

- **명령어**

```
/> cd /opt/splunk_sh1/bin # 검색 헤드 1번 서버에 접속해 bin 폴더로 이동
/opt/splunk_sh1/bin> ./splunk init shcluster-config -auth admin:splunk123$
-mgmt_uri https://192.168.2.128:8089 -replication_port 8180 -replication_
factor 3 -conf_deploy_fetch_url https://192.168.2.135:9089 -secret splunk123$
-shcluster_label shcluster1
# 명령어 작성 후 Enter 입력
search head clustering has been initialized on this node.
You need to restart the splunk Server (splunkd) for your changes to take effect.
```

위에서 입력한 스플렁크 명령어별 상세 정의는 다음과 같으니 참고하기 바란다.

- /splunk init shcluster-config: 검색 헤드 클러스터 설정 정의
- -auth: 검색 헤드 인스턴스의 관리자 계정 및 암호 입력
- -mgmt_uri: 검색 헤드의 URI와 관리 포트 입력
- -replication_port: 검색 헤드 클러스터 구성원의 복제 포트 입력. 사용자가 임의로 지정 가능하며, 모든 검색 헤드 클러스터 구성원 간 동일하게 설정해야 한다.
- -replication_factor: 검색 헤드가 유지하는 각 검색 팩터의 복사본 수. 사용자가 임의로 지정 가능하다. 일반적으로 3으로 지정한다.
- -conf_deploy_fetch_url: 스플렁크 배포 서버의 URI와 관리 포트 입력
- -secret: 검색 헤드 클러스터 구성원 사이의 통신을 인증하는 보안 키. 사용자가 임의로 지정 가능하며, 모든 검색 헤드 클러스터 구성원 간 동일하게 설정해야 한다.
- -shcluster_label: 검색 헤드 클러스터를 정의할 레이블명 입력

앞서 설명한 클러스터링 설정 적용은 각각의 검색 헤드 서버에 접속해 개별적으로 수행해줘야 하며, 명령어를 실행한 후 스플렁크 서비스를 재시작해주면 설정 적용이 완료된다.

검색 헤드 클러스터링 설정 적용 결과는 다음과 같이 /opt/splunk_sh/etc/system/local 폴더에 위치한 server.conf 파일에서 확인해 볼 수 있다.

```
/opt/splunk_sh1/etc/system/local/server.conf
[general]
serverName = splunk-sh1
pass4SymmKey = $7$5qb5zBw9VazGoqASMefB/cbrc6v402FZAiJi5x+/OWommOQY59QlJA==

[sslConfig]
```

```
sslPassword = $7$FzEx1y8+5kUxUP4euzaIdGiiNbjmsRk9YFwpqwVKlUSAM2eDi/X3iQ==

[lmpool:auto_generated_pool_download-trial]
description = auto_generated_pool_download-trial
quota = MAX
slaves = *
stack_id = download-trial

[lmpool:auto_generated_pool_forwarder]
description = auto_generated_pool_forwarder
quota = MAX
slaves = *
stack_id = forwarder

[lmpool:auto_generated_pool_free]
description = auto_generated_pool_free
quota = MAX
slaves = *
stack_id = free
```

[shclustering] # 검색 헤드 클러스터 정의
mgmt_uri = https://192.168.2.128:8089
conf_deploy_fetch_url = https://192.168.2.136:8089 # 스플렁크 배포 서버 지정
disabled = 0
pass4SymmKey = 7ZeNiprM9KkRxtXAfVFV5xGk5Li2pOCwk2wBhIf1XLJj/Quu # 보안 키
shcluster_label = shcluster1 # 검색 헤드 클러스터 레이블명
id = 6BC42B6B-0486-4875-AC7F-C50997888C2E

[replication_port://8180] # 검색 헤드 클러스터 복제 포트

검색 헤드 클러스터링 설정을 개별 서버별로 완료하면 이제 클러스터 구성원 간의
작업과 상태를 관리하는 핵심 구성요소인 캡틴을 지정해야 한다. 캡틴 지정은 캡틴
으로 지정할 검색 헤드 서버에 접속한 후 스플렁크 명령어를 실행함으로서 지정할
수 있다.

검색 헤드 1번 서버를 캡틴으로 지정한다고 가정했을 때, 명령어 예시는 다음과 같다.

■ 명령어

```
/> cd /opt/splunk_sh1/bin # 검색 헤드 1번 서버에 접속해 bin 폴더로 이동
/opt/splunk_sh1/bin> ./splunk bootstrap shcluster-captain -servers_list "https:/
/192.168.2.128:8089,https://192.168.2.129:8089,https://192.168.2.130:8089" -auth
admin:splunk123$  # 명령어 작성 후 Enter 입력
Successfully bootstrapped this node as the captain with the given servers.  # 캡틴
지정 성공
```

위에서 입력한 스플렁크 명령어별 상세 정의는 다음과 같으니 참고하기 바란다.

- ./ splunk bootstrap shcluster—captain: 검색 헤드 클러스터 캡틴 지정 선언
- —servers_list: 검색 헤드 클러스터 구성원의 URI와 관리 포트 입력. 복수 입력 시 쉼표로 구분
- —auth: 검색 헤드 인스턴스의 관리자 계정 및 암호 입력

위와 같이 입력하면 검색 헤드 1번 서버가 캡틴으로 지정되며, 클러스터 캡틴 및 클러스터 구성원들의 상태 정보는 다음과 같이 검색 헤드 서버에서 명령어를 실행해 확인할 수 있다.

■ 명령어

```
/> cd /opt/splunk_sh1/bin # 검색 헤드 1번 서버에 접속해 bin 폴더로 이동
/opt/splunk_sh1/bin> ./splunk show shcluster-status # 명령어 작성 후 Enter 입력

Captain:  # 검색 헤드 클러스터 캡틴 정보
dynamic_captain : 1
elected_captain : Sat Mar 9 07:43:53 2019
id : 6BC42B6B-0486-4875-AC7F-C50997888C2E
initialized_flag : 1
label : splunk-sh1
mgmt_uri : https://192.168.2.128:8089
```

```
min_peers_joined_flag : 1
rolling_restart_flag : 0
service_ready_flag : 1

Members:        # 검색 헤드 클러스터 구성원 정보(캡틴도 클러스터 구성원 중 하나로 표시됨)
splunk-sh3
label : splunk-sh3
last_conf_replication : Pending
mgmt_uri : https://192.168.2.130:8089
mgmt_uri_alias : https://192.168.2.130:8089
status : Up
splunk-sh1
label : splunk-sh1
mgmt_uri : https://192.168.2.128:8089
mgmt_uri_alias : https://192.168.2.128:8089
status : Up
splunk-sh2
label : splunk-sh2
last_conf_replication : Pending
mgmt_uri : https://192.168.2.129:8089
mgmt_uri_alias : https://192.168.2.129:8089
status : Up
```

검색 헤드 클러스터링 구성 정보 확인은 캡틴 외에도 다른 클러스터 구성원에 접근해 명령어를 실행하면 바로 확인할 수 있으니 참고하기 바란다.

검색 데이터 필드 추출

앞서 단일 서버 환경 및 복수 서버 환경 구성 시 설명했던 것처럼 사용자가 스플렁크 검색 헤드에서 데이터 검색을 원활하게 수행하고, 검색 결과를 분석에 활용하기 위해서는 원천데이터에 대한 필드 추출 설정이 필요하다.

스플렁크는 사용자에게 기본적으로 구분자를 활용한 방식과 정규표현식을 활용한 필드 추출 방식을 제공하며, transforms.conf와 props.conf 설정을 통한 적용 방법은 앞서 설명한 내용과 동일하므로 단일 서버 환경 및 복수 서버 환경 구성 시 설명

내용을 참고하기 바란다.

4.6.7 스플렁크 앱 배포 설정

클러스터링 기반 분산 처리 환경 구성에서 스플렁크 배포 인스턴스는 검색 헤드 클러스터 구성원 대상으로 스플렁크 앱 및 앱 설정파일을 배포하는 역할을 수행한다.

일반적으로 스플렁크 배포 인스턴스는 별도의 배포 서버를 구성한 후 스플렁크 엔터프라이즈를 설치해 설정해줌으로써 적용하는데, 사용자 여건에 따라 독립적인 서버 도입에 제약이 있을 경우 작업 부하가 가장 작은 스플렁크 서버에 스플렁크 엔터프라이즈를 추가 설치해 설정할 수도 있다.

여기서는 독립 서버에 스플렁크 엔터프라이즈 인스턴스를 설치한 후 스플렁크 배포 인스턴스 설정을 적용해 스플렁크 앱을 배포하는 과정 및 고려사항에 대해 알아보도록 하자.

스플렁크 엔터프라이즈 라이선스 슬레이브 적용

[설정 → 라이선싱] 메뉴를 통한 스플렁크 배포 서버 1대에 대한 라이선스 슬레이브 적용 과정은 앞서 설명한 단일 서버 환경 구성 내용과 동일하므로 참고하기 바라며, 여기서는 설명을 생략하도록 한다.

검색 헤드 클러스터 정보 등록

스플렁크 배포 인스턴스가 검색 헤드 클러스터 구성원에 앱 및 설정을 배포하기 위해서는 스플렁크 배포 인스턴스에 검색 헤드 클러스터의 정보를 등록해 서로를 인지하고 통신할 수 있도록 환경을 설정해 줘야 한다.

검색 헤드 클러스터 정보를 등록하기 위해서는 /opt/splunk_deployer/etc/system/local 폴더에 위치한 server.conf 파일에 설정값을 신규로 추가해 정보를 반영해 줘야 하며, server.conf 작성 예시는 다음과 같다.

```
/opt/splunk_deployer/etc/system/local/server.conf
[general]
serverName = splunk-deployer
pass4SymmKey = $7$BCOvElvIw9KsCVzxAQVdU52GLXicBe8PYa2y+pYnk+tmsqCyQo8Z+w==

[license]
master_uri = https://192.168.2.135:8089

[sslConfig]
sslPassword = $7$lA+Xmpuim034FMX5fYvdUGjgmyaImWnO9SWKek30dZeWgRKkICzQTA==

[shclustering]
pass4SymmKey = splunk123$      # 검색 헤드 클러스터 구성원의 암호 키
shcluster_label = shcluster1     # 검색 헤드 클러스터 레이블명
```

위에서 작성한 주요 설정값의 상세 내용은 다음과 같으니 참고하기 바란다.

- [shclustering]: 검색 헤드 클러스터 정보를 설정해 주겠다는 의미의 설정값
- pass4SymmKey: 검색 헤드 클러스터 구성원 간 통신에 활용하는 고유 암호 키. 클러스터 구성원 간 server.conf에 설정돼 있는 암호 키와 동일한 값으로 설정해야 한다.
- shcluster_label: 검색 헤드 클러스터 구성원을 지칭하는 클러스터 고유의 레이블명. 클러스터 구성원 간 server.conf에 설정돼 있는 클러스터 레이블명과 동일한 값으로 설정해야 한다.

설정을 변경한 후 스플렁크 배포 인스턴스를 재시작해주면 변경한 설정 정보가 반영된다.

검색 헤드 클러스터 구성원 대상 배포 정보 수신 설정

스플렁크 배포 인스턴스는 배포 대상 정보를 스플렁크 검색 헤드에 단방향으로 배포하도록 구성돼 있기 때문에, 스플렁크 배포 서버가 검색 헤드 클러스터 구성원 내 정해진 위치에 정확하게 배포를 수행하도록 하기 위해서는 검색 헤드 클러스터 구성원

들도 스플렁크 배포 인스턴스의 위치를 정확하게 인식하고 통신할 수 있도록 환경이 조성돼야 한다.

검색 헤드 클러스터 구성원별 배포 정보 수신 설정은 각각의 검색 헤드 서버 내 local 폴더 하위에 위치한 server.conf 파일에 [conf_deploy_fetch_url] 설정값을 반영해 설정을 적용한다.

검색 헤드 1번 서버에 배포 인스턴스 정보를 반영한다고 가정했을 때 server.conf 설정 적용 예시는 다음과 같다.

```
/opt/splunk_sh1/etc/system/local/server.conf
[general]
serverName = splunk-sh1
..... 중략 .....

[shclustering]  # 검색 헤드 클러스터 정의
mgmt_uri = https://192.168.2.128:8089
conf_deploy_fetch_url = https://192.168.2.136:8089  # 스플렁크 배포 인스턴스 지정
disabled = 0
pass4SymmKey = $7$ZeNiprM9KkRxtXAfVFV5xGk5Li2p0Cwk2wBhIf1XLJj/Quu  # 보안 키
shcluster_label = shcluster1  # 검색 헤드 클러스터 레이블명
id = 6BC42B6B-0486-4875-AC7F-C50997888C2E
..... 중략 .....
```

배포 대상 앱 업로드

스플렁크 배포 인스턴스에서 배포를 수행하기 위한 업데이트 대상의 집합을 설정 번들이라고 하며, 스플렁크 배포 서버 내 /opt/splunk_deployer/etc/shcluster 폴더 하위에 있는 파일들의 집합이 설정 번들을 구성한다. 사용자는 스플렁크 명령어를 실행해 설정 번들을 검색 헤드 클러스터 구성원에게 배포할 수 있는데, 배포 시 유의할 사항은 다음과 같다.

- 설정 번들에는 하나 이상의 하위 디렉터리가 /opt/splunk_deployer/etc/ shcluster/apps 또는 /opt/splunk_deployer/etc/shcluster/users 폴더에 포함돼 있어야 한다. 스플렁크 앱 또는 사용자 하위에 디렉터리가 없는 설정 번들을 배포하려고 하면 스플렁크 배포 인스턴스에서 오류가 발생하며 해당 작업은 종료된다.

- /opt/splunk_deployer/etc/shcluster 폴더 하위 디렉터리에 포함된 콘텐츠만이 배포 대상이며, /opt/splunk_deployer/etc/shcluster 폴더에 위치한 독립형 파일은 배포 대상이 아니다. 즉, /opt/splunk_deployer/etc/shcluster/ apps/deploy_test 폴더에 deploy_test.log 파일이 존재한다면 해당 파일은 배포되나 /opt/splunk_deployer/etc/shcluster 폴더에 존재하는 deploy_ test.log 파일은 배포되지 않으니 주의하기 바란다.

- /opt/splunk_deployer/etc/shcluster 폴더는 오직 검색 헤드 클러스터 구성원을 대상으로 한 앱 및 설정 배포를 목적으로 활용하며, 스플렁크 배포 인스턴스 자체 설정 등 그 외 다른 목적으로 사용할 수 없음을 참고하기 바란다.

위에서 설명한 유의사항을 참고해 검색 헤드 클러스터 구성원에 배포할 앱을 업로드해보도록 하자. 여기서는 스플렁크의 대표적인 무료 앱인 [Splunk Add-on for Unix and Linux]를 www.splunkbase.com에서 다운로드 받아 업로드 및 압축 해제를 수행하는 과정을 예로 들어 설명한다.

다운로드 받은 앱 설치 파일을 스플렁크 배포 서버 내 /opt/splunk_deployer/etc/ shcluster/apps 폴더에 업로드하고 다음과 같이 명령어를 입력해 실행하면 그림 4-49와 같이 설치 파일 압축 해제 후 앱 폴더가 신규 생성돼 표시되는 것을 확인할 수 있다.

- **명령어**

```
/> cd /opt/splunk_deployer/etc/shcluster/apps
/opt/splunk_deployer/etc/shcluster/apps> tar xvzf splunk-add-on-for-unix-and-
linux_602.tgz
```

```
/opt/splunk_deployer/etc/shcluster/apps> ls
README    Splunk_TA_nix    splunk-dd-on-for-unix-and-linux_602.tgz
```

```
[root@splunk-deployer apps]# ll
합계 120
-r--r--r--. 1 10777 10777    121  2월 27 05:38 README
drwxr-xr-x. 9 root  root    4096  3월 11 20:09 Splunk_TA_nix
-rw-r--r--. 1 root  root  114685  3월 11 20:07 splunk-add-on-for-unix-and-linux_602.tgz
[root@splunk-deployer apps]#
```

그림 4-49 배포 대상 앱 업로드 및 압축 해제 확인

배포 대상 앱을 검색 헤드 클러스터 구성원에 배포

검색 헤드 클러스터 구성원에 배포할 앱이 준비됐다면 사용자는 스플렁크 배포 인스
턴스에서 스플렁크 명령어를 입력한 후 실행해 앱을 배포할 수 있다. 명령어 입력 예
시는 다음과 같다.

■ **명령어**

```
/> cd /opt/splunk_deployer/bin
/opt/splunk_deployer/bin> ./splunk apply shcluster-bundle
https://192.168.2.128:8089 –auth admin:splunk123$   # 명령어 작성 후 Enter 입력
Warning: Depending on the configuration changes being pushed, this command
might initiate a rolling-restart of the cluster members. Please refer to the
documentation for the details. Do you wish to continue? [y/n]: y   # y 입력 후 Enter 입력
Bundle has been pushed successfully to all the cluster members.   # 앱 배포 성공
```

명령어 실행이 정상적으로 종료됐다면 검색 헤드 클러스터 구성원에 앱이 성공적으
로 배포됐다는 것이다.

검색 헤드 클러스터 구성원에서 배포 앱 확인

이제 검색 헤드 클러스터 구성원에 접속해 앱 배포가 정상적으로 이뤄졌는지 확인해
보도록 하자. 스플렁크 배포 인스턴스에서 배포한 앱은 그림 4-50과 같이 검색 헤드
클러스터 구성원 서버의 /opt/splunk_sh/etc/apps 폴더 하위에 배포돼 저장되는
것을 확인할 수 있다.

```
[root@splunk-sh1 apps]# pwd
/opt/splunk_sh1/etc/apps
[root@splunk-sh1 apps]# ll
합계 80
drwxr-xr-x.  4 10777 10777 4096  2월 27 06:05 SplunkForwarder
drwxr-xr-x.  4 10777 10777 4096  2월 27 06:05 SplunkLightForwarder
drwx------.  9 root  root  4096  3월 12 15:35 Splunk_TA_nix
drwxr-xr-x.  7 10777 10777 4096  2월 27 06:05 alert_logevent
drwxr-xr-x.  7 10777 10777 4096  2월 27 06:05 alert_webhook
drwxr-xr-x.  4 10777 10777 4096  2월 27 06:05 appsbrowser
drwxr-xr-x.  6 10777 10777 4096  3월  9 02:49 framework
drwxr-xr-x.  6 10777 10777 4096  2월 27 06:05 gettingstarted
drwxr-xr-x.  4 10777 10777 4096  2월 27 06:05 introspection_generator_addon
drwxr-xr-x.  6 10777 10777 4096  2월 27 06:05 launcher
drwxr-xr-x.  5 10777 10777 4096  3월  9 02:49 learned
drwxr-xr-x.  3 10777 10777 4096  2월 27 06:05 legacy
drwxr-xr-x.  6 10777 10777 4096  2월 27 06:05 sample_app
drwxr-xr-x.  9 10777 10777 4096  2월 27 06:05 search
drwxr-xr-x.  6 10777 10777 4096  3월  9 08:28 splunk_archiver
drwxr-xr-x.  7 10777 10777 4096  2월 27 06:06 splunk_gdi
drwxr-xr-x.  3 10777 10777 4096  2월 27 06:05 splunk_httpinput
drwxr-xr-x.  8 10777 10777 4096  3월  9 02:49 splunk_instrumentation
drwxr-xr-x. 12 10777 10777 4096  3월  9 06:41 splunk_monitoring_console
drwxr-xr-x.  4 10777 10777 4096  2월 27 06:05 user-prefs
[root@splunk-sh1 apps]#
```

그림 4-50 앱 배포 정상 여부 확인

4.6.8 모니터링 콘솔 설정

스플렁크 모니터링 콘솔은 앞서 설명한 스플렁크 헤비 포워더부터 배포 인스턴스까지 스플렁크 엔터프라이즈의 주요 구성 요소별로 성능 및 기능의 정상 여부를 확인하고 상태를 추적할 수 있는 스플렁크의 모니터링 도구다.

모니터링 콘솔에는 데이터 검색 및 인덱싱 성능, 리소스 사용량, 라이선스 사용량 등 스플렁크 인스턴스별 주요 현황 정보를 확인할 수 있는 대시보드가 포함돼 있으며, 사용자는 정기 또는 비정기 점검 및 장애 예방 활동을 수행함으로써 플랫폼 운영 안정성을 확보하는 데 모니터링 콘솔을 활용할 수 있다.

사용자가 모니터링 콘솔을 통해 확인할 수 있는 주요 콘텐츠는 다음과 같다.

- 데이터 검색 성능과 검색 프레임워크

- 데이터 인덱싱 성능
- 운영체제 리소스 사용량
- 스플렁크 앱 kvstore 성능
- 인덱서 및 검색 헤드 클러스터링
- 인덱스 및 볼륨 사용량
- 포워더 연결과 Splunk TCP 성능
- 라이선스 사용량 모니터링 등

일반적으로 모니터링 콘솔은 클러스터 마스터 서버가 아닌 별도의 독립 서버에 스플렁크 엔터프라이즈 인스턴스를 설치해 구성하는 것을 권장하나, 사용자 여건에 따라 독립적인 서버 도입에 제약이 있을 경우 클러스터 마스터 인스턴스가 설치돼 있는 서버에 모니터링 콘솔 설정을 적용해 구성할 수도 있다.

여기서는 클러스터 마스터 서버에 스플렁크 모니터링 콘솔 설정을 적용해 활성화하는 방법에 대해 알아보도록 하자.

검색 피어 추가 적용

모니터링 콘솔은 사용자가 스플렁크 웹에서의 메뉴 선택 및 정보 입력을 통해 활성화할 수 있는데, 설정 적용을 위해 가장 먼저 할 일은 모니터링 콘솔의 정상 여부를 확인하고 상태를 추적할 스플렁크 인스턴스를 검색 피어로 등록하는 것이다.

설정 적용을 위해서는 먼저 사용자가 스플렁크 웹에 관리자 계정으로 접속해야 한다. 그림 4-51과 같이 [설정 → 분산 검색]을 선택한다.

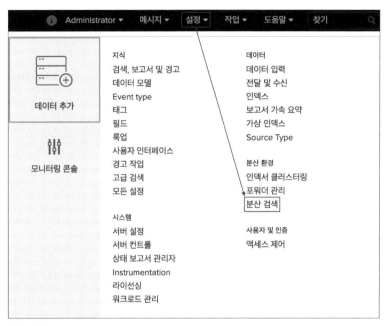

그림 4-51 검색 피어

그림 4-52와 같이 분산 검색 화면이 표시되면 [검색 피어]를 선택한다.

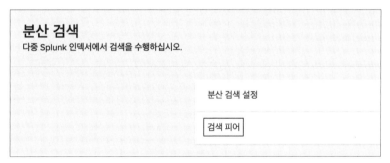

그림 4-52 검색 피어 선택

검색 피어 조회 화면에서는 사전에 등록한 인덱서 클러스터 구성원들이 검색 피어에 등록돼 있는 것을 확인할 수 있는데, 정상적인 모니터링 콘솔 구성을 위해서는 인덱서 클러스터 구성원 외 모니터링 대상이 될 플랫폼 내 모든 스플렁크 엔터프라이즈 인스턴스를 검색 피어로 추가해줘야만 한다.

검색 피어 추가 등록을 위해 검색 피어 조회 화면 우측 상단의 [새 검색 피어]를 선택한 후 앞서 클러스터링 환경에서 구성한 헤비 포워더 및 검색 헤드 서버, 배포 인스턴스의 URI 정보와 관리 포트, 관리자 계정과 암호를 입력하고 저장하면 새롭게 조회된 검색 피어 화면에서 플랫폼 내 모든 인스턴스가 조회되는 것을 확인할 수 있다(그림 4-53, 그림 4-54, 그림 4-55 참고).

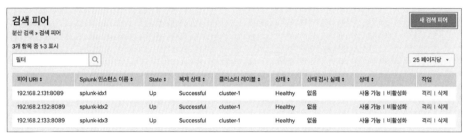

그림 4-53 검색 피어 조회 및 새 검색 피어 추가

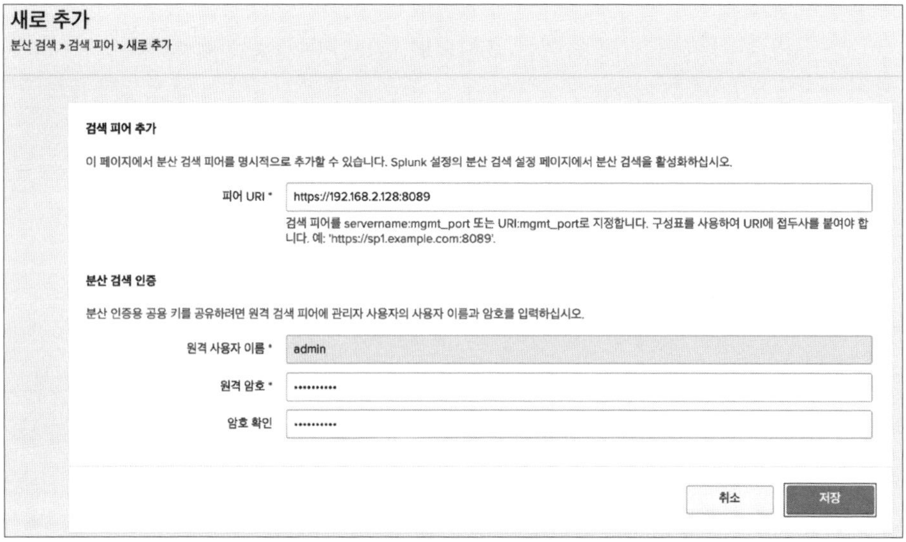

그림 4-54 새 검색 피어 정보 입력 및 저장

피어 URI ⬍	Splunk 인스턴스 이름 ⬍	State ⬍	복제 상태 ⬍	클러스터 레이블 ⬍	상태 ⬍	상태 검사 실패 ⬍	상태 ⬍	작업
192.168.2.128:8089	splunk-sh1	Up	Successful	cluster-1	Healthy	없음	사용 가능 | 비활성화	격리 | 삭제
192.168.2.129:8089	splunk-sh2	Up	Successful	cluster-1	Healthy	없음	사용 가능 | 비활성화	격리 | 삭제
192.168.2.130:8089	splunk-sh3	Up	Successful	cluster-1	Healthy	없음	사용 가능 | 비활성화	격리 | 삭제
192.168.2.131:8089	splunk-idx1	Up	Successful	cluster-1	Healthy	없음	사용 가능 | 비활성화	격리 | 삭제
192.168.2.132:8089	splunk-idx2	Up	Successful	cluster-1	Healthy	없음	사용 가능 | 비활성화	격리 | 삭제
192.168.2.133:8089	splunk-idx3	Up	Successful	cluster-1	Healthy	없음	사용 가능 | 비활성화	격리 | 삭제
192.168.2.134:8089	splunk-hf	Up	Successful	없음	Healthy	없음	사용 가능 | 비활성화	격리 | 삭제
192.168.2.136:8089	splunk-deployer	Up	Successful	없음	Healthy	없음	사용 가능 | 비활성화	격리 | 삭제

그림 4-55 검색 피어 추가 적용 완료

분산 모드 전환 적용

검색 피어 추가 적용이 완료됐다면 이제 본격적으로 클러스터링 환경에서의 모니터링 콘솔을 활성화시켜보자. 먼저 그림 4-56과 같이 [설정 → 모니터링 콘솔]을 선택해 모니터링 콘솔 초기 화면으로 이동한다.

그림 4-56 설정 → 모니터링 콘솔 선택

그림 4-57과 같이 모니터링 콘솔 초기 화면에서 우측 상단의 [설정 → 일반 설정]을 선택해 모니터링 콘솔의 현재 설정 상태를 확인한다. 초기 설치 시 [독립실행형] 모드가 기본값으로 설정돼 있다.

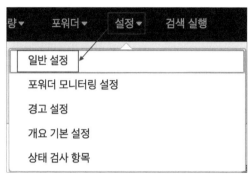

그림 4-57 설정 → 일반 설정

설정 화면에서 좌측 상단의 [Mode]를 [분산]으로 선택하면 그림 4-58과 같이 분산 모드로 전환할 것인지 사용자에게 묻는 팝업창이 표시되는데, 우측 하단의 [계속]을 선택하면 클러스터링 기반 분산 처리 환경으로 모드를 변환하기 위해 설정 정보를 확인하는 화면으로 이동한다.

그림 4-58 분산 모드로 전환

설정 화면에서 스플렁크 인스턴스들의 정보를 최종 확인한 후, 이상이 없다면 그림

4-59와 같이 우측 상단의 [변경 사항 적용]을 선택해 모드 변환을 최종 확정한다.

그림 4-59 변경 사항 적용

설정 변경사항을 적용하기 전, 그림 4-60과 같이 스플렁크 솔루션은 편집을 계속할 것인지, 아니면 모드 변환을 확정할 것인지 사용자에게 확인하는데 우측 하단의 [저장] 버튼을 선택하면 분산 모드로의 전환 설정 반영을 최종 확정해 적용하게 된다.

그림 4-60 설정 반영

그림 4-61과 같이 변경사항을 적용했다는 메시지 팝업이 나타나면 정상 적용 여부를 확인하기 위해 좌측 하단의 [개요로 이동]을 선택한다.

그림 4-61 개요로 이동

모니터링 콘솔 개요 화면으로 이동했을 때 그림 4-62와 같이 앞서 검색 피어로 추가 적용한 스플렁크 인스턴스들이 표기되고 각종 모니터링 대시보드가 정상적으로 조회된다면 모니터링 콘솔 설정이 정상적으로 완료된 것이다.

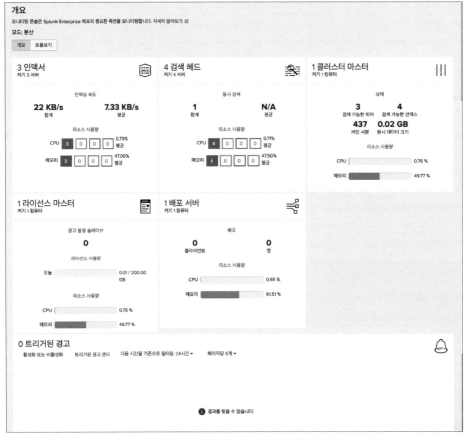

그림 4-62 모니터링 콘솔 개요 화면 확인

모니터링 콘솔의 자세한 활용 방안은 "Splunk-7.2.0-DMC_ko-KR.pdf" 문서를 참고하기 바란다.

4.6.9 스플렁크 유니버설 포워더 설치 및 설정

클러스터링 기반 분산 처리 환경 구성에서의 스플렁크 유니버설 포워더 인스턴스 설치 및 설정 방법 또한 단일 서버 환경 구성에서 설명한 내용과 동일하므로, 앞서 설명한 내용을 참고하기 바란다.

4.6.10 플랫폼 인프라 구성 후 정상 동작 확인

클러스터링 기반 분산 처리 환경 구성을 완료한 후 플랫폼이 정상적으로 구성됐는지 알아보기 위해서는 앞서 단일 서버 환경 구성 과정 소개 시 설명했던 것처럼 스플렁크 웹에 접속한 후 스플렁크 엔터프라이즈 기본 앱인 [검색 및 보고] 앱에서 로그 이벤트를 검색해 조회되는지 확인해 보면 된다. 수집된 데이터가 정상적으로 검색된다면 플랫폼 인프라 구성을 완료한 것이다.

4.7 주요 구성 변경 요건별 설정 가이드

플랫폼 구축 담당자가 앞서 설명한 3가지 주요 구성 방식 중 하나와 동일한 구성 기준을 적용해 플랫폼을 구축할 계획이라면, 이 책을 가이드북 삼아 차근차근 따라하면서 작업을 수행해 나가면 조금은 수월하게 구축을 진행할 수 있을 것이다. 하지만 실제 플랫폼 구축 현장에서는 시작하면서부터 앞서 설명한 구성 기준 전반에 걸쳐 다양한 변경 요건이 도출되며, 구축 중에 변경되는 경우도 수시로 발생하기 때문에 이러한 변화에 어떻게 대응하느냐도 플랫폼의 완성도와 안정성을 향상시키는 데 중요한 포인트다.

여기서는 실제 플랫폼 구축 프로젝트를 수행할 때 담당자가 자주 맞닥뜨릴 수 있는 대표적인 구성 변경 요건을 알아보고, 변경 요건별로 어떻게 수정 및 보완 작업을 진행해야 하는지 살펴보도록 하자.

4.7.1 기존 수집 대상의 종류/용량 변경

사용자가 원천데이터를 수집하거나 검색하다 보면 사전에 정의했던 데이터 수집 종류와 양을 변경해야 하거나 특정 데이터 필드의 추가 수집이 필요한 상황이 발생할 수 있다. 이는 원천데이터를 실제 수집해서 검색해 보기 전에는 알 수 없는 사항이라 일반적으로 플랫폼 구축이 한창 진행중이거나 완료된 후에 사용자의 요청이 구축 담당자에게 전달되는 경우가 많다. 이럴 경우 구축 엔지니어는 원천데이터에 대한 수집 설정을 추가해 주거나 필드 추출 로직에 변경 사항을 반영해 주는 작업을 통해 사용자의 요청에 대응할 수 있다.

여기서는 앞서 설명한 스플렁크 유니버설 포워더에 데이터 수집 설정을 추가해 새로운 데이터 원천을 추가로 반영해 주는 상황을 가정해 설정 적용 방법을 알아보도록 하자.

먼저 모니터링 대상 파일을 추가로 수집해 주는 설정을 적용하기 위해 그림 4-63과 같이 스플렁크 유니버설 포워더가 설치된 서버에 접속한다. 명령어 예시는 다음과 같다.

- **명령어**

```
/>cd /opt/splunkforwarder/etc/system/local
/opt/splunkforwarder/etc/system/local>
```

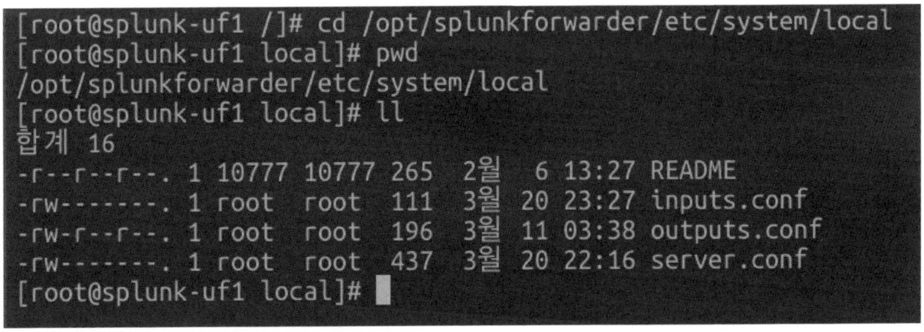

```
[root@splunk-uf1 /]# cd /opt/splunkforwarder/etc/system/local
[root@splunk-uf1 local]# pwd
/opt/splunkforwarder/etc/system/local
[root@splunk-uf1 local]# ll
합계 16
-r--r--r--. 1 10777 10777 265    2월   6 13:27 README
-rw-------. 1 root  root   111    3월  20 23:27 inputs.conf
-rw-r--r--. 1 root  root   196    3월  11 03:38 outputs.conf
-rw-------. 1 root  root   437    3월  20 22:16 server.conf
[root@splunk-uf1 local]#
```

그림 4-63 스플렁크 유니버설 포워더 접속

이어서 추가할 원천데이터의 정상 수집 여부를 확인하기 위해 그림 4-64와 같이 수집 대상 파일이 위치한 폴더에 접근한 후 다음 명령어를 실행해 수집 대상 로그 파일의 이벤트 라인수를 사전 확인한다.

- **명령어**

/> cd /var/log/access_log
/> **cat 1www.access.log | wc -l**   # 로그 파일의 이벤트 라인수 확인 명령어
13628   # 로그 파일의 이벤트 라인수 출력

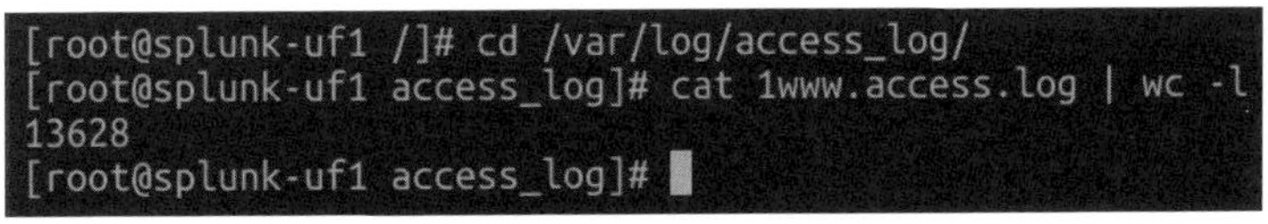

```
[root@splunk-uf1 /]# cd /var/log/access_log/
[root@splunk-uf1 access_log]# cat 1www.access.log | wc -l
13628
[root@splunk-uf1 access_log]#
```

그림 4-64 수집 대상 로그 파일의 이벤트 라인 확인

다음으로 추가 데이터 수집 설정을 반영하기 위해 그림 4-65와 같이 /opt/splunkforwarder/etc/system/local 폴더 하위에 위치한 inputs.conf를 수정한다.

- **명령어**

/opt/splunkforwarder/etc/system/local>vi inputs.conf

[monitor:///var/log/fw/iwall_201812.log]   # 기존에 설정한 수집 정보

```
index = firewall
sourcetype = fw:product

[monitor:///var/log/access_log/1www.access.log]  # 추가할 파일명 또는 디렉터리명 지정
index = web  # 인덱스명 지정
sourcetype = web:access  # 소스타입명 지정
```

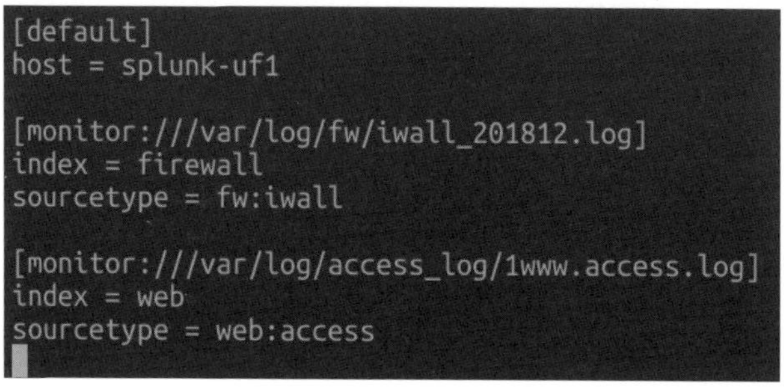
```
[default]
host = splunk-uf1

[monitor:///var/log/fw/iwall_201812.log]
index = firewall
sourcetype = fw:iwall

[monitor:///var/log/access_log/1www.access.log]
index = web
sourcetype = web:access
```

그림 4-65 inputs.conf 수정

설정 파일 수정 후 다음 명령어를 입력해 그림 4-66과 같이 스플렁크 유니버설 포워더의 서비스를 재시작해주면 데이터 추가 수집 설정에 대한 적용이 완료된다.

■ **명령어**

```
/opt/splunkforwarder/bin> ./splunk restart
```

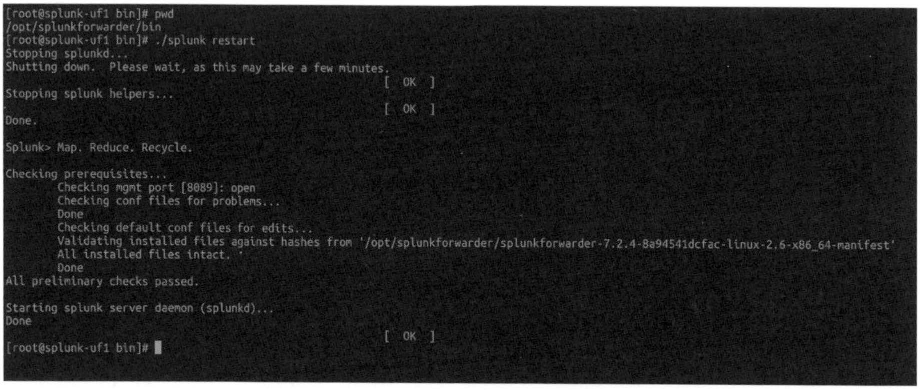
```
[root@splunk-uf1 bin]# pwd
/opt/splunkforwarder/bin
[root@splunk-uf1 bin]# ./splunk restart
Stopping splunkd...
Shutting down.  Please wait, as this may take a few minutes.
                                                          [  OK  ]
Stopping splunk helpers...
                                                          [  OK  ]
Done.

Splunk> Map. Reduce. Recycle.

Checking prerequisites...
        Checking mgmt port [8089]: open
        Checking conf files for problems...
        Done
        Checking default conf files for edits...
        Validating installed files against hashes from '/opt/splunkforwarder/splunkforwarder-7.2.4-8a94541dcfac-linux-2.6-x86_64-manifest'
        All installed files intact.
        Done
All preliminary checks passed.

Starting splunk server daemon (splunkd)...
Done
                                                          [  OK  ]
[root@splunk-uf1 bin]#
```

그림 4-66 스플렁크 유니버설 포워더 인스턴스 재시작

인스턴스를 재시작한 후 스플렁크 검색 헤드 서버 인스턴스에 접근해 [검색 및 보고] 앱을 통해 새롭게 설정을 적용한 원천데이터가 정상적으로 수집돼 검색되는지 확인한다.

앞서 inputs.conf에 설정한 인덱스명과 소스타입명으로 검색했을 때, 그림 4-67과 같이 원본 파일이 검색되고 사전 확인한 이벤트 라인수와 동일하다면 정상적으로 데이터 수집 및 저장이 완료된 것이다.

그림 4-67 신규 추가 데이터에 대한 정상 검색 확인

4.7.2 기존 수집 방식과 동일한 신규 수집 대상 추가

수집할 원천데이터의 범위를 사전에 조사해 정의했더라도, 플랫폼 구축을 수행하는 과정에서 사용자의 필요에 따라 동일한 수집 방식의 원천데이터를 추가로 수집해야 하는 경우가 발생할 수 있는데, 주로 스플렁크 유니버설 포워더로 수집하는 Agent 방식의 원천데이터 수집 시 Agent 설치 대상이 증가하는 상황이 대표적이라고 할 수 있다.

이 경우에는 앞서 설명했던 스플렁크 유니버설 포워더 설치 및 설정 방법을 참고해 원천데이터를 추가할 대상마다 신규로 설치 및 설정을 진행해 주면 된다.

이 때 주의할 것은 신규 설치한 스플렁크 유니버설 포워더와 데이터 수집을 담당하는 스플렁크 헤비 포워더 간 송신 및 수신 설정을 동일하게 적용해야 한다는 사실이다. 송수신 설정만 신경쓴다면 수집 대상에 따라 설치 및 설정이 용이한 스플렁크 유니버설 포워더의 특징을 잘 살려 더욱 많은 원천데이터를 수집해 활용할 수 있다.

다수의 유니버설 포워더에서 전송하는 원천데이터별로 정상 수집 여부를 점검해 보고 싶다면 그림 4-68과 같이 원천데이터 내 host 필드를 지정해 검색해 보면 확인할 수 있으니 참고하기 바란다.

그림 4-68 이벤트 데이터 정상 수집 확인

4.7.3 수집 데이터 저장 기간 설정 및 변경

스플렁크는 원천데이터를 수집하면서 압축형 원시 데이터, 원시 데이터로 연결되는 인덱스, 일부 기타 메타데이터 파일 등과 같은 다양한 추가 파일들을 생성해 인덱스라는 솔루션 고유의 데이터 저장 공간을 구성한다.

인덱스를 구성하는 파일들은 에이지^{age}별로 구성된 디렉터리 집합에 위치하며,

indexes.conf에 대한 설정 적용을 통해 인덱스 내 버킷 유형별로 데이터의 보존 기간을 설정할 수 있다.

설정 파일은 플랫폼의 클러스터링 적용 여부에 따라 사용자가 접근해야 하는 파일 위치가 다른데, 인덱서 클러스터링을 적용하지 않은 환경에서는 /opt/splunk_idx/etc/system/local 폴더에 위치한 indexes.conf를 변경해야 하며, 인덱서 클러스터링을 적용한 분산 처리 환경에서는 클러스터 마스터 인스턴스 내 /opt/splunk_cm/etc/master-apps/_cluster/local 폴더에 위치한 indexes.conf를 변경한 후 인덱서 클러스터 피어 노드에 배포해야만 적용된다는 점을 참고하기 바란다.

실제 플랫폼 구축 현장에서 주로 사용되는 데이터 보관 설정 정보 예시는 다음과 같다.

표 4-2 데이터 보관 설정 정보 예시

속성	설정 정보	기본값	참조항목
maxTotalDataSizeMB	인덱스의 저장 크기	500000MB	인덱스 크기 초과 시 과거 데이터부터 삭제됨
frozenTimePeriodInSecs	인덱싱 데이터가 최종 삭제되는 초(Seconds) 시간값	188697600(약 6년)	해당 시간값 초과 시 과거 데이터부터 순차적으로 데이터 삭제됨
maxVolumeDataSizeMB	볼륨의 최대 크기	없음	인덱스 크기를 볼륨(용량)으로 설정할 수 있음

위에서 설명한 데이터 보관 설정 정보는 클러스터 마스터 인스턴스 내 /opt/splunk_cm/etc/master-apps/_cluster/local 폴더에 위치한 indexes.conf에 입력해 설정을 적용할 수 있으며, 작성 예시는 다음과 같다.

```
/opt/splunk_cm/etc/master-apps/_cluster/local/indexes.conf
# /data1 Disk Size 20TB 가정
[volume:hotwarm]    # 볼륨 설정 선언
path = /data1/hotwarm  # 볼륨 경로 지정
maxVolumeDataSizeMB = 10485760  # 볼륨 최대 저장 크기 입력(약 10TB)
```

```
[volume:cold]   # 볼륨 설정 선언
path = /data1/cold   # 볼륨 경로 지정
maxVolumeDataSizeMB = 5242880   # 볼륨 최대 저장 크기 입력(약 5TB)

[ips]
homePath = volume:hotwarm/ips/db   # hot/warm 버킷 저장 볼륨 지정
coldPath = volume:cold/ips/colddb   # cold 버킷 저장 볼륨 지정
thawedPath = $SPLUNK_DB/ips/thaweddb   # frozen 저장 볼륨 지정
enableDataIntegrityControl = 0   # 데이터 무결성 검사 여부 설정(1과 0 또는 true, false)
enableTsidxReduction = 0   # 버킷 내 tsidx 파일 감소 기능 설정(1과 0 또는 true, false)
maxTotalDataSizeMB = 512000   # 인덱스의 저장 크기
frozenTimePeriodInSecs = 31536000   # 인덱싱 데이터가 최종 삭제 되는 초(Seconds) 시간값. 해당 시간
값 초과시 과거 데이터를 순서로 인덱싱 데이터 삭제됨.

[firewall]
homePath = volume:hotwarm/firewall/db
coldPath = volume:cold/firewall/colddb
thawedPath = $SPLUNK_DB/firewall/thaweddb
enableDataIntegrityControl = 0
enableTsidxReduction = 0
maxTotalDataSizeMB = 3145728
frozenTimePeriodInSecs = 34128000

[waf]
homePath = volume:hotwarm/waf/db
coldPath = volume:cold/waf/colddb
thawedPath = $SPLUNK_DB/waf/thaweddb
enableDataIntegrityControl = 0
enableTsidxReduction = 0
maxTotalDataSizeMB = 1048576
frozenTimePeriodInSecs = 31536000
```

사용자는 데이터 수집량 및 플랫폼의 디스크 용량에 따라 데이터 보관 주기를 설정
함으로써 플랫폼의 데이터 저장 공간 및 검색 성능을 효율적으로 관리할 수 있으므
로 위 예시를 참고해 인덱스별로 적절한 데이터 보관 주기를 설정한 후 적용하길 권

고한다.

4장에서는 단일 서버와 복수 서버, 클러스터링 기반 분산 처리 환경을 구성하는 절차에 대해 알아보고, 플랫폼 구축 과정에서 주로 발생하는 변화 상황별 설정 변경 적용 방법에 대한 설명으로 4장을 마무리했다.

5장에서는 4장에서 전달한 가이드를 통해 구축한 플랫폼 인프라를 기반으로 비즈니스에 활용할 콘텐츠를 분류별로 정의하고, 이를 플랫폼에 담아내는 방법에 대해 설명할 것이다.

5

Phase 3: 플랫폼 콘텐츠 구현 및 적용

5장에서는 인프라 구성을 완료한 보안 빅데이터 분석 플랫폼에 탑재할 수 있는 콘텐츠는 주로 어떤 것들이 있는지 알아보고, 이를 구현 및 적용해 업무에 활용하기 위한 방법과 주요 고려사항에 대해 살펴본다.

5장에서 다루는 내용은 다음과 같다.

- 보안 빅데이터 검색 및 분석 방법
- 보안 이상징후 탐지 시나리오 구현 및 검증
- 분석 대시보드 구성 및 적용
- 콘텐츠 강화를 위한 툴과 팁

5.1 사전 공지사항

플랫폼에 콘텐츠를 담아내고 이를 활용하는 절차와 가이드를 본격적으로 전달하기 전에, 5장을 어떤 순서로 설명해 나갈 계획인지 사전에 공지해 독자가 이 책을 보다 효과적으로 활용할 수 있도록 돕고자 한다.

플랫폼 콘텐츠의 설명 순서와 각각에 대한 개요는 다음과 같다.

1. 사용자 요건 정의

실용적이고 구체적인 설명을 위해 실제 플랫폼 구축 현장에서 업무 담당자가 IT 담당자 또는 구축 엔지니어에게 전달하는 콘텐츠 구현 요구사항을 정의한다.

2. 스플렁크를 통한 구현 예시

스플렁크 솔루션에서 제공하는 데이터 검색 쿼리 또는 기능을 활용해 위에서 정의한 사용자 요건을 구현하는 절차를 예시와 함께 설명한다.

3. 실무 활용 가이드

위에서 구현한 콘텐츠를 실무에 활용하는 주요 사례를 설명하고, 효과적으로 활용하기 위한 가이드를 제시한다. 이 책의 주제가 보안 빅데이터 분석 플랫폼 구축 가이드이기 때문에, 여기서는 기업 보안 실무에서 활용할 때 어떤 것들을 고려해야 하는지에 대해 중점적으로 설명할 것이다.

이제 플랫폼에 수집한 보안 빅데이터에 대한 검색부터 콘텐츠 강화를 위한 각종 툴과 활용 팁에 이르기까지 플랫폼에 담아낼 콘텐츠를 구현하고 활용하기 위한 절차와 가이드에 대해 하나씩 알아보도록 하자.

5.2 데이터 검색

빅데이터를 잘 분석하고 활용하기 위해서는 우선 분석을 위해 수집한 원천데이터에 대한 충분한 이해가 전제돼야 하며, 이를 위해 사용자가 가장 먼저 해야 할 일이 바로 데이터를 검색해 보는 것이다. 지금부터 업무 담당자가 주로 전달하는 데이터 검색 요건과 스플렁크를 통한 구현 예시, 기업 보안 실무에 활용할 때 고려할 사항에 대해 알아보자.

5.2.1 키워드 검색

사용자 요건 정의

데이터 검색의 가장 기초이면서, 원천데이터를 이해하는 데 가장 기본이 되는 검색 기법이 바로 키워드 검색이다. 기업 보안 업무의 특성상 기업의 정보자산을 위협하는 외부 공격 또는 침투 시도를 포착했을 경우 신속한 현황 파악 및 대응이 필수이기 때문에, 특정 IP 주소나 비정상 메시지, 악성코드를 유포하는 특정 사용자를 찾아내기 위한 키워드 검색을 요청하는 경우가 자주 발생한다.

스플렁크를 통한 구현 예시

먼저 특정 IP 주소를 찾기 위해서는 검색하고자 하는 원천데이터가 수집돼 있는 인덱스 및 소스타입을 명시하고 검색 대상 IP 주소를 입력해 검색을 시도하면 된다. 스플렁크 고유의 검색 질의어인 SPL 예시는 다음과 같으며, 사용자는 AND나 OR 조건을 활용해 다수의 조건을 복합적으로 적용할 수 있다.

■ **검색 쿼리**

```
index=firewall sourcetype=fw:product srcip=10.82.1.115 OR dstip=203.241.222.193
```

위 검색 쿼리를 실행하면 그림 5-1과 같이 특정 IP 주소가 포함된 모든 이벤트 로그를 확인할 수 있다.

그림 5-1 특정 IP 주소 검색 예시

비정상 메시지나 특정 사용자를 찾기 위한 검색 방법도 위와 같이 검색하고자 하는 키워드만 입력하면 입력값에 대한 패턴을 인식, 이에 매칭되는 원천데이터를 반환해 사용자에게 제공한다. 웹 서버 접속 로그에 [error]라는 키워드가 포함된 비정상 접속 로그를 조회하는 검색 쿼리 및 검색 결과 예시는 그림 5-2와 같다.

■ **검색 쿼리**

```
index=web sourcetype=web:access METHOD=POST error
```

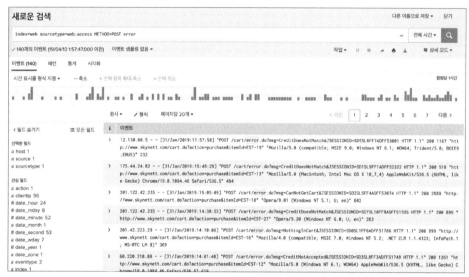

그림 5-2 특정 키워드를 활용한 비정상 접속 로그 검색 예시

또한 사용자는 키워드의 일부가 포함되는 경우도 와일드카드(*)를 활용한 like 검색 기법을 사용해 조회할 수 있다. 앞서 검색해 본 비정상 접속 로그 중에서 사용자 IP 가 192 대역으로 시작하고 에러 메시지에 [Credit]라는 키워드가 포함된 로그를 찾는 검색 쿼리 및 검색 결과 예시는 그림 5-3과 같다.

■ **검색 쿼리**

```
index=web sourcetype=web:access METHOD=POST error clientip=192.* msg = Credit*
```

그림 5-3 와일드카드(*)를 활용한 like 검색 예시

실무 활용 가이드

키워드 검색은 주로 기업 보안 담당자가 알려진 위협정보에 대해 본인이 관리하는 기업의 정보자산 중 침투 시도가 있었거나 장악됐는지 확인하는 용도로 많이 쓰이며, 특정 IP 주소 또는 특정 사용자의 특정 시점 행위를 추적하는 데 자주 활용되고 있다.

키워드 검색 시에는 검색하고자 하는 키워드를 최대한 구체화하고, 검색 시간대를 좁혀 대용량의 원천데이터를 대상으로 한 무분별한 검색 시도를 통해 시스템에 부하를 발생시키지 않도록 주의해야 한다.

5.2.2 이벤트 추이 검색

사용자 요건 정의

특정 키워드를 활용한 검색이 원천데이터를 해석하고 이해하기 위한 기초라면, 기업 보안 담당자가 IT 담당자 및 구축 엔지니어에게 가장 많은 요구사항을 전달하는 부분이 바로 이벤트 추이 검색 기법에 대한 영역이다. 가장 기본적인 보안 장비 중 하나인 방화벽의 허용 및 차단 로그의 카운트 증감 추이를 조사해 평상시와 다른 시스템 접근 패턴을 찾아보거나, 시간대별 사용자 접속 또는 시스템 내 특정 화면 조회 추이를 검색해 기업 임직원의 이상행위를 유추하는 등 주로 평상시와 다른 이상치 데이터를 파악해 보는 데 이벤트 추이 검색을 활용한다.

스플렁크를 통한 구현 예시

데이터 검색을 통해 로그 이벤트의 발생 추이를 알아보기 위해서는 검색하고자 하는 원천데이터가 수집돼 있는 인덱스 및 소스타입을 명시하고 추이를 파악하기 위한 시간 범위를 설정한 후, 집계 함수를 활용해 사용자가 파악하고자 하는 시간 주기별 카운트 총합을 표시하도록 검색해야 한다. 방화벽 데이터 내 특정 액션^{Action}에 대한 이벤트 추이를 검색한다고 가정했을 때, SPL 예시는 다음과 같다.

- **검색 쿼리**

```
index=firewall sourcetype=fw:product earliest=-1d@d latest=@d action=deny
| stats count(action) by srcip
| sort -count
```

위 SPL 쿼리를 실행하면 그림 5-4와 같이 사용자가 정의한 검색 대상 시간 동안 출발지 IP(srcip)별 방화벽 차단 로그 카운트 추이가 표시되는 것을 확인할 수 있다.

그림 5-4 출발지 IP별 일간 방화벽 차단 로그 카운트 검색 예시

방화벽이라는 보안장비의 특성상 로그 이벤트가 하루 24시간 내내 발생되기 때문에 방화벽 접근에 대한 비정상적 행위를 보다 상세하게 파악하기 위해서는 검색 단위를 시간대별로 세분화해 검색하는 것이 좋다. 시간대별 방화벽 차단 로그 카운트를 검

색하는 것을 예로 들어 설명한 검색 쿼리 및 데이터 검색 결과는 그림 5-5와 같다.

- **검색 쿼리**

```
index=firewall sourcetype=fw:product earliest=-1d@d latest=@d action=deny
| bin span=1h _time
| stats count by _time srcip
| sort 0 - _time -count
```

그림 5-5 시간대별 방화벽 차단 로그 카운트 검색 예시

검색 시간 범위 세분화와 함께, 검색 종류에 대한 세분화도 로그 이벤트 추이 검색
활용 시 효과적이다. 앞서 검색한 시간대별 방화벽 차단 로그 카운트 집계를 방화벽
주요 Action별로 분류해 보다 구체적으로 데이터를 살펴보기 위한 검색 쿼리 및 데
이터 검색 결과 예시는 그림 5-6과 같다.

- **검색 쿼리**

```
index=firewall sourcetype=fw:product
| bin span=1h _time
| eval Action = case(action=="accept","allow", action=="deny","deny", 1=1,
"etc")
| stats count by _time srcip Action
| stats sum(count) as cnt by _time srcip Action
| eval action_count=Action+" "+cnt
| stats values(action_count) as action_count by _time srcip
```

그림 5-6 시간대별 방화벽 Action에 대한 상세 검색 예시

실무 활용 가이드

이벤트 추이 검색은 알려지지 않은 보안 위협 상황이 기업에 발생하고 있는지 현황을 파악하거나, DDoS 공격 상황 모니터링 또는 시스템 장애 모니터링 등 특정 이벤트 트래픽에 대한 상한선을 정해 놓고 이에 도달하는지 모니터링하는 용도로 많이 쓰이며, 이 과정을 통해 특정 상황이 발생한 것이 확인되면 즉시 경보를 발생시켜 신속한 대응이 가능하도록 하는 데 유용하게 활용할 수 있다.

이벤트 추이 검색 또한 너무 많은 원천데이터를 대상으로 데이터를 검색하게 되면 시스템에 부하를 주게 되고 검색 결과를 확인할 때까지 오랜 시간이 걸릴 수 있다. 이에 따라 검색 범위를 시간대별로 나눠서 검색을 수행하거나 스플렁크에서 제공하는 Saved Search, Summary Index 생성 기능을 활용해 검색 주기별 기초 통계 데이터를 저장한 후 검색 및 분석에 활용하는 것이 더욱 효과적이다. Saved Search와 Summary Index 기능은 이후에 설명하기로 한다.

5.2.3 정규표현식을 활용한 고급 검색

사용자 요건 정의

사용자가 검색하는 데이터가 모두 구분자로 잘 구분돼 있고, 표현이 통일돼 있어 해석하기 쉽게 돼 있다면 정말 좋겠지만, 현장에서 원천데이터를 수집해 보면 그렇지 않은 경우가 더 많다는 것을 쉽게 알 수 있다. 원천데이터가 key-value로 분류하기 어렵게 돼 있거나, 시간 표현 등이 제각각으로 표현돼 있으면 데이터를 제대로 검색하기도 어렵거니와 검색된 데이터를 해석하는 데에도 제약이 생길 수밖에 없다.

이렇게 사용자가 비정형 데이터를 활용해 유의미한 데이터 필드를 추출하고, 특정 패턴을 지닌 데이터를 원천데이터에서 찾아내야 할 때 적용할 수 있는 것이 바로 정규표현식이다. 스플렁크에서는 사용자는 본인이 검색하고자 하는 데이터 패턴을 정규표현식으로 구성해 검색 쿼리에 적용할 수 있다.

스플렁크를 통한 구현 예시

먼저 가장 기본적이면서 자주 쓰이는 시간 표현 방식 변경 방법부터 살펴보자. 앞서 시간대별 방화벽 차단 로그 카운트를 검색했었는데 다음처럼 시간값의 표현을 [년-월-일 시:분:초]와 같이 변경해 표기될 수 있도록 검색 쿼리를 수정하면 그림 5-7과 같이 시간 표현이 변경된 형태로 검색이 적용되는 것을 확인할 수 있다. 시간값에 대한 표현 변경에는 strftime 함수를 활용한다.

- **검색 쿼리**

```
index=firewall sourcetype=fw:product
| bin span=1h _time
| eval Time=strftime(_time, "%y-%m-%d %H:%M:%S")
| stats count by Time
| sort Time
```

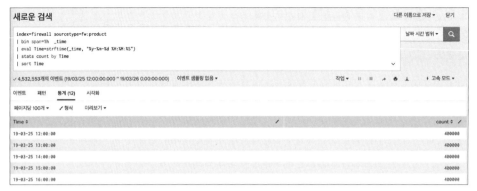

그림 5-7 기준 시간 표현을 변경한 시간대별 방화벽 차단 로그 카운트 검색 예시

정규표현식은 특정 패턴을 가진 데이터가 원천데이터 안에 포함돼 있는지 확인하기 위한 검색 시에도 요긴하게 쓰인다. 만약 사용자가 수집한 원천데이터에 주민등록번호가 포함돼 있는지 확인해야 할 경우, 사용자는 다음과 같이 정규표현식을 작성한 후 데이터 검색 쿼리를 수행해 그림 5-8과 같이 주민등록번호 포함 여부 및 원천데이터 정보 등을 파악할 수 있다.

■ **검색 쿼리**

```
index=hr sourcetype=hr:resource
| rex field=_raw "\d+,(?P<JUMIN_NO>\d{6}-\d{7})$"
| search JUMIN_NO=*
```

그림 5-8 정규표현식을 활용한 주민등록번호 포함 여부 검색 예시

또한 사용자가 두 개 이상의 데이터 소스를 서로 결합해 상관관계를 파악해 보고자 할 때 결합하고자 하는 데이터 소스 간 조인 키가 동일한 형태와 값이 아니라 검색에 어려움을 겪는 경우가 종종 있는데, 이런 문제를 해결하기 위해 정규표현식을 활용하면 데이터 필드 내 특정 패턴을 기준으로 필드를 세분화해 데이터 검색을 수행할 수 있다.

앞서 검색한 방화벽 데이터를 보면 service라는 필드 내 데이터가 'TCP/24284'와 같이 표시되는 것을 볼 수 있는데 이럴 경우 '/'를 구분자로 service 필드를 재파싱해 앞부분을 프로토콜 정보로, 뒷부분을 포트 정보로 추가 분석할 수 있다.

정규표현식을 활용해 데이터 추출 필드를 세분화하는 검색 쿼리는 다음과 같으며, 이에 대한 검색 결과 예시는 그림 5-9와 같다.

- **검색 쿼리**

```
index=firewall sourcetype=fw:product service=TCP_* OR service=UDP_* OR
service=tcp/* OR service=udp/*
| rex field=service "(?P<svc_protocol>\w+)(_|/)(?P<svc_port>\d+)$"
```

그림 5-9 특정 데이터 필드에 대한 파싱 및 검색 활용 예시

실무 활용 가이드

기업 보안 담당자는 기업 내부에서 외부와 주고받는 정보 중에 주민등록번호, 휴대 폰 번호 등 중요정보가 포함돼 있지는 않은지, 특정 사용자가 업무시간 외에 시스템 에서 중요 정보를 과다 출력하거나 유출하지는 않는지 모니터링해야 할 때 앞서 설 명한 정규표현식을 활용해 특정 패턴을 가지고 있는 데이터를 검색할 수 있다. 이때 사용자가 주의할 점은 데이터의 형태가 정확하게 일치하는 경우에만 검색이 가능하 다는 것이다. 정규표현식에서 '010-1234-5678'과 '01012345678'은 다른 데이터 로 인식되기 때문에 사용자가 검색하고자 하는 데이터 패턴을 명확하게 정의해 정규 표현식으로 구현해야 한다.

스플렁크에서는 데이터 검색 시 주로 사용되는 대표적인 정규표현식을 정리해 배포 하고 있으니 관심있는 사용자는 https://www.splunk.com/pdfs/solution-guides/ splunk-quick-reference-guide.pdf를 참고하기 바란다.

5.2.4 검색 결과 저장 및 공유

사용자 요건 정의

스플렁크에서는 사용자가 검색을 통해 확인한 데이터를 저장해 다음 검색 시 활용하 거나, 이전 검색 결과를 새로운 데이터와 조합해 다양한 데이터 분석을 수행할 수 있 는 기능을 제공한다. 사용자는 다양한 보안 로그 이벤트에 대한 검색 결과를 보안관 제 담당자 및 분석가에게 공유하고 데이터 검색 결과에 대한 상세 분석을 함께 수행 함으로써 보다 신속하게 보안 위협 현황을 파악하는 데 해당 기능을 활용할 수 있다.

스플렁크를 통한 구현 예시

방화벽에서 발생되는 로그 이벤트를 활용해 데이터 검색 결과를 저장하고, 이를 수 집중인 데이터와 교차 검색한 후 검색 결과를 추가 저장함으로써 보다 확장된 데이 터 검색 및 분석 작업을 수행하는 과정을 예로 들어 살펴보자.

먼저 방화벽 로그 이벤트 중 특정 시간대에 차단 로그가 유난히 많은 출발지 IP를 기준으로 도착지 IP(dstip)를 검색한 후, 중복 값을 제거하고 검색 데이터를 추출해 보자. 이렇게 추출한 데이터를 시스템에 해킹을 시도한 것으로 의심되는 블랙리스트라고 가정하고, blacklist.csv라는 파일명으로 플랫폼에 저장하는 검색 쿼리와 검색 결과 예시는 그림 5-10과 같다. 스플렁크에서는 outputlookup이라는 명령어를 사용해 사용자의 데이터 검색 결과를 룩업 파일로 저장할 수 있다.

■ 검색 쿼리

```
index=firewall sourcetype=fw:product deny srcip=1.52.62.193
| fields srcip dstip
| dedup srcip dstip
| table srcip dstip
| sort dstip
| outputlookup blacklist.csv
```

그림 5-10 데이터 검색 결과 추출 및 outputlookup 생성 예시

앞서 생성한 blacklist.csv 내 출발지 IP가 진짜 악성행위를 하는 해커의 IP 주소라면, 트래픽이 많았던 시간 이후에 시스템을 돌아다니며 흔적을 남겼을 가능성이 높다. 특정 시간대에 룩업 데이터와 플랫폼에 수집돼 있는 방화벽 데이터를 조인해 출발지 IP가 동일한데 도착지 IP가 다른 내역이 존재하는지 확인하는 검색 쿼리와

검색 결과는 다음과 같다. 저장된 검색 결과 데이터를 불러와 조회에 활용할 때는 inputlookup 명령어를 사용하며, 아래 검색 쿼리를 실행해 보면 그림 5-11과 같이 트래픽이 많았던 시간 이후에도 출발지 IP가 다른 도착지 IP에 접근해 활동했음을 확인할 수 있다.

■ 검색 쿼리

```
index=firewall sourcetype=fw:product deny srcip=1.52.62.193
| fields srcip dstip
| dedup srcip dstip
| table srcip dstip
| join type=outer dstip
    [| inputlookup blacklist.csv | fields srcip dstip
    | eval destip=dstip]
```

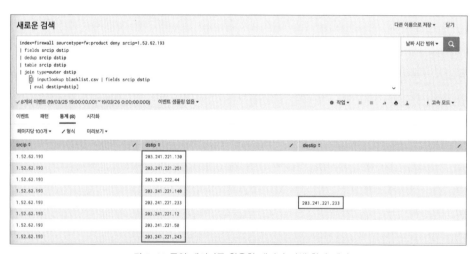

그림 5-11 룩업 데이터를 활용한 데이터 검색 확장 예시

악성행위가 의심되는 흔적이 확인된 만큼, 새롭게 파악된 도착지 IP를 blacklist.csv에 추가 적용해 지속적인 모니터링을 수행할 필요가 있다. 기존 룩업 데이터에 새로운 데이터를 추가하기 위해서는 outputlookup 명령어에 append 옵션을 적용해 검색 쿼리를 수행하면 된다. 검색 쿼리 및 검색 결과 예시는 그림 5-12와 같다.

■ 검색 쿼리

```
index=firewall sourcetype=fw:product deny srcip=1.52.62.193
| fields srcip dstip
| dedup srcip dstip
| table srcip dstip
| join type=outer dstip
    [| inputlookup blacklist.csv | fields srcip dstip
    | eval destip=dstip]
| fillnull value="null" destip
| replace "" with "null" in destip
| table srcip dstip destip
| sort dstip
| where dstip!=destip
| fields - destip
| outputlookup append=true blacklist.csv
```

그림 5-12 데이터 검색 결과에 대한 룩업 추가 적용 예시

검색 쿼리 실행을 통해 추가된 데이터는 그림 5-13과 같이 inputlookup 명령어를 사용해 검색해 보면 확인할 수 있다.

■ **검색 쿼리**

```
| inputlookup blacklist.csv
| fields srcip dstip
| tail 19
```

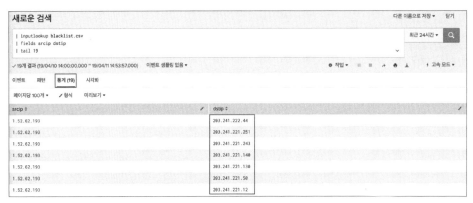

그림 5-13 변경된 룩업 데이터 검색 예시

실무 활용 가이드

기업 보안 실무를 하다 보면 블랙리스트 IP 주소, 해킹 의심 URL과 같이 잠재적 보안 위협 정보와 보호해야 하는 정보자산의 정보 등 다수의 사용자가 공유해야 할 데이터 집합을 지속적으로 업데이트해주고 관리해야 할 경우가 많은데, 이럴 경우 사용자는 앞서 설명한 inputlookup 및 outputlookup 명령어를 활용할 수 있다.

기본적으로 룩업 데이터는 다른 사용자도 룩업명만 알고 있으면 간단한 검색 쿼리를 통해 조회 및 수정이 가능한데, 특정 사용자만 룩업 데이터에 접근할 수 있도록 조회 및 수정 권한을 조정하고 싶다면 [설정 → 룩업 → 룩업 테이블 파일] 메뉴에서 권한 버튼을 클릭해 역할별로 읽기 및 쓰기 권한을 부여함으로써 룩업별 권한을 관리할 수 있다.

또한 inputlookup 및 outputlookup 명령어를 활용한 검색 쿼리 실행 없이도 Lookup Editor라는 스플렁크 앱에서 룩업 데이터의 생성 및 조회가 가능하다. Lookup Editor를 활용하면 기존에 생성한 룩업 데이터에 사용자가 임의로 신규 데이터를 추가할 수도 있고, 기존 데이터 필드를 수정해 재저장할 수도 있으니 원천데이터와의 상관 검색 수행 시 참조 데이터 집합으로써 다양하게 사용해 보길 바란다. Lookup Editor 앱의 설치 및 설정 방법은 6장을 참고하기 바란다.

5.3 데이터 분석

원천데이터에 대한 다양한 검색을 통해 데이터가 지니고 있는 속성과 가치에 대해 충분히 이해했다면, 이제 이를 업무에 활용하기 위한 데이터 분석을 본격적으로 시도해 볼 차례다. 업무 담당자가 주로 전달하는 데이터 분석 요건과 스플렁크를 통한 구현 예시, 기업 보안 실무에서의 활용 시 고려사항에 대해 계속해서 알아보도록 하자.

5.3.1 로그 이벤트에 대한 시계열 상관 분석

사용자 요건 정의

사전 정의한 보안 위협 탐지 시나리오에 의해 의심스러운 징후가 포착됐다면, 사용자는 이상징후의 진위를 판단하기 위해 탐지된 정보를 활용해 확인시점 전후에 어떤 행위들을 했는지 추적하고 분석해야 한다. 이를 위해 사용자는 플랫폼에서 원천데이터에 대한 시계열 분석과 데이터 간 상관관계 분석을 수행하고자 할 것이며, 스플렁크에서는 사용자가 검색 쿼리 구현 및 옵션값 적용을 통해 이러한 분석을 직접 수행할 수 있도록 지원한다.

스플렁크를 통한 구현 예시

여기서는 외부로부터의 해킹 공격이 의심되는 출발지 IP를 블랙리스트 IP로 지정하고, 이에 대한 의심 행위를 분석해 가는 과정을 예로 들어 설명하겠다.

먼저 앞서 생성한 blacklist.csv에 포함된 출발지 IP를 보유한 임직원이 있는지 확인해 보는 단계부터 시작해 보자. 만약 블랙리스트 IP 주소를 보유한 임직원이 있다면 위협 공격이 기업 내부에 도달해 이미 해당 IP 주소로 내부 서버에 접근했을 수 있기 때문에 이를 확인해 봐야 한다.

기업 내 서버에 접근한 이력이 있는지는 방화벽 데이터에 해당 IP 주소로 허용 로그가 남아있는지 분석해 상황을 파악해 볼 수 있을 것이다. 특정 IP 주소를 보유한 임직원의 방화벽 허용 로그가 있는지 확인하기 위한 데이터 분석 쿼리와 분석 결과 예시는 그림 5-14와 같다.

■ 데이터 분석 쿼리

```
index=firewall sourcetype=fw:product action=accept
    | eval fw_time=strftime(_time, "%F %T")
    | fields fw_time action srcip _raw
| join srcip
    [| inputlookup hr_info.csv  | rename ip_addr as srcip
    | fields srcip division_name position emp_name emp_no]
| join srcip
    [| inputlookup blacklist.csv | fields srcip]
| table fw_time division_name position emp_name emp_no action srcip _raw
```

그림 5-14 블랙리스트 IP를 보유한 임직원의 방화벽 허용 로그 분석 예시

위와 같이 로그 이벤트를 분석한 결과 방화벽을 통과해 기업 내부에 접근한 이력이 있다면 해당 IP 주소가 접속을 시도한 서버가 있는지, 있다면 실제 접속에 성공했는지 추적해 봐야 한다. 블랙리스트 IP 주소로 방화벽을 통과해 기업 내부 웹서버에 접속한 후, 접속에 성공한 경우가 있는지 알아보기 위한 데이터 분석 쿼리 및 분석 결과 예시는 그림 5-15와 같다.

웹서버 로그에서 응답코드가 200이라는 것은 접속에 성공했다는 의미이며, 이는 블랙리스트 IP 주소로 접속에 성공한 서버가 해킹 당했을 가능성이 있다고 추정할 수 있다.

- **데이터 분석 쿼리**

```
index=firewall sourcetype=fw:product action=accept srcip=1.52.62.193
| eval fw_time=strftime(_time, "%F %T")
| fields fw_time action srcip
| join srcip
    [| search index=web sourcetype=web:access service_code=200
     | rename clientip as srcip
     | fields srcip service_code url]
| table fw_time srcip action service_code url
```

그림 5-15 블랙리스트 IP의 웹서버 접근 로그 분석 예시

기업 내부 서버가 해킹을 당해 악성코드에 감염됐다면, 해당 서버에 접근한 임직원의 업무 PC로 악성코드가 유포됐을 수 있기 때문에 이에 대한 상세 현황 파악이 필요하다. 블랙리스트 IP가 해당 서버에 최초 접근한 시각 이후, 감염이 의심되는 서버에 접속해 접속에 성공한 출발지 IP를 파악하기 위한 데이터 분석 쿼리 및 분석 결과 예시는 그림 5-16과 같다. 그림에서 보면 앞서 정의한 블랙리스트 IP 주소인 1.52.62.193이 서버 침투에 성공한 것으로 의심되는 시간대인 18시 34분대 이후 새로운 IP 주소인 1.52.62.190이 의심서버에 접근을 성공한 것으로 파악됐으며 사용자는 새롭게 파악된 IP 주소를 악성코드 감염이 의심되는 임직원의 업무 PC라고 가정할 수 있다. 이런 경우 피해가 확산되는 것을 사전에 방지하기 위해 출발지 IP에 대한 긴급차단 등 신속한 대응이 필요할 것이다.

■ 데이터 분석 쿼리

```
index=web sourcetype=web:access service_code=200
| table _time clientip service_code url _raw
```

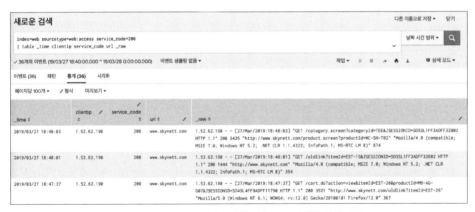

그림 5-16 해킹 의심 서버에 대한 접속 로그 시계열 분석 예시

실무 활용 가이드

앞서 예시를 통해 소개한 것처럼 로그 이벤트에 대한 시계열 상관 분석은 사용자가 정의한 패턴에 부합하는 데이터를 시간의 흐름에 따라 분석하고 각 원천데이터 간

인과관계를 파악해 보고자 할 때 활용하면 좋다.

다만 시간의 흐름에 따라 분석하는 것이다 보니 기준이 되는 시각을 명확하게 정의해야 한다는 사실을 명심해야 한다. 스플렁크에서는 시계열 분석의 기준이 되는 시각정보로 크게 원천데이터가 발생한 시점의 기준 시각이자 사용자가 정의한 _time이라는 데이터 필드와 원천데이터가 플랫폼에 수집돼 저장된 기준 시각을 의미하는 _indextime이라는 데이터 필드를 주로 사용하는데, 두 데이터 필드 중 어떤 것을 기준 시각으로 사용하느냐에 따라 동일한 검색 쿼리라도 결과가 달라질 수 있다.

예를 들어 어제 발생한 원천데이터를 오늘 수집해 플랫폼에 저장했다고 가정했을 때, 발생 시각인 어제를 _time 필드로 설정하고 검색 시간 범위를 오늘로 설정해 검색하면 데이터 검색 결과가 없다고 표시될 것이다. 이럴 경우 데이터를 검색하려면 _indextime을 오늘로 설정해 검색하거나 검색 시간 범위를 어제로 설정해야 한다.

또한 앞서 예시로 활용한 방화벽 로그 이벤트 데이터와 웹서버 접속 로그의 경우 데이터 컬럼명이 동일해 상관분석을 수행하기 용이했지만, 실제 현장에서는 동일한 의미의 값을 가지고 있어도 컬럼명이 상이해 조인 키 설정 시 혼란스러운 경우가 다반사다. 때문에 분석하고자 하는 원천데이별로 조인 키로 활용할 수 있는 주요 데이터 컬럼명을 사전에 통일해 주면 데이터 분석을 보다 신속하게 수행할 수 있다. 기업 보안 실무에서는 임직원의 사번이나 IP 주소 등 분석에 자주 활용하는 데이터 컬럼명을 통일해 주면 좋다.

5.3.2 통계 함수를 활용한 분석 결과 구체화

사용자 요건 정의

기업 보안 담당자가 매일 적게는 수십만 건에서 많게는 수천만 건에 달하는 보안 로그 이벤트를 항시 모니터링하고 분석을 수행한다는 건 불가능한 일이다. 따라서 보다 효율적이고 구체적인 데이터 분석을 위해서는 지속적으로 수집되는 원천데이터에서 평상시 대비 이상치를 찾아 주요 모니터링 대상으로 선정, 집중적으로 분석한

다거나 대상별/종류별/시간대별 통계 정보를 활용해 특이사항을 신속하게 파악할 수 있어야 한다. 스플렁크에서는 이러한 사용자 요건을 충족하기 위해 다양한 통계 함수와 설정값을 제공해 사용자의 분석 결과 구체화 작업을 지원한다.

스플렁크를 통한 구현 예시

먼저 가장 대표적인 통계 분석 기법인 TOP 10 분석 과정부터 살펴보자. 앞서 언급한 방화벽 데이터를 활용해 일간 유입된 모든 출발지 IP별 카운트를 집계한 후, TOP 10을 선정해 추출하는 데이터 분석 쿼리 및 분석 결과 예시는 그림 5-17과 같다. 다음과 같이 TOP 명령어를 사용하면 카운트^count^와 함께 퍼센트^percent^도 표시하는데, 이는 전체에서 해당 항목이 차지하는 비율을 확인할 수 있어 빈도 수에 대한 분포를 파악하는 데 용이하다.

■ **데이터 분석 쿼리**

```
index=firewall sourcetype=fw:product
| top srcip
```

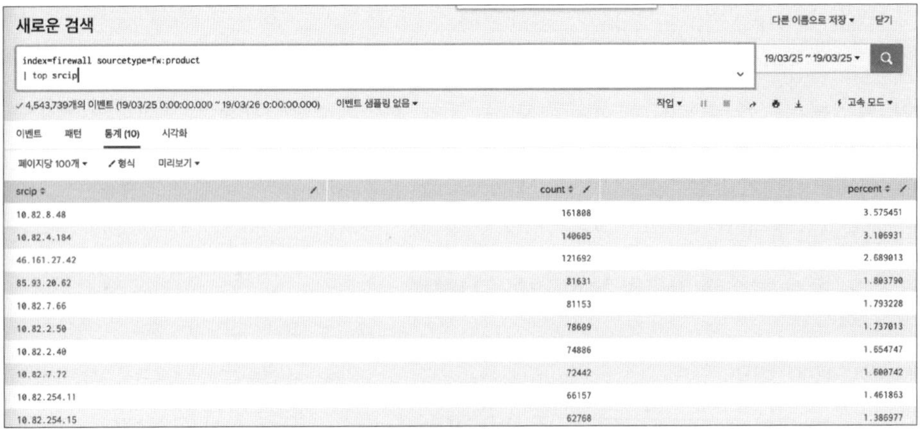

srcip	count	percent
10.82.8.48	161808	3.575451
10.82.4.184	140605	3.106931
46.161.27.42	121692	2.689013
85.93.20.62	81631	1.803790
10.82.7.66	81153	1.793228
10.82.2.50	78609	1.737013
10.82.2.40	74886	1.654747
10.82.7.72	72442	1.600742
10.82.254.11	66157	1.461863
10.82.254.15	62768	1.386977

그림 5-17 방화벽 접근 출발지 IP TOP 10 분석 예시

이번에는 합계와 평균값을 복합적으로 활용해 보다 구체적인 데이터 분석을 수행해 보자. 웹서버 접속 로그에 대해 월간 평균값을 산출하고, 월간 평균 대비 일별 접속

량이 많은 날을 찾아 상세 원인을 파악해 보기 위한 데이터 분석 쿼리 및 분석 결과 예시는 그림 5-18과 같다. 기업 보안 담당자는 다음 내용을 근거로 월간 평균 대비 접속량의 초과 범위가 큰 일자부터 상세 분석을 수행함으로써 데이터 분석 타겟과 분석 순서를 빠르게 확정하고 분석 작업에 집중할 수 있다.

■ **데이터 분석 쿼리**

```
index=web sourcetype=web:access
| bin span=1d _time
| eval daily=strftime(_time, "%F")
| stats count as daily_count by daily
| appendcols
    [| search index=web sourcetype=web:access
    | stats count as total_count
    | eval monthly_avg=round(total_count/7)]
| eventstats sum(monthly_avg) as monthly_avg
| where daily_count > monthly_avg
| eval between_gap=daily_count - monthly_avg
| eval between_per=round((between_gap/ monthly_avg)*100, 2)."%"
| table daily daily_count monthly_avg between_gap between_per
```

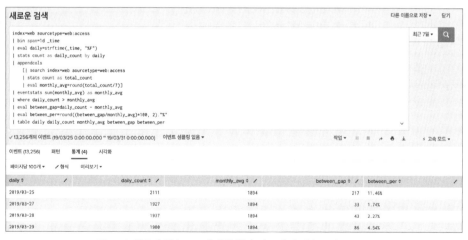

그림 5-18 웹서버 접속 로그에 대한 월간 평균 대비 접속 초과 분석 예시

때로는 사용자가 장기간에 걸친 데이터 분포 추이를 확인해 이상치 패턴을 찾아내는 분석을 수행하기 위해 검색 시간 범위를 전체시간으로 해 많은 양의 원천데이터를 한꺼번에 검색하는 경우가 있는데, 이럴 경우 검색 시간도 오래 걸리고 플랫폼에 부하를 발생시켜 플랫폼이 오작동을 일으키는 원인이 될 수 있다. 이를 해결하기 위해 시간대별/일간/주간 등 분석 주기별 기초 통계 데이터를 사전에 생성해 저장한 후 데이터 분석 시 활용하면 도움이 된다.

웹서버 접속 로그에 대한 일간 접속 URL과 출발지 IP 합계 정보를 일간 기초 통계 데이터로 추출해 저장한 후 특정 패턴 존재 여부를 파악해 보는 데이터 분석 쿼리 및 분석 결과는 그림 5-19와 같다. 다음과 같이 일간 기초 통계 데이터를 꾸준히 생성해 저장해 두면 향후 주간/월간 또는 요일별 로그 이벤트에 대한 추이 분석 시 요긴하게 활용할 수 있다.

■ 데이터 분석 쿼리

```
index=web sourcetype=web:access
| eval daily=strftime(_time, "%F")
| bin span=1d daily
| stats count by daily url clientip
| sort -daily -count
| collect index=webaccess_summary marker="search_name=webaccess_cnt"
```

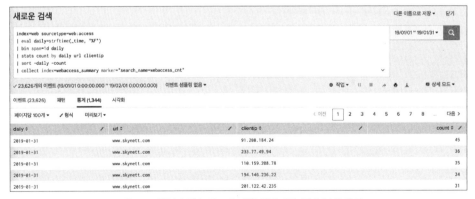

그림 5-19 웹서버 접속 로그에 대한 일간 기초 통계 분석 예시

실무 활용 가이드

기업 보안 실무에서 통계 분석은 사용자가 보안 위협을 분석해 대응하는 데 있어 매우 중요한 요소다. 통계 함수를 적절히 활용해 짧은 시간에 많은 원천데이터를 해석하고 분석할 수 있다면 이상징후에 대한 현황을 신속하게 파악하고 대응 전략을 수립할 수 있기 때문이다. 이에 따라 사용자가 평소에 원천데이터를 검색하면서 대상별/종류별/시간대별 등 분류별 통계 정보를 생성해 함께 분석하는 습관을 들인다면 실무 역량을 강화하는 데 도움이 될 수 있다.

통계 함수를 활용한 재가공 데이터의 저장은 스플렁크 라이선스에 영향을 받지 않기 때문에 저장공간이 허락하는 한 계속해서 데이터를 저장해 활용할 수 있으나, 이 또한 인덱스를 생성해 저장하는 구조이기 때문에 통계 데이터의 활용 목적별로 별도의 인덱스를 구성해 활용하는 것이 좋다. 하나의 인덱스에 다양한 통계 데이터를 지속적으로 저장할 경우, 향후 데이터 검색 속도가 저하될 수 있을 뿐만 아니라 데이터 보관 주기에 대한 관리에도 문제가 발생할 수 있으니 주의하기 바란다.

또한 스플렁크에서는 TOP, RARE, STATS와 같은 기초 통계 함수뿐만 아니라 TSTATS, SISTATS, EVENTSTATS와 같은 다양한 형태의 통계 함수들도 제공하니 보다 빠른 통계 데이터 추출, 데이터 시각화를 위한 메타 정보 추가 등 사용자의 목적에 따라 적절히 선택해 활용해 보길 권장한다. 각 함수에 대한 상세한 사용법은 스플렁크 공식 매뉴얼을 참고하기 바란다.

5.3.3 차트 함수를 활용한 분석 결과 시각화

사용자 요건 정의

사용자가 앞서 생성한 통계 정보를 분석할 때, 데이터를 보다 직관적으로 해석하고 실무에 활용하기 위한 통찰력을 얻고자 한다면 사용자는 통계 정보에 대한 시각화를 적용해 그래프 기반의 데이터 분석을 시도해볼 필요가 있다.

스플렁크에서는 사용자의 데이터 시각화 요건을 지원하기 위해 스플렁크 웹 내 데이터 검색 화면에 별도의 [시각화] 탭을 구성해 차트 함수를 활용한 데이터 검색 결과에 대해 즉각적인 시각화를 적용할 수 있는 기능을 제공한다. 사용자는 파이 차트나 바 차트와 같은 간단한 그래프의 경우 설정값 선택을 통해 데이터 검색과 동시에 적용해 활용할 수 있다.

스플렁크를 통한 구현 예시

지금까지 방화벽 데이터를 샘플로 활용해 다양한 데이터 검색을 예로 들어 설명했는데, 이와 같이 사용자가 실행했던 검색 쿼리에 스플렁크에서 제공하는 차트 함수를 사용해 시각화가 가능하도록 변경해 주면 손쉽게 데이터 시각화를 구현해 볼 수 있다.

사용자가 하루동안 방화벽에 접근한 로그 이벤트를 액션별로 분류해 분포를 분석해 보고자 할 때, 이를 파이 차트로 시각화해 구현하는 데이터 시각화 쿼리 및 구현 예시는 그림 5-20과 같다. 쿼리 실행 후 [시각화] 탭을 클릭해 사용자가 적용하고자 하는 그래프 유형을 선택해 주면 다음과 같이 일간 방화벽 액션별 분포 그래프를 확인할 수 있다.

■ 데이터 시각화 쿼리

```
index=firewall sourcetype=fw:product "action=\"\"*\"\""
| rex field=_raw "action\=\"\"(?P<Action>.*?)\"\""
| fields Action
| rename Action as action
| top action
```

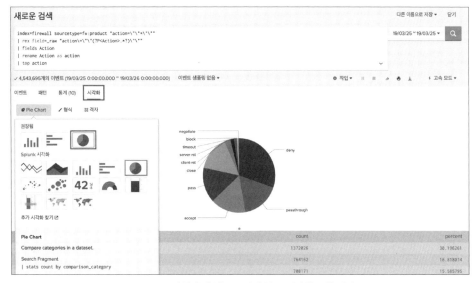

그림 5-20 방화벽 액션(Action)별 분포 시각화 구현 예시

기업 보안 실무에서는 원천데이터의 시계열 분석을 통해 특징을 파악하고 패턴을 찾아내 이와 일치하지 않는 이상징후를 탐지해 내는 업무가 상당 부분을 차지하는데, 이 경우 데이터 시각화를 적용하면 로그 이벤트의 시계열 분석을 통한 패턴 파악을 더욱 효과적으로 수행할 수 있다.

사용자가 일간 방화벽 접근 로그 데이터를 시간대별로 분류해 출발지 IP별 카운트 추이를 분석해야 한다고 가정했을 때, 이를 세로 막대 그래프로 시각화해 구현하는 데이터 시각화 쿼리 및 구현 예시는 그림 5-21과 같다. 사용자는 테이블 형태의 통계 데이터를 해석하는 것보다 쉽고 빠르게 시간대별 방화벽 접근 추이 및 접근 빈도가 높은 출발지 IP를 파악해 낼 수 있다는 것이 이러한 데이터 시각화 적용이 사용자에게 제공하는 가치라 할 수 있다.

■ **데이터 시각화 쿼리**

```
index=firewall sourcetype=fw:product
| timechart span=1h count by srcip useother=f usenull=f
```

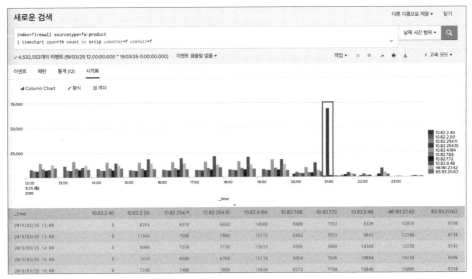

그림 5-21 시간대별 방화벽 접근 출발지 IP 카운트 추이 분석 예시

그래프 기반의 데이터 시각화를 적용하기 위해서는 프로그램 개발이 필요한 경우가 많기 때문에, 세로 막대 그래프를 가로 막대 그래프로 변경하고자 하는 아주 간단한 요건이라 하더라도 이에 대한 프로그램 수정 및 반영에 따른 시스템 재시작 등이 불가피할 수 있다.

이로 인해 발생하는 사용자 불편을 줄이고자 스플렁크에서는 앞서 소개한 [시각화] 탭에서 사용자가 그래프 유형만 변경해 주면 즉시 플랫폼에 반영할 수 있는 기능을 제공하며, 사용자는 스플렁크에서 기본적으로 제공하는 그래프 유형의 경우 설정 변경을 통해 원하는 대로 그래프 형태를 수정해 적용할 수 있다.

앞서 설명한 시간대별 방화벽 접근 출발지 IP 카운트 추이 분석 그래프를 기존 세로 막대 그래프에서 꺾은선 그래프로 변경해 적용하는 데이터 시각화 쿼리 및 구현 예시는 그림 5-22와 같다.

■ 데이터 시각화 쿼리

```
index=firewall sourcetype=fw:product
| timechart span=1h count by srcip useother=f usenull=f
```

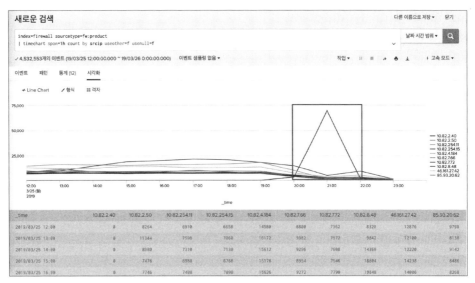

그림 5-22 스플렁크 웹을 활용한 데이터 시각화 변경 적용 예시

스플렁크에서 기본적으로 제공하는 그래프 외에도 좀 더 복합적인 시각화 기법을 적용해 데이터 분석을 수행하고 싶다면, 사용자는 검색 결과를 보고서로 저장한 후 xml 파일을 수정해 보다 섬세한 시각화 표현을 적용해 활용할 수 있다.

기업 보안 실무에서 주로 사용하는 차트 오버레이 기법을 활용한 웹서버 접속 로그 추이 분석 쿼리 및 xml 파일 수정 반영 예시는 다음과 같다. 다음 쿼리를 실행한 후 실행 결과를 보고서로 저장하고 보고서 화면에서 xml 파일을 수정 반영하면, 사용자 는 그림 5-23과 같이 웹서버 접속 로그에 대한 주간 평균값이 기준선으로 표시되고, 주간 평균값보다 초과해 접속한 날짜와 초과량을 직관적으로 확인할 수 있는 분석 그래프를 구현해 활용할 수 있다.

■ **데이터 시각화 쿼리**

```
index=web sourcetype=web:access
| bin span=1d _time
| eval daily=strftime(_time, "%F")
| stats count as daily_count by daily
| appendcols
    [| search index=web sourcetype=web:access
```

```
    | stats count as total_count
    | eval weekly_avg=round(total_count/7)
    | fields - total_count]
| eventstats sum(weekly_avg) as weekly_avg
```

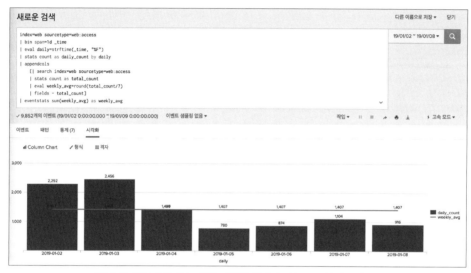

그림 5-23 차트 오버레이 기법을 활용한 웹서버 접속 로그 추이 분석 예시

실무 활용 가이드

과거에는 데이터 시각화를 통해 보안 위협 상황에 대한 판단과 대응에 필요한 통찰력을 획득하려면 프로그램 개발로 인한 시간과 비용이 필요했었기 때문에 적용을 검토하기 어려웠다. 하지만 이제는 스플렁크뿐만 아니라 대다수의 빅데이터 솔루션이 기본적인 데이터 시각화 기법의 경우 간편하게 활용할 수 있도록 기능을 제공하고 있으니 이를 적극 활용해 보길 바란다.

사용자가 데이터 검색 쿼리에 차트 함수를 적용해 원천데이터를 직접 시각화하려고 시도하는 경우, 간혹 데이터는 검색되나 그래프가 제대로 표시되지 않을 수 있는데 이럴 때는 사용자가 검색한 원천데이터가 그래프로 표현하기 적절한지 검토해 볼 필요가 있다. 예를 들어 시계열 분석을 수행하기 위한 데이터 시각화 적용 시에는 원천데이터에 기준 시각 컬럼이 포함돼 있어야 하며 해당 컬럼의 데이터가 시간 순서에 맞게 표시될 수 있어야 한다.

또한 데이터 분석 목적에 따라 시각화에 적합한 그래프 유형이 상이하니 사용자는 분석 목적에 맞게 그래프 유형을 선택하는 것이 좋다. 일반적으로 전체 데이터에 대한 분포를 파악할 때는 파이 차트나 가로/세로 누적 막대 그래프를 주로 사용하며, 시간대별 데이터 변화 추이를 파악하고자 한다면 꺾은선 그래프와 누적 꺾은선 그래프 적용을 검토해 보는 것이 좋다.

앞서 설명한 데이터 시각화 쿼리들은 향후 설명할 분석 대시보드를 구성하는 하나의 패널로 저장해 지속적인 활용이 가능하며, 보안 장비별 트래픽 유입 모니터링이나 중요정보 다수보유자 증감 추이 등 업무 목적에 따라 데이터 시각화 패널을 조합해 대시보드를 구성하면 기업의 보안 대응 역량을 강화하는 데 효과적이다. 대시보드 구현 및 적용 방법에 대한 상세 가이드는 이후에 설명할 예정이니 참고하기 바란다.

5.4 시나리오 구현 및 적용

앞서 살펴본 데이터 검색 및 분석 기법을 활용해 사용자는 플랫폼에 수집돼 있는 대용량의 보안 데이터를 모니터링하고 원하는 이상행위를 탐지할 수 있는 시나리오를 구현할 수 있으며, 이를 통해 데이터 분석 기반의 보안 위협 모니터링 및 탐지 체계를 마련할 수 있을 것이다.

여기서는 업무 담당자가 주로 전달하는 시나리오 구현 요건과 스플렁크를 통한 구현 예시, 기업 보안 실무에서의 활용 가이드에 대해 알아본다.

5.4.1 사용자 요건 정의

이후 설명할 시나리오 구현 및 활용 예시를 위해 다음과 같이 탐지 시나리오 구현 요건을 가정했다. 업무 담당자가 앞서 소개한 원천데이터의 검색 및 분석 작업을 수행한 후 다음과 같이 보안 위협 상황에 대한 모니터링 및 탐지 시나리오 구현 요건을 설계해 전달하면, IT 담당자 또는 구축 엔지니어가 설계 요건에 맞게 시나리오를 구현한 후 플랫폼에 적용하는 과정을 거치게 된다.

시나리오 구현 요건

- **원천데이터 대상**: 룩업 데이터(blacklist.csv), 방화벽 로그 이벤트, 웹서버 접속 로그 이벤트
- **탐지 조건**: 블랙리스트 IP 주소(blacklist.csv 룩업 데이터 내 srcip 컬럼)와 일치하는 출발지 IP가 방화벽 또는 웹서버에서 활동하는 이력이 있다면 탐지
- **탐지 주기**: 매 5분마다 최근 5분 간 원천데이터를 검색
- **탐지 결과**: 탐지 결과는 별도로 저장하고, 이를 사용자가 검색해 분석할 수 있어야 함
- **탐지 조건 변경**: 탐지 결과 분석 시 탐지 수가 너무 많거나 새로운 조건을 추가해야 할 때, 사용자가 이를 즉시 반영해 적용할 수 있어야 함

5.4.2 스플렁크를 통한 구현 예시

이제 위에서 가정한 탐지 시나리오를 구현해 적용하는 과정을 살펴보자. 먼저 앞서 생성한 룩업 데이터와 방화벽 및 웹서버 접근 로그 이벤트를 활용해 탐지 조건을 충족하는 시나리오를 구현하는 쿼리 및 구현 결과 예시는 그림 5-24와 같다. 스플렁크에서 시나리오는 [Saved Search]라는 저장된 검색 쿼리 집합 형태로 구현 가능하며, collect 명령어를 활용하면 조건에 부합하는 데이터가 탐지될 경우 별도의 인덱스에 탐지 결과를 저장할 수 있도록 적용할 수 있다.

■ **탐지 시나리오 구현 쿼리**

```
index=firewall sourcetype=fw:product action=accept earliest=-1d@d latest=@d
    | eval fw_time=strftime(_time, "%F %T")
```

```
        | fields fw_time action srcip _raw
| join srcip
    [| inputlookup hr_info.csv
    | rename ip_addr as srcip
    | fields srcip division_name position emp_name emp_no]
| join srcip
    [| inputlookup blacklist.csv
    | fields srcip]
| table fw_time division_name position emp_name emp_no action srcip _raw
| collect index=detect_result
```

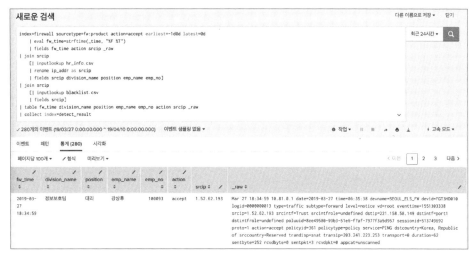

그림 5-24 탐지 시나리오 구현을 위한 Saved Search 생성 예시

사용자가 등록한 탐지 시나리오는 스플렁크 웹 화면 내 [보고서] 메뉴에서 확인할 수 있으며, 탐지 스케줄은 [보고서] 메뉴에서 시나리오를 검색한 후 [작업 → 편집 → 스케줄 편집]을 선택해 탐지 주기를 설정할 수 있다.

탐지 결과는 앞서 설정한 인덱스를 조회해 확인 가능하며, 사용자는 그림 5-25와 같이 탐지 결과가 저장되는 인덱스를 조회하는 대시보드를 생성해 탐지 결과를 주기적으로 모니터링하고 분석에 활용할 수 있다.

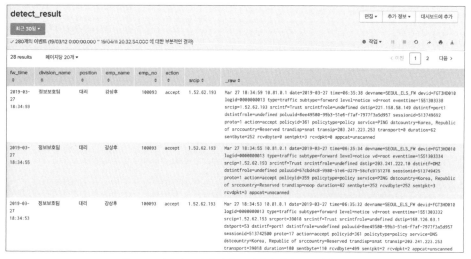

그림 5-25 시나리오 탐지 결과 모니터링 대시보드 생성 예시

사용자가 시나리오 탐지 결과를 분석한 내용을 고려해 시나리오 구동 스케줄을 변경하고자 할 경우, 그림 5-26과 같이 [보고서] 메뉴에서 시나리오명을 검색한 후 [작업 → 스케줄 편집]을 선택해 스케줄 정보 및 시간 범위를 변경해 주면 된다.

그림 5-26 탐지 시나리오에 대한 구동 스케줄 변경 적용 예시

시나리오 탐지 결과에 따라 탐지 조건 및 임계치를 변경 적용해야 한다면 그림 5-27과 같이 [설정 → 검색, 보고서 및 경고]를 선택한 후 변경하고자 하는 시나리오의 [편집 → 검색 편집]을 클릭해 검색 쿼리를 수정하면 된다. 변경된 쿼리는 즉시 반영되나, 스케줄이 적용돼 있다면 다음 스케줄이 도래해 시나리오가 구동될 때 변경된 검색 쿼리가 적용된다. 만약 사용자가 다음 예약된 시나리오 스케줄 구동 전에 탐지조건에 대한 정합성을 확인해 보고 싶다면 데이터 검색 화면에서 쿼리를 실행해 사용자가 원하는 대로 탐지 조건이 동작하는지 검증해 본 후 적용해 볼 수 있다.

그림 5-27 탐지 시나리오에 대한 검색 쿼리 변경 적용 예시

5.4.3 실무 활용 가이드

사용자가 탐지 시나리오를 구현해 활용하는 데 있어 잊지 말아야 할 것이 있는데 바로 시나리오는 구현보다 활용과 지속적인 관리가 중요하다는 사실이다. 원천데이터

가 계속해서 변화함에 따라 탐지 내역 및 이에 대한 분석 결과도 함께 변화할 수밖에 없기 때문에, 시나리오가 지속적으로 생명력을 지니기 위해서는 탐지 내역에 대한 분석 결과를 반영해 탐지 임계치를 지속적으로 업데이트해주고, 정상 패턴을 제외하기 위한 탐지 조건 추가를 꾸준히 수행해 시나리오 정탐률을 향상시키기 위한 사용자의 관심과 노력이 필요하다.

또한 스플렁크에서는 탐지 시나리오도 특정 시간에 동작하는 사전 정의된 데이터 검색의 일종이므로, 수십 개의 탐지 시나리오가 동시에 구동되면 플랫폼에 예기치 못한 문제를 발생시킬 수도 있다. 이에 따라 사용자가 다수의 탐지 시나리오를 플랫폼에서 구동해야 한다면 시나리오별로 탐지 주기에 시간 간격을 둬 데이터 검색 부하를 분산하는 것이 플랫폼 성능 및 운영 안정성 확보 관점에서 보다 효율적인 방법이니 참고하기 바란다.

5.5 대시보드 구성 및 활용

스플렁크가 타 솔루션 대비 가장 차별화된 경쟁력을 가지고 있다고 알려져 있는 영역이 바로 대시보드 구성 및 활용에 대한 부분이다. 스플렁크에서는 앞서 설명한 데이터 검색 및 분석 결과를 보고서 형태로 추출해 대시보드를 생성하기 위한 패널로 구성할 수 있으며, 각각의 분석 패널은 적절한 배치와 조합을 통해 기업의 보안 위협을 파악하고 조치/대응 의사결정을 지원하기 위한 통합 모니터링 대시보드로 활용될 수 있다.

여기서는 업무 담당자가 주로 전달하는 분석 및 모니터링 대시보드 구현 요건과 스플렁크를 통한 구현 예시, 기업 보안 실무에서의 활용 가이드에 대해 알아본다.

5.5.1 사용자 요건 정의

방화벽 데이터의 Action별 분포와 시간대별 분포 추이를 분석하고, 특히 접근이 많은 출발지 IP나 도착지 IP에 대해 원천데이터까지 상세 분석을 수행할 수 있는 대시보드 구현 및 활용 예시를 위해 아래와 같이 구현 요건을 가정했다.

업무 담당자가 원천데이터 또는 플랫폼에 추가로 저장한 데이터의 분석을 용이하게 하기 위해 다음과 같이 현황 모니터링 및 상세 분석 대시보드 구현 요건을 설계해 전달하면, IT 담당자 또는 구축 엔지니어가 설계 요건에 맞게 대시보드를 구현한 후 플랫폼에 적용하는 과정을 거치게 된다.

대시보드 구현 요건

- **원천데이터 대상**: 방화벽 로그 이벤트
- **구현 조건**: 방화벽 로그 이벤트 데이터의 액션별 분포와 시간대별 분포 추이를 분석하고, 특히 접근이 많은 출발지 IP나 도착지 IP에 대해 합계 정보부터 원천데이터까지 사용자가 선택하는 데이터에 대한 상세 분석을 수행할 수 있는 대시보드를 구현할 것

5.5.2 스플렁크를 통한 구현 예시

먼저 방화벽 로그 이벤트 데이터에 대한 액션별 분포를 파악하기 위한 분석 대시보드부터 구현해 보자. 이번에는 액션별 분포에 대한 시간대별 변화를 살펴보고자 데이터 시각화 기법 중 누적 꺾은선 그래프를 적용해 봤다. 데이터 시각화 쿼리 및 분석 대시보드 구성 예시는 그림 5-28과 같다. 앞서 설명한 바와 같이 데이터 시각화 쿼리는 대시보드의 주요 구성 요소인 패널로 저장해 대시보드에 적용할 수 있으며, 분석 대시보드는 분석 목적에 부합하는 패널들의 집합으로 구성하는 것이 일반적이다.

■ **대시보드 구현 쿼리**

```
index=firewall sourcetype=fw:product
| timechart span=1h count by action useother=f usenull=f
```

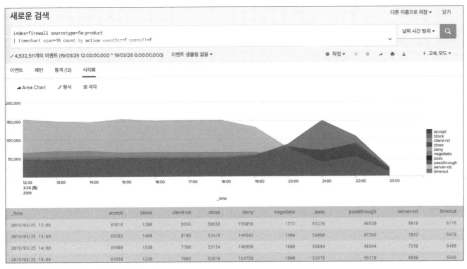

그림 5-28 방화벽 액션별 분포 분석 대시보드 구성 예시

데이터 분석에 있어 그래프를 활용한 시각화가 가장 좋다고 단정할 수는 없다. 데이터 분석 실무 현장에서는 때때로 데이터 분포나 추이에 대한 직관적인 파악과 함께 상세 내역에 대한 정보가 필요할 수 있는데, 이런 경우 그래프 유형의 패널과 테이블 유형의 패널을 조합해 대시보드를 구성하면 구체적인 현황 파악에 효과적으로 활용할 수 있다.

방화벽 로그 이벤트 데이터의 출발지 IP TOP 10과 도착지 IP TOP 10을 파이 차트와 테이블 레이아웃을 조합해 대시보드로 구성한 예시는 그림 5-29와 같다. 사용자는 아래 대시보드를 통해 일간 방화벽 로그 이벤트의 데이터 필드별 TOP 10 분포와 카운트, 전체 대비 차지하는 비율 정보를 함께 확인해 분석에 활용할 수 있다.

■ 대시보드 구현 쿼리

```
index=firewall sourcetype=fw:product
| top srcip
```

```
index=firewall sourcetype=fw:product
| top dstip
```

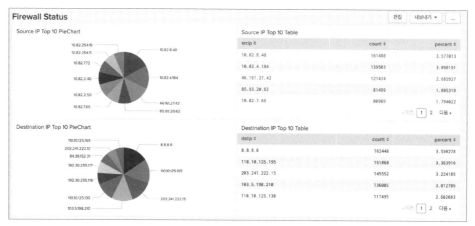

그림 5-29 방화벽 접근 IP 주소별 TOP 10 분석 대시보드 구성 예시

스플렁크는 데이터 분석 과정의 가장 말단에 위치한 원천데이터 조회까지 대시보드
에서 한번에 수행할 수 있도록 원천데이터 조회 패널을 구성할 수 있는 기능을 제공
한다. 사용자는 대시보드 내 통계 데이터에 대한 클릭 이벤트를 활성화해 데이터 검
색 화면에서 검색 쿼리를 실행하는 것처럼 원천데이터를 조회할 수 있다. 대시보드
구현 쿼리 및 구현 결과 예시는 그림 5-30과 같다. 출발지 IP를 xml 토큰 값으로 설
정해 사용자가 클릭한 IP 주소가 원천데이터 테이블에 검색 조건으로 전달돼 검색
결과를 표시할 수 있도록 설정했으니 참고하기 바란다.

■ **대시보드 구현 쿼리**

```
index=firewall sourcetype=fw:product
| search srcip=$src$ dstip=$dst$
| table _time _raw
| sort -_time
```

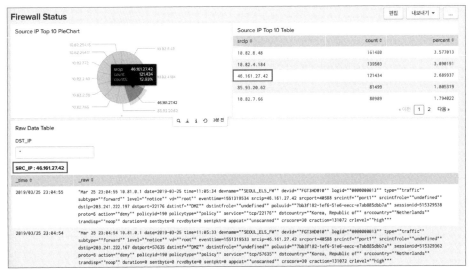

그림 5-30 방화벽 접근 IP 주소에 대한 원천데이터 상세 조회 예시

5.5.3 실무 활용 가이드

대시보드를 구성하는 패널은 기본적으로 사용자가 저장한 데이터 검색 쿼리이기 때문에 하나의 대시보드에 너무 많은 분석 패널을 추가할 경우, 사용자가 대시보드에 접근할 때마다 패널 개수만큼 동시에 검색 쿼리가 실행돼 시스템에 순간적인 부하를 발생시킬 수 있으며, 이는 스플렁크 검색 헤드 인스턴스의 예기치 않은 중단 및 검색 지연 등의 문제를 야기시킬 수 있으니 대시보드 구현 및 활용 시 주의하기 바란다.

또한 스플렁크에서는 대시보드를 사용자가 원하는 대로 편집해 사용할 수 있도록 시간 검색기, 텍스트 입력 항목, 드롭다운 박스 등 다양한 입력 항목 추가 옵션을 제공하며, 스플렁크 웹 화면에서의 클릭 이벤트뿐만 아니라 xml 기반의 원본 화면 편집 기능까지도 제공하니 스플렁크 공식 매뉴얼에서 설명하는 다양한 사용법을 참고해 보다 풍부한 데이터 분석 기법을 적용해 보길 추천한다.

사용자가 스플렁크에서 기본적으로 제공하는 대시보드 유형 이외에 보다 확장된 기능들을 활용해 보고 싶다면 스플렁크에서 무료로 제공하는 대시보드 앱을 다운로드해 플랫폼에 설치해 사용해 보길 바란다. 대표적인 대시보드 앱인 Splunk Dashboard Example과 Timeline은 6장에서 설치 및 설정 방법을 소개할 예정이니 참고하기 바라며 이밖에도 Sankey Diagram과 같은 대시보드 앱도 기업 보안 실무에 도움이 될 만한 유용한 대시보드 패널 정보를 포함하고 있다.

5.6 콘텐츠 강화를 위한 툴과 팁

지금까지 소개한 다양한 콘텐츠들은 각각의 특성에 맞게 적절히 배합해 사용하면 더욱 가치 있게 활용할 수 있는데, 이를 위해 스플렁크는 플랫폼에 적용된 콘텐츠의 성능을 강화하고 활용가치를 향상시키기 위한 다양한 기능을 제공한다. 여기에서는 스플렁크가 제공하는 다양한 기능 중 기업 보안 담당자가 활용하면 좋을 주요 툴과 실무 활용 가이드에 대해 살펴본다.

5.6.1 경고

경고는 스플렁크에서 제공하는 기본 기능으로 보안 분야에서는 보통 탐지 시나리오에 탐지된 건이 있을 때 보안 담당자에게 이 사실을 즉시 알리거나, 모니터링 대시보드에서 이상 현상이 발견됐을 경우 유관 담당자에게 해당 사실을 알려 조치 및 대응이 가능하도록 하는데 활용할 수 있다.

예를 들어 플랫폼을 구성하는 서버별 가용성을 모니터링하는 과정에서 CPU나 메모리, 디스크 사용량이 사전 정의한 임계치인 90%를 초과했을 경우 시스템 담당자에게 웹메일을 통해 경고 내용을 전송해야 한다고 가정했을 때, 사용자는 스플렁크 웹에 접속한 후 [경고] 메뉴를 선택해 이메일 서버 연동 설정을 적용해 주면 된다.

서버 연동 설정 적용에 앞서 스플렁크에서는 경고 발생 시 이메일을 발송할 서버 정보를 먼저 등록해야 하며, 서버 정보는 그림 5-31과 같이 [설정 → 서버 설정 → 이메일 설정]을 선택해 이메일 서버 호스트, 메일 계정과 암호 등의 정보를 입력하면 등록할 수 있다.

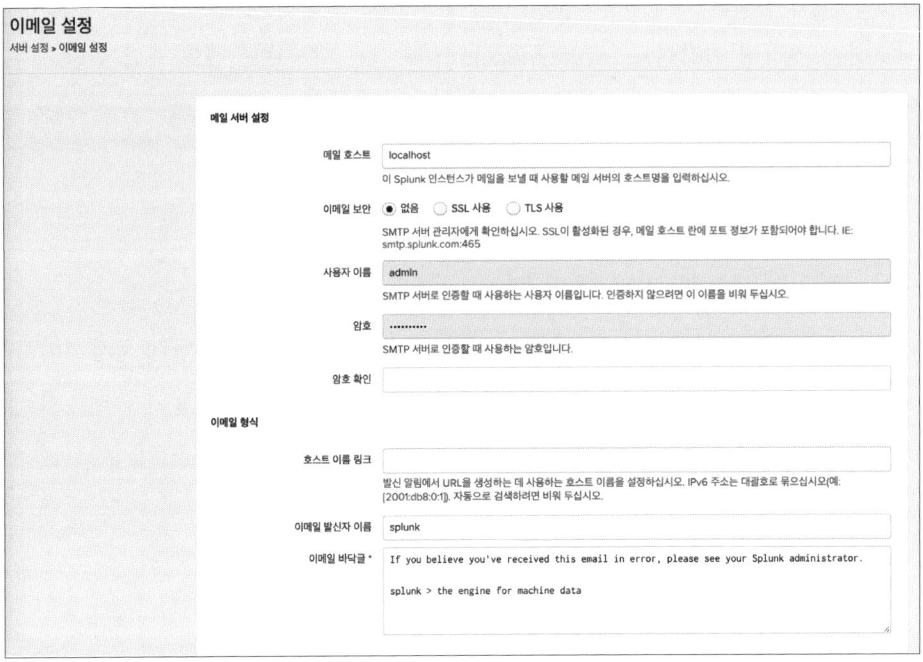

그림 5-31 이메일 발송 서버 등록 설정 예시

이메일 발송 서버 설정이 완료됐다면, 이제 경고 발송을 위해 Saved Search에서 이 메일 발송을 위한 트리거 설정을 해야 한다. 트리거 설정은 [설정 → 검색, 보고서 및 경고] 화면에서 설정을 적용할 Saved Search의 [작업] 항목 내 스케줄 편집을 클릭한 후 [보고서 예약]을 체크하면 그림 5-32와 같이 설정 화면이 나타나며, 아래 [작업 추가] 버튼을 클릭해 이메일 보내기를 선택하면 받는 사람과 제목, 메시지 정보 등을 입력해 설정을 적용할 수 있다.

그림 5-32 Saved Search에서 이메일 보내기 설정 예시

만약 사용자가 SMS 등 기타 부가적인 경고 수단에 대한 연동을 추가로 적용하고 싶다면 기업 내 데이터 연동 표준 API를 확인해 데이터를 주고받을 수 있는 인터페이스 설정을 수행해 주거나, splunksdk를 활용해 프로그램 개발 후 적용하는 방법을 검토해 볼 수 있다.

5.6.2 룩업

앞서 데이터 검색 및 분석 기법을 설명할 때 언급했던 바와 같이 플랫폼에 수집하지는 않지만 데이터 검색 및 분석 시 참조정보로 활용하기 위한 외부 데이터 소스와의 조합이 필요하다면 룩업 기능을 활용해 이를 손쉽게 적용할 수 있다.

보안 분야에서는 주로 기업의 정보 자산을 식별할 수 있는 메타정보(예: 자산번호, 서버 호스트명 등)나 위협정보 목록(예: 블랙리스트 IP 주소), 이상행위 임직원의 상세 정보를 파악하기 위한 인사정보 등을 관리하는 데 룩업 기능을 주로 활용하며, 때로는 내/외부 경보 발생을 위한 데이터 인터페이스 정보를 발췌해 저장할 때 이 룩업 기능을 활용해 타 시스템에 경보 데이터를 전송하는 데 사용할 수 있다.

룩업은 Lookup Editor라는 스플렁크 무료 앱을 설치해 활용할 수 있다. Lookup Editor를 사용하면 마치 엑셀과 같이 내가 스플렁크에 저장해서 활용하고자 하는 데이터에 대한 등록/수정/삭제가 가능하며 이렇게 작성한 룩업 파일을 csv 형태로 내보내기해 사용자의 업무 PC에서도 데이터 소스를 활용할 수 있다.

사용자의 플랫폼에 등록돼 있는 룩업에 대한 조회 예시는 그림 5-33과 같다.

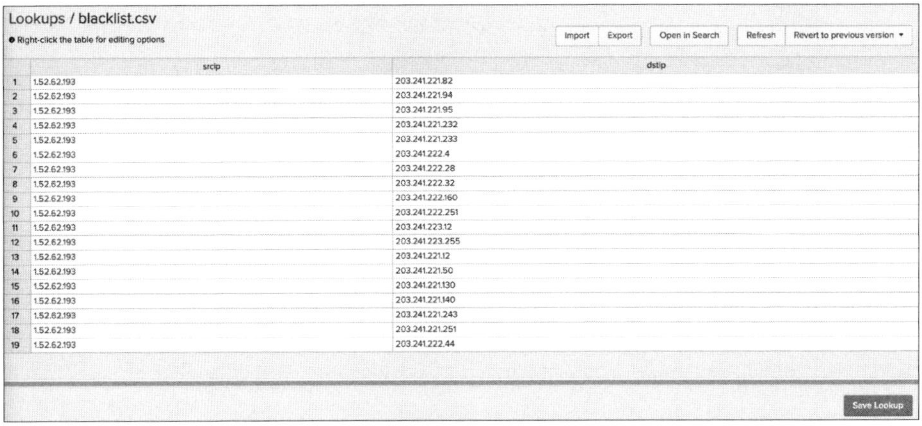

그림 5-33 룩업 조회 및 설정 예시

5.6.3 KV 스토어

KV 스토어는 Key-Value 스토어의 약자로 앞서 설명한 룩업 기능의 확장판이라고 볼 수 있다.

실제 플랫폼을 활용한 업무를 수행하면서 다양한 분석 데이터를 생산해 별도 저장해야 하거나 데이터의 업데이트가 빈번하게 일어나야 할 경우, 다수의 원천데이터를 가공/변환해 대용량의 참조 데이터베이스를 생성해야 할 경우가 발생했다면 스플렁크에서 제공하는 오픈소스 DB인 KV 스토어 활용을 검토해 볼 수 있다.

KV 스토어를 생성하기 위해서는 먼저 스플렁크 검색 헤드 인스턴스의 서버 콘솔 환경에 접속해 collections.conf 파일을 수정해줘야 한다. collections.conf 파일 내에는 KV 스토어 생성 시 룩업명으로 작성할 이름과 동일하게 컬렉션명을 스탠자로 입력해 줘야 KV 스토어 생성이 가능하다.

Conf 파일 수정이 완료되면 사용자는 스플렁크 웹에 접속해 KV 스토어 생성을 진행할 수 있다.

그림 5-34와 같이 스플렁크 웹에서 [설정 → 룩업 → 룩업 정의] 화면을 선택하면 유형, 컬렉션 이름, 지원되는 필드 등을 기재하는 화면이 표시되는데, 필요한 정보 입력 후 우측 하단의 [저장] 버튼을 클릭하면 KV 스토어의 생성을 완료할 수 있다. 생성과 관련된 설정은 KV 스토어를 생성한 검색 헤드 서버 내 transforms.conf 파일에 저장된다.

KV 스토어 생성 관련 자세한 사항은 "Splunk-7.2.0-Knowledge_ko-KR.pdf" 문서의 KV 스토어 룩업 설정 부분을 참고하기 바란다.

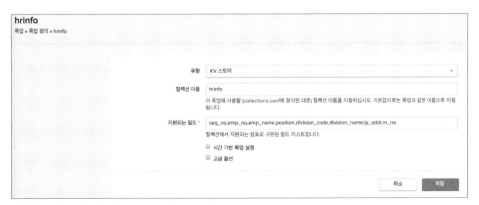

그림 5-34 KV 스토어 생성 예시

생성된 KV 스토어는 데이터 검색 화면에서 inputlookup 명령어를 사용해 확인할 수 있으며, inputlookup 명령어를 사용한 KV 스토어 조회 예시는 그림 5-35와 같다.

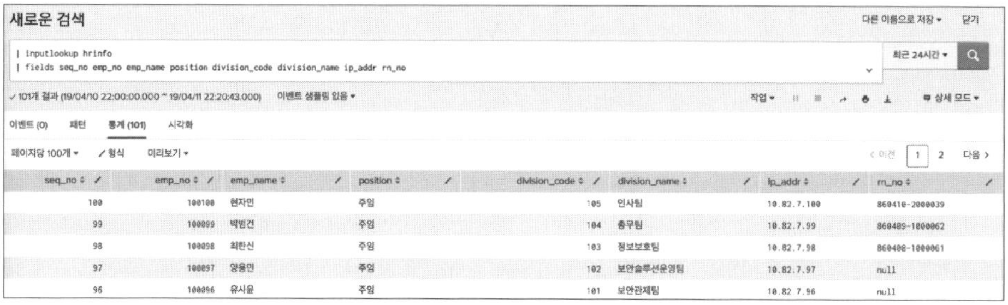

그림 5-35 KV 스토어 조회 예시

5.6.4 Summary Index

보안 빅데이터 분석 플랫폼을 구축한 후 원천데이터를 살펴보다 보면 매일같이 쌓이는 원천데이터 때문에 검색 범위에 포함되는 데이터량이 많아져 검색 속도가 느려지는 것을 경험하게 될 것이다. 게다가 보다 효과적인 데이터 분석을 위해서는 시간대별부터 일간/주간/월간 추이 분석이 필요할 수 있는데, 이럴 때마다 검색 시간 범위를 하루, 일주일, 한달로 정해 놓고 검색을 수행하면 제아무리 성능 좋은 플랫폼이라고 하더라도 엄청난 부하로 인해 결과가 나오는데 몇 시간씩 걸릴 수 있다. 심지어 결과가 나오지 않을 수도 있다.

이러한 문제를 해결하기 위해서는 사용자가 정의한 특정 주기별로 데이터 분석에 필요한 기초 통계 데이터를 사전에 생성해 저장해 놓고, 향후 확장된 시간 범위를 검색할 때 활용할 수 있도록 구성할 수 있어야 하는데, 스플렁크에서는 Summary Index라는 기능을 활용해 기초 통계 데이터를 저장하고 분석에 활용할 수 있도록 지원하고 있다.

보안 분야에서는 특히 방화벽이나 네트워크 전 구간에 있는 보안장비 등 하루 평균 수백 기가바이트에 달하는 데이터를 발생시키는 수집 대상들의 데이터 증감 추이 분석을 위해 시간별 데이터 발생 카운트를 집계해 Summary Index에 저장한 후, 일간/주간/월간 데이터 증감 추이 리포트를 구성하는 용도로 활용할 수 있다. 또한 사용자의 웹 시스템 접근 로그를 수집해 활용하고 있다면, 사용자별로 시간대별 웹 시스템 접근 로그 카운트를 집계해 이를 일별로 분석해 보면서 사용자의 일반적인 시스템 접근 패턴을 파악하고, 비정상적으로 접근해 활동하는 이상치 데이터를 탐지해 내는데 Summary Index 구성을 활용할 수 있다.

Summary Index의 생성 및 조회 예시는 다음과 같다(그림 5-36, 5-37 참고).

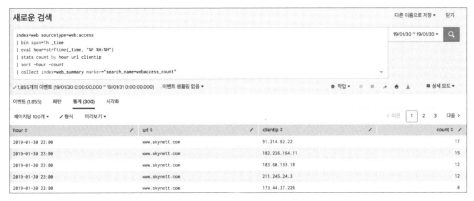

그림 5-36 Summary Index 생성 예시

그림 5-37 Summary Index 조회 예시

5.6.5 보고서 가속화

사용자가 생성한 보고서에 이벤트 수가 많고 검색 시간이 오래 걸린다면, 해당 보고서를 가속화해 재실행 시 더욱 신속하게 검색 작업이 이뤄지도록 설정할 수 있다. 보고서를 가속화하면 보고서에 의해 반환된 결과를 토대로 데이터 요약을 작성하는 백그라운드 프로세스가 실행되는데, 다음에 검색을 실행하면 인덱스 전체가 아닌 이 요약에 대해서만 검색이 실행된다. 이 요약은 전체 인덱스보다 작고, 미리 계산된 검색 관련 요약 데이터를 포함하므로 처음 검색했을 때보다 빠른 속도로 데이터 검색 결과를 반환할 수 있다.

보고서 가속화 설정을 위해선 보고서 → 가속화할 보고서 작업란에 편집 선택 → 가속 편집을 순차적으로 선택한 후 가속화가 필요한 요약 범위를 선정해 설정을 활성화하면 된다.

스플렁크에서 기본적으로 제공하는 "License Usage Data Cube" 보고서에 가속 편집을 설정하는 화면은 그림 5-38과 같다.

그림 5-38 보고서 가속화 설정 예시

가속화 설정이 완료되면 보고서의 가속화를 위해 선택한 요약 범위의 데이터 요약이 수행되며, 그림 5-39와 같이 보고서 가속화 적용 전과 대비해 검색 시간이 단축됨을 확인할 수 있다.

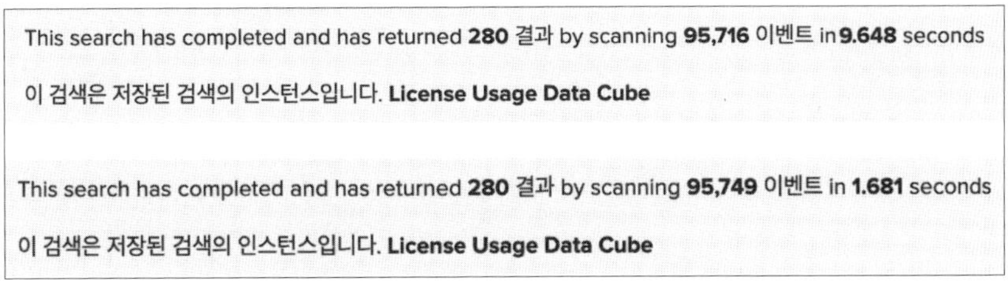

그림 5-39 보고서 가속화 검색 비교 예시

피벗을 통해 보고서를 만든 경우, 스플렁크에 로그인한 사용자의 역할에 검색을 가속할 권한(schedule_search, accelerate_search 기능)이 없는 경우, 역할에 보고서에 대한 쓰기 권한이 없는 경우에는 보고서 가속화 설정을 적용할 수 없으니 참고하기 바란다.

5.6.6 데이터 모델 가속화

데이터 모델 가속화는 매우 큰 데이터 집합을 나타내는 데이터 모델의 속도를 향상하기 위해 사용할 수 있는 방법이다. 가속화 후에는 가속화된 데이터 모델을 기반으로 하는 피벗 또는 해당 피벗을 기반으로 하는 보고서 및 대시보드 패널의 데이터 처리 속도가 전보다 더 빨라지게 된다.

데이터 모델의 가속화 설정을 위해선 [설정 → 데이터 모델] 화면으로 이동해 가속화할 데이터 모델을 선택한 후 [작업]란에서 [편집 → 가속 편집]을 클릭해 설정을 적용하면 된다.

그림 5-40은 스플렁크에서 기본적으로 제공하는 "Splunk Internal Audit Logs - SAMPLE" 데이터 모델에 가속화를 설정하는 예시다. 가속 편집 메뉴에서 요약 범위와 고급 설정 내의 설정 사항들을 선택하면 해당 데이터 모델의 가속화가 활성화된다.

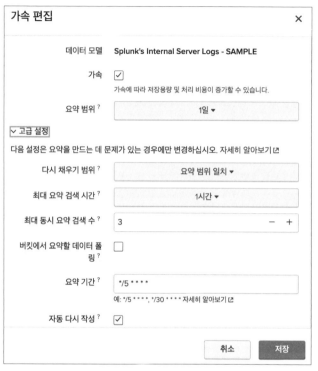

그림 5-40 데이터 모델 가속화 예시

5장에서는 보안 빅데이터 분석 플랫폼을 구성하는 핵심 콘텐츠인 데이터 검색 및 분석 기법을 소개하고, 플랫폼 사용자의 통찰력을 향상시켜 줄 보안 탐지 시나리오 및 대시보드의 활용 방법에 대해 살펴봤다.

6장에서는 스플렁크 솔루션 고유의 특징인 '스플렁크 앱 생태계'를 활용해 플랫폼의 활용 범위를 확장하고 가용성을 극대화하는 방안에 대해 알아볼 것이다.

6

Phase 4: 스플렁크 앱 기반 플랫폼 확장

6장에서는 보안 빅데이터 분석 플랫폼의 활용 범위를 확장시켜 줄 대표적인 상용 앱과 보안 분야에서 자주 사용되는 무료 앱에 대해 다룰 것이다.

6장에서 다루는 내용은 다음과 같다.

- 보안 분야 대표 상용 앱: Splunk Enterprise Security
- 보안 분야 주요 무료 앱 소개 및 설치 방법
- 앱 설정 가이드 및 적용 시 고려사항

6.1 Splunk Enterprise Security 앱

Splunk Enterprise Security(이하 Splunk ES) 앱은 보안 담당자가 스플렁크에 수집한 다양한 보안 장비 및 보안 애플리케이션 로그 데이터를 통합 분석해 내외부 공격을 신속하게 탐지하고 대응할 수 있도록 지원하는 스플렁크의 프리미엄 유료 앱이다.

Splunk ES는 기본적으로 스플렁크 엔터프라이즈 위에 앱 형태로 설치돼 구동되며, 담당자는 보호해야 할 정보자산의 보안 위협 관리를 보다 효율적으로 수행하고 의사결정의 통찰력을 확보하기 위해 앱에서 제공하는 실시간 모니터링 대시보드 및 경고 정보, 데이터 분석 결과를 활용할 수 있다.

이제부터 Splunk ES에서 제공하는 주요 화면 및 기능에 대해 간략하게 소개하고, 실무에서 어떻게 활용하면 도움이 될 지에 대해 살펴보도록 하자.

6.1.1 보안 포스처^{Security Posture}

보안 포스처는 사용자 계정 및 접근 로그, 악성코드, 단말정보, 위협 인텔리전스 정보 등 다양한 원천데이터 소스로부터 정의한 주요 보안 지표 현황 및 추이를 표시함으로써 실시간 보안관제 현황과 기업의 보안 위협 상황을 종합적으로 판단하고 모니터링하는 기능을 제공한다. 대시보드를 구성하는 원천데이터 소스 및 보안 지표, 분석 패널별 그래프 요소 및 배치까지 모두 사용자가 원하는 대로 변경해 활용 가능하다는 것이 특징이다.

보안 포스처 대시보드 화면 예시는 그림 6-1과 같다.

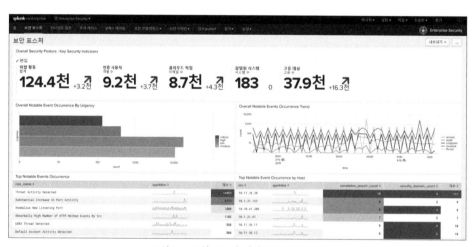

그림 6-1 보안 포스처 대시보드 화면 예시

6.1.2 인시던트 검토^{Incident Review}

인시던트 검토는 사전에 정의해 앱에 탑재한 보안위협 시나리오에 의해 탐지된 경보 이벤트Notable Event를 잠재적인 심각도와 범주로 분류해 표시하고, 이에 대한 우선순위를 지정해 기업 보안 담당자가 이벤트별 분석 및 조치를 취할 수 있는 기능을 제공한다. 사용자는 대시보드를 통해 잠재적 보안위협의 현상과 타겟이 되는 자산, 위협행위에 대한 분석 정보를 얻을 수 있으며, 이와 관련된 원천데이터부터 조사 활동 이력까지 한눈에 확인해 신속하고 정확한 대응을 할 수 있다.

이 화면은 주로 기업의 보안관제 요원이나 사고조사 담당자가 업무를 수행하는 데 있어 가장 기본이 되는 모니터링 대시보드로 활용하거나 사고 조사 활동 등에서 협업 도구로 활용 가능하다.

인시던트 검토 대시보드 화면 예시는 그림 6-2와 같다.

그림 6-2 인시던트 검토 대시보드 화면 예시

6.1.3 조사 케이스Investigation

조사 케이스는 다수의 보안 담당자가 다각도로 조사한 이벤트를 플랫폼에 기록하면, 분석가들이 보안 위협 상황에 대한 데이터 기반의 분석 및 조사 활동을 타임라인 기반으로 공유하고 관리하는 기능을 제공한다. 분석가는 조사 활동을 통해 확보한 다양한 보안 위협 세부 이력을 플랫폼에 등록해 관리하고, 위협 이벤트의 순차적인 관계를 시각화해 적절한 조치 및 대응을 수행할 수 있다.

조사 케이스 대시보드 및 타임라인 기반 워크플로우 화면 예시는 다음과 같다(그림 6-3과 그림 6-4 참조).

그림 6-3 조사 케이스 대시보드 화면 예시

그림 6-4 타임라인 기반 워크플로우 화면 예시

6.1.4 글래스 테이블 Glass Table

글래스 테이블은 보안 장비 및 애플리케이션 구성, 네트워크 토폴로지 및 데이터 흐름 등 기업의 주요 보안 상황과 지표를 시각화하고 모니터링하는 기능을 제공한다. 사용자는 Splunk ES에서 제공하는 다양한 도식과 편집도구를 활용해 글래스 테이블을 구성함으로써 기업의 보안 장비와 네트워크 내 데이터 흐름 및 이상 행위에 대해 보다 즉각적으로 파악하고 조치 및 대응 활동에 따른 변화 과정을 가시화할 수 있다.

글래스 테이블 화면 예시는 그림 6-5와 같다.

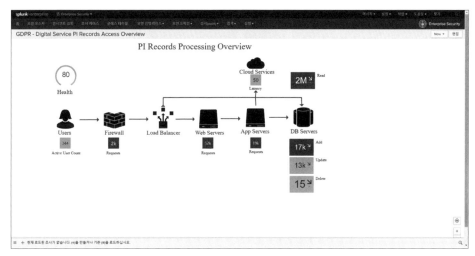

그림 6-5 글래스 테이블 화면 예시

6.1.5 보안 인텔리전스 Security Intelligence

보안 인텔리전스는 기업 보안을 위협할 수 있는 주요 자산 및 분석 대상을 중심으로 잠재적 위험을 통합 분석하고 그 결과를 시각화해 의사결정에 활용할 수 있는 기능을 제공한다. 사용자는 조사하고자 하는 정보자산부터 위협 인텔리전스 정보, 사용자 행위 정보 또는 프로토콜 추이 정보를 선택해 분석할 수 있다. 또한 특정 이벤트를 감지해 표시할 수 있도록 검색을 설정하거나 팀원들과 조사 상황을 공유함으로써 지속적으로 발생하는 보안 위협징후에 대한 조사 시작점을 포착하고 심층 분석을 위한 통찰력을 확보하는 데 이 기능을 활용할 수 있다.

보안 인텔리전스 기능 내 대표적인 분석 대시보드인 위험 분석과 위협 활동 분석 화면 예시는 그림 6-6 및 그림 6-7과 같다.

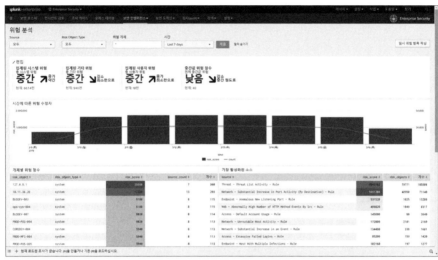

그림 6-6 위험 분석 대시보드 화면 예시

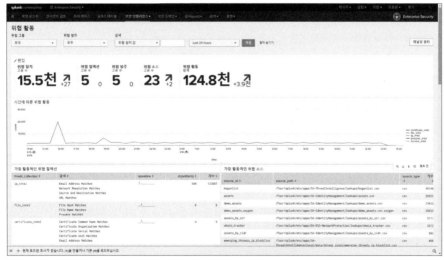

그림 6-7 위협 활동 분석 대시보드 화면 예시

6.1.6 보안 도메인^{Security Domain}

보안 도메인은 기업이 중점을 두고 방어해야 할 영역을 크게 액세스, 엔드포인트, 네트워크, ID(신원정보)로 분류해 각 영역별 로그 이벤트의 추이 모니터링 및 심층 분석을 지원한다.

사용자는 4대 보안 도메인별 현황 모니터링 대시보드를 활용해 현재의 보안 위협과 잠재적 위험요소를 식별하거나, 상황에 따라 원천데이터에 대한 검색 및 위험 요소 ^{Deep Dive} 분석에 이 기능을 활용할 수 있다.

보안 도메인 대시보드 화면 예시는 그림 6-8과 같다.

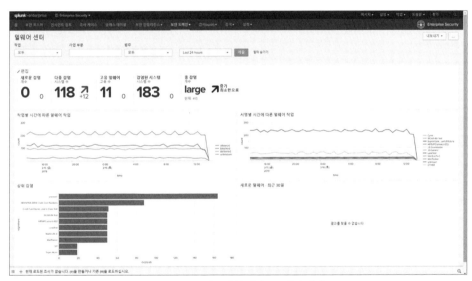

그림 6-8 보안 도메인 대시보드 화면 예시

6.1.7 워크플로우 기반 보안 위협 대응 자동화^{Adaptive Response}

워크플로우 기반 보안 위협 대응 자동화는 기업 보안 담당자가 Splunk ES를 통해 보안 위협을 조사하고 대응하는 활동 전반에 대한 운영 효율화를 위해 탐지 결과에 대한 조치 자동화 기능을 제공한다. 사용자는 위험도가 높거나 자주 발생하는 보안 위협에 대해 대응 패턴을 사전 정의해 플랫폼에서 자동 대응할 수 있도록 설정함으로써 리드타임을 줄이고 업무 효율을 개선하는 데 이 기능을 활용할 수 있다.

워크플로우 기반 보안 위협 대응 자동화 화면 예시는 그림 6-9와 같다.

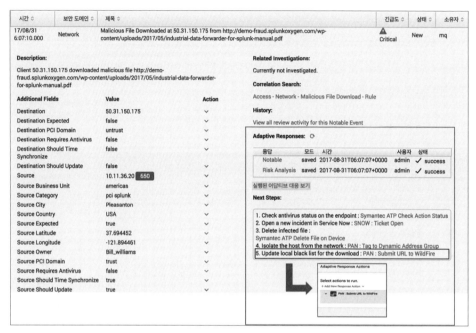

그림 6-9 워크플로우 기반 보안 위협 대응 자동화 화면 예시

6.2 주요 무료 앱

스플렁크에는 앞서 설명한 Splunk ES와 같이 프리미엄 유료 앱도 있지만, 그보다 훨씬 많은 수의 앱을 무료로 제공하며, 이 부분이 바로 시중 솔루션 대비 스플렁크의 주요 장점 중 하나다.

스플렁크에서 제공하는 다양한 무료 앱은 공식 홈페이지(https://splunkbase.splunk.com)에 접속해 다운로드 받아 활용할 수 있으며, 여기서는 보안 빅데이터 분석 플랫폼을 구축하는 데 있어 주로 사용하는 무료 앱을 간략하게 소개하고, 설치 및 활용 시 사용자가 참고하면 도움이 될 만한 주요 고려사항들을 알아본다.

6.2.1 Splunk Add-on for *nix 앱

앱 설치

Splunk Add-on for *nix 앱은 유닉스 및 리눅스 OS 환경에서 서버가 발생시키는 다양한 상태 정보를 수집해 사용자에게 전달함으로써 시스템 가용성을 모니터링하는 데 필요한 통찰력과 운영 가시성을 제공하는 기능을 가진 앱이다. 이 앱은 서버의 CPU와 메모리, 디스크에 대한 사용 현황 및 네트워크 인터페이스 현황, 프로세스 구동 현황 정보 등을 수집해 플랫폼에 전송하는 역할을 수행하며, 사용자는 검색 쿼리를 통해 플랫폼에 수집된 서버별 가용성 정보를 확인하고 이상현상을 모니터링할 수 있다.

앱의 설치파일은 Splunkbase에서 "Splunk Add-on for Unix and Linux"를 검색하면 다운로드 받을 수 있으며, 다운로드를 완료한 후 설치하고자 하는 서버에 업로드해 압축을 해제하고 설치를 진행하면 된다.

앱은 스플렁크 엔터프라이즈의 경우 /opt/splunk/etc/apps 폴더 하위에 설치하고, 스플렁크 유니버설 포워더의 경우 /opt/splunkforwarder/etc/apps 폴더 하위에 설치하는 것이 일반적이며, 설치 및 설정은 주로 서버 콘솔 환경에서 진행한다. 사용자가 앱을 설치하고자 하는 위치로 이동해 다음 명령어를 입력하면 그림 6-10과 같이 설치 파일의 압축이 해제되고 apps 하위에 Splunk_TA_nix라는 폴더로 새로 생성되는데, 사용자가 그림과 같은 화면을 플랫폼에서 확인했다면 앱 설치가 정상적으로 완료된 것이다.

■ 명령어

```
/> cd /opt/splunkforwarder/etc/apps
/opt/splunkforwarder/etc/apps> tar xzf splunk-add-on-for-unix-and-linux_602.tgz
```

```
/opt/splunkforwarder/etc/apps> ls -al
```

```
[root@splunk-uf1 apps]# pwd
/opt/splunkforwarder/etc/apps
[root@splunk-uf1 apps]# ls splunk-add-on-for-unix-and-linux_602.tgz
splunk-add-on-for-unix-and-linux_602.tgz
[root@splunk-uf1 apps]# tar xzf splunk-add-on-for-unix-and-linux_602.tgz
[root@splunk-uf1 apps]# ll
합계 136
drwxr-xr-x. 4 10777 10777    4096  2월  6 13:55 SplunkUniversalForwarder
drwxr-xr-x. 8 root  root     4096  3월 28 16:29 Splunk_TA_nix
drwxr-xr-x. 4 10777 10777    4096  2월  6 13:55 introspection_generator_addon
drwxr-xr-x. 5 10777 10777    4096  3월 20 22:16 learned
drwxr-xr-x. 4 10777 10777    4096  2월  6 13:55 search
-rw-r--r--. 1 root  root   114685  3월 28 16:22 splunk-add-on-for-unix-and-linux_602.tgz
drwxr-xr-x. 3 10777 10777    4096  2월  6 13:55 splunk_httpinput
[root@splunk-uf1 apps]#
```

그림 6-10 Splunk Add-on for *nix 앱 설치 완료

앱 설정

앱 설치가 정상적으로 완료되면, conf 파일 설정을 통해 데이터 수집을 적용할 차례다. 앱을 설치하면 그림 6-11과 같이 스플렁크에서 기본적으로 제공하는 데이터 수집 설정값이 앱 설치 폴더 하위 default 폴더 내 inputs.conf 파일에 작성돼 있는 것을 확인할 수 있다. 해당 설정값은 기본적으로 비활성화돼 있어 설치를 완료했다고 해서 서버 내 가용성 정보가 바로 수집되는 것은 아니다.

- **명령어**

```
/> cd /opt/splunkforwarder/etc/apps/Splunk_TA_nix/default
/opt/splunkforwarder/etc/apps/Splunk_TA_nix/default> cat inputs.conf
```

```
Copyright (C) 2019 Splunk Inc. All Rights Reserved.
[script://./bin/vmstat.sh]
interval = 60
sourcetype = vmstat
source = vmstat
disabled = 1

[script://./bin/iostat.sh]
interval = 60
sourcetype = iostat
source = iostat
disabled = 1

[script://./bin/nfsiostat.sh]
interval = 60
sourcetype = nfsiostat
source = nfsiostat
disabled = 1

[script://./bin/ps.sh]
interval = 30
sourcetype = ps
source = ps
disabled = 1

[script://./bin/top.sh]
interval = 60
sourcetype = top
source = top
disabled = 1
```

그림 6-11 Splunk Add-on for *nix 앱 inputs.conf 기본 정보

사용자가 원하는 서버 가용성 정보에 대해 수집 설정을 적용하려면 앱 설치 폴더 하위에 local 폴더를 생성한 후 inputs.conf 파일을 새롭게 작성해 데이터 수집 설정을 적용해줘야 한다.

먼저 local 폴더부터 생성해 보자. 신규 폴더 생성은 다음과 같이 리눅스 기본 명령어인 mkdir을 사용해 폴더를 생성해 주면 된다.

```
/> cd /opt/splunkforwarder/etc/apps/Splunk_TA_nix
/opt/splunkforwarder/etc/apps/Splunk_TA_nix> mkdir local
```

다음으로는 inputs.conf 파일에 사용자가 수집할 서버 가용성 정보에 대한 설정값을 입력해줘야 한다. 기본적인 설정 내용은 default 폴더에 있는 정보를 참고해 사용자가 원하는 대로 설정값을 수정한 후 [disabled] 설정을 1에서 0으로 변경하면 데이터 수집 설정이 적용된다.

그런데 여기서 고려할 점은 그림 6-11과 같이 별도의 인덱스를 지정하지 않고 데이터 수집 설정을 적용하면 스플렁크의 기본 인덱스인 'main'이라는 인덱스에 데이터가 저장된다는 사실이다. main 인덱스에 저장되도록 설정해도 데이터 수집 자체에는 문제가 없으나, 향후 데이터 검색 및 보관 주기 관리의 편의성을 고려했을 때 서버 가용성 정보를 지속적으로 저장할 수 있는 별도의 인덱스를 설정해 적용하는 것이 바람직하다. 일반적으로 스플렁크에서 서버 가용성 정보는 'os'라는 인덱스를 생성해 관리하니 참고하기 바라며, 여기에서도 os라는 인덱스를 신규 생성해 데이터 수집 설정을 적용하는 과정을 예로 들어 설명한다.

사용자가 기본 정보 중 cpu와 vmstat, ps 정보를 플랫폼에 수집하기를 원한다고 가정했을 때 inputs.conf 작성 명령어 및 설정값 적용 예시는 그림 6-12와 같다.

■ 명령어

```
/> cd /opt/splunkforwarder/etc/apps/Splunk_TA_nix/local
/opt/splunkforwarder/etc/apps/Splunk_TA_nix/local> vi inputs.conf
```

```
[script://./bin/cpu.sh]
index = os
sourcetype = cpu
source = cpu
interval = 60
disabled = 0

[script://./bin/vmstat.sh]
interval = 60
index = os
sourcetype = vmstat
source = vmstat
disabled = 0

[script://./bin/ps.sh]
interval = 60
index = os
sourcetype = ps
source = ps
disabled = 0
~
```

그림 6-12 사용자가 신규 생성한 inputs.conf 내 데이터 수집 설정 예시

inputs.conf 파일 생성 및 설정값 적용이 완료됐다면, 설정 반영을 위해 스플렁크 서비스 재시작이 필요하다. 재시작 완료 후 데이터 정상수집 여부를 확인하기 위해서는 스플렁크 웹에 접속해 새롭게 지정한 인덱스를 조회하는 검색 쿼리를 실행해 보면 된다.

그림 6-13과 같이 신규 지정한 인덱스가 조회되고 사용자가 inputs.conf에 설정한 데이터 수집 대상들이 빠짐없이 검색된다면 데이터 수집 설정이 정상적으로 반영된 것이다.

그림 6-13 Splunk Add-on for *nix 앱 데이터 수집 설정 정상반영 여부 확인

6.2.2 Splunk DB Connect 앱

앱 설치

Splunk DB Connect 앱은 관계형 데이터베이스 내 테이블 형태로 저장돼 있는 데이터를 조회해 결과를 스플렁크 플랫폼에 수집 및 저장할 수 있도록 지원하는 기능을 가진 앱이다. 이 앱을 설치하면 사용자는 SQL 쿼리를 사용해 기존에 쓰던 데이터베이스에 저장돼 있는 원천데이터 중 필요한 데이터를 추출해 스플렁크에 저장할 수 있고, 스플렁크 데이터와 조합해 데이터 분석 및 시각화 작업을 수행할 수 있다.

또한 Splunk DB Connect 앱을 설치해 설정을 적용해 주면 사용자가 스플렁크 웹에서 검색 쿼리 실행 시 SPL 쿼리와 함께 SQL도 직접 사용해 데이터 조인 검색 등을 수행할 수 있다는 것이 특징이다.

앱의 설치파일은 Splunkbase에서 "Splunk DB Connect"를 검색하면 다운로드 받을 수 있으며, 다운로드가 완료되면 스플렁크 웹에 접속해 [앱 → 파일에서 앱 설치]를 선택한 후 다운로드 받은 설치파일을 업로드해 설치를 진행하면 된다(그림 6-14 참고).

그림 6-14 Splunk DB Connect 앱 설치 진행

앱 설치가 완료되면 그림 6-15와 같이 스플렁크 서비스 재시작을 묻는 메시지가 표시되는데, [지금 다시 시작]을 선택하면 서비스가 재시작된 후 앱 설치가 완료된다.

그림 6-15 앱 설치 완료를 위한 스플렁크 서비스 재시작

재시작 완료 후 스플렁크 웹에 접속했을 때 사용자가 그림 6-16과 같이 좌측 앱 메뉴에서 방금 설치한 Splunk DB Connect 앱이 표시된다면 앱이 정상적으로 설치된 것이다.

그림 6-16 스플렁크 웹 메인 화면에서 Splunk DB Connect 앱 선택

앱 설정

사용자가 Splunk DB Connect 앱을 활용하기 위해서는 먼저 자바 구동 환경 및 Task 서버 통신을 위한 초기 환경 설정 정보를 저장해야 한다. 사용자가 [설정 → Settings → General]을 선택하면 그림 6-17과 같이 초기 환경 설정 정보를 입력할 수 있는 화면이 표시되는데, 여기서 JAVA_HOME 경로와 JVM 옵션값, Task 서버 포트를 입력한 후 우측 상단의 [저장]을 클릭하면 입력한 설정 정보가 반영된다. Task 서버 포트의 경우 기본 포트가 9998이나 서버에 할당되지 않은 미사용 포트도 활용 가능하며, 초기 설정과 관련한 자세한 정보는 스플렁크 공식 가이드인 https://docs.splunk.com/Documentation/DBX/3.1.4/DeployDBX/ ConfigureDBConnectsettingsSplunk를 참고하기 바란다.

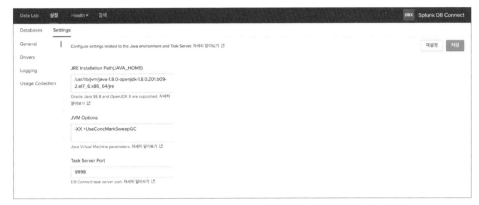

그림 6-17 자바 구동 환경 및 Task 서버 통신을 위한 초기 환경 설정 정보 입력

초기 설정 정보 적용을 완료한 후 데이터베이스 연결을 설정하기 위해서는 접근하고 자 하는 데이터베이스에 맞는 JDBC 드라이버 업로드가 필요하다.

JDBC 드라이버 업로드 파일은 https://docs.splunk.com/Documentation/ DBX/3.1.4/DeployDBX/Installdatabasedrivers에 접속해 사용자가 접근할 데이터 베이스 종류에 맞게 다운로드하면 되며, 다운로드한 드라이버 파일은 앱 설치 서 버 내 /opt/splunk/etc/apps/splunk_app_db_connect/drivers 폴더에 업로드하면 된다.

Oracle JDBC 드라이버를 다운로드 받아 서버에 업로드한 후, 정상 설치 여부를 확 인하는 예시는 그림 6-18과 같다. JDBC 드라이버 업로드를 완료한 후 사용자가 [설 정 → Settings → Drivers]를 선택해 설치된 드라이버 조회 화면에서 우측 상단 [다 시 로드]를 클릭하면 그림 6-18과 같이 설치 여부 및 버전 정보를 확인할 수 있다.

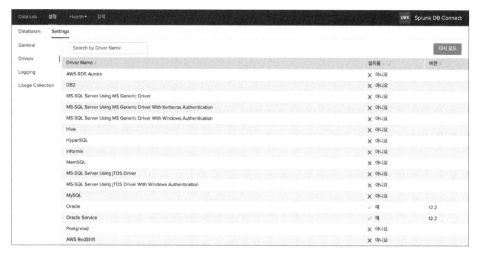

그림 6-18 JDBC 드라이버 정상설치 여부 확인

다음으로 사용자는 [설정 → Settings → Logging]을 선택해 앱에서 실행되는 모든 SQL 쿼리 데이터베이스 접속 및 통신 현황에 대한 로그 수준을 설정할 수 있다. Splunk DB Connect 앱은 기본적으로 앱에서 실행되는 명령어 및 통신 현황의 로그 수준을 [INFO]로 설정하고 있으며, 사용자는 필요에 따라 로그 수준을 변경한 후 우측 상단의 [저장] 버튼을 클릭해 활성화할 수 있다. 로그 수준 설정 화면 예시는 그림 6-19와 같다.

그림 6-19 로그 수준 설정 정보 조회 및 변경 예시

로그 수준 설정까지 완료하면 Splunk DB Connect 앱을 활용하기 위한 기본 설정을 마무리한 것이다. 이제 데이터베이스에 접근해 데이터 검색 및 수집 설정을 본격적으로 적용해 보자.

데이터베이스 연결 설정을 적용하기 위해서는 접근에 필요한 객체 생성과 연결 설정 정보 입력이 필요하며, 사용자가 [설정 → Databases → Identities → New Identity]를 선택하면 그림 6-20과 같이 원하는 데이터베이스에 접근하기 위한 기준 정보를 입력하는 화면이 표시된다.

사용자는 이 화면에서 Splunk DB Connect 앱에서 특정 데이터베이스를 인식하기 위한 고유 객체명인 Identity Name과 데이터베이스에 접근할 수 있는 사용자 계정 및 암호를 입력해 데이터베이스 접근 객체를 생성할 수 있다. 여기서 입력하는 사용자 계정과 암호는 실제 데이터베이스에 접근 가능한 계정 정보와 암호여야 한다.

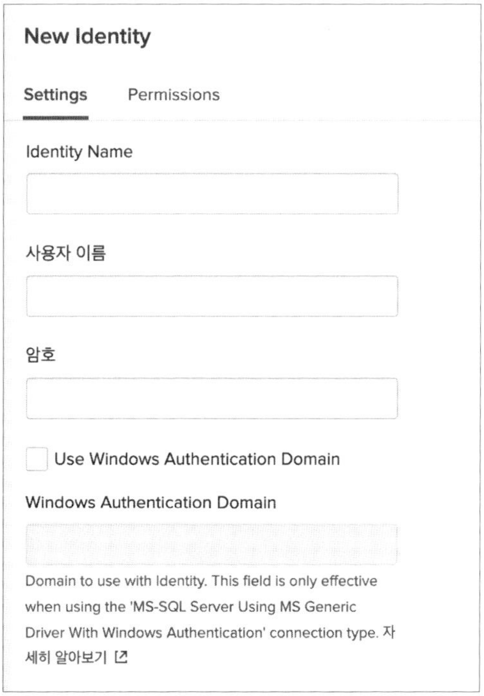

그림 6-20 데이터베이스 접근을 위한 Identity 신규 설정

이어서 데이터베이스 연결을 설정하는 방법을 알아보자. 사용자가 [설정 →
Databases → Connections → New Connection]을 선택하면 그림 6-21과 같이
데이터베이스에 연결하기 위한 상세 설정을 입력하는 화면이 표시된다.

사용자는 이 화면에서 고유한 데이터베이스 연결 객체를 인식하기 위한 Connection
Name과 앞서 정의한 Identity, Connection Type과 시간대 설정 정보를 입력해 데
이터베이스 연결 객체를 생성할 수 있다. 시간대 항목의 경우 데이터베이스에서 조
회한 날짜 및 시간 정보에 대한 기준시간값을 어떻게 변환할 것인가에 대한 설정값
으로, 사용자가 플랫폼 서버의 현지 시간대로 변환해 시간 정보를 수집하고자 한다
면 선택해 설정할 수 있다.

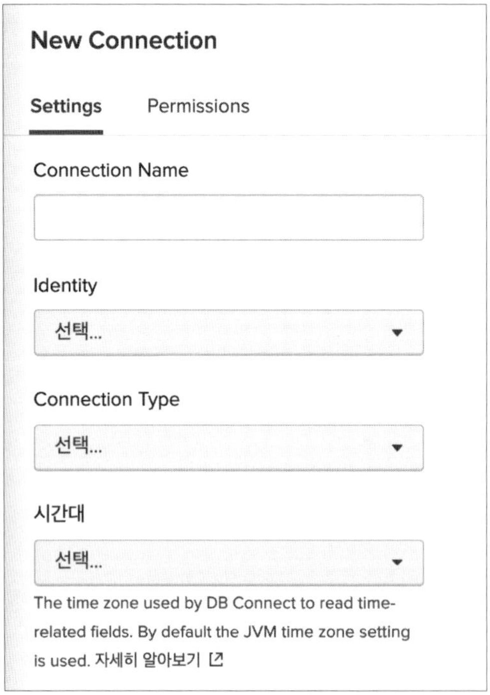

그림 6-21 접근 대상 데이터베이스 연결 설정 예시

다음으로 그림 6-22와 같이 데이터베이스의 JDBC URL 설정이 필요하다. 각 항목별

설명 및 입력 예시는 다음과 같으니 설정 적용 시 참고하기 바란다.

- **호스트**: 데이터베이스의 IP 주소 또는 호스트명을 입력한다.
- **포트**: 데이터베이스의 포트를 입력한다. 기본 포트를 사용할 경우 입력하지 않아도 된다.
- **Default Database**: 접근하고자 하는 데이터베이스 유형의 기본 데이터베이스 또는 카탈로그명을 입력한다. 각 데이터베이스 타입별로 상이하므로 사전 확인이 필요할 수 있다.
- **SSL 사용**: 데이터베이스 연결에 대해 SSL 암호화를 사용할 경우 선택한다. 모든 연결 유형에 대해 SSL을 사용할 수 있는 것은 아니며, SSL 사용에 따라 데이터베이스 조회 이벤트가 스플렁크에 전달되지 않을 수 있으니 주의하기 바란다.
- **Edit JDBC URL**: 이 설정을 적용하면 JDBC URL Preview의 수동 편집이 가능하다. 사용자 정의 JDBC URL 매개 변수를 JDBC URL에 추가해야 하는 경우 선택해 활용할 수 있다.

그림 6-22 JDBC URL 설정 예시

마지막으로 [저장] 버튼을 클릭해 설정 적용을 완료하면 사용자는 앱을 통해 데이터베이스에 연결해 데이터를 검색할 수 있으며, 검색 결과를 플랫폼에 수집할 수 있도록 설정할 수도 있다.

연결된 데이터베이스를 활용한 데이터 검색 및 수집 설정은 그림 6-23과 같이 사용자가 [Data Lab → Inputs → New Input]을 선택해 진행할 수 있으며, Splunk DB Connect 앱을 활용한 데이터베이스 내 데이터 검색 및 플랫폼 수집 설정 관련 상세 정보는 스플렁크 공식 가이드인 https://docs.splunk.com/Documentation/DBX/3.1.4/DeployDBX/Createandmanagedatabaseinputs를 참고하기 바란다.

그림 6-23 연결된 데이터베이스 내 데이터 검색 및 수집 설정 예시

6.2.3 Lookup Editor 앱

앱 설치

Lookup Editor 앱은 사용자가 스플렁크에 수집한 원천데이터 이외에 다른 데이터 집합을 룩업이라는 형태로 플랫폼에 추가하고 이에 대한 관리를 수행할 수 있도록

지원하는 앱이다. 이 앱을 설치하면 사용자는 앞서 소개했던 데이터 검색을 통해서 뿐만 아니라, 업무 PC에 있는 파일을 업로드하거나 직접 데이터를 입력해 룩업을 생성하고 수정사항을 반영할 수 있으며 원천데이터와 조인해 보다 확장된 데이터 검색 및 분석도 수행할 수 있다.

앱의 설치파일은 Splunkbase에서 "Lookup Editor"를 검색하면 다운로드 받을 수 있으며, 다운로드가 완료되면 스플렁크 웹에 접속해 [앱 → 파일에서 앱 설치]를 선택한 후 다운로드 받은 설치파일을 업로드해 설치를 진행하면 된다(그림 6-24 참고).

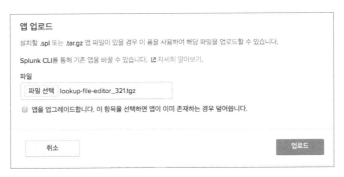

그림 6-24 앱 설치 진행

앱 설치가 완료되면 사용자는 스플렁크 서비스의 재시작 없이 그림 6-25처럼 스플렁크 웹에 접속한 후 Lookup Editor를 선택해 앱 화면으로 이동할 수 있다.

그림 6-25 Lookup Editor 설치 완료

앱 설정

사용자가 Lookup Editor 앱의 기본 화면에 접근하면 현재 플랫폼에 정의돼 있는 룩업 파일 목록을 확인할 수 있으며, 사용자는 룩업의 타입이나 룩업이 등록돼 있는 앱별로 등록 현황을 조회할 수 있다.

사용자는 Lookup Editor 앱에서 KV 스토어 룩업과 CSV 룩업이라는 2가지 형태의 룩업 데이터를 생성해 활용할 수 있다. KV 스토어 룩업은 스플렁크 솔루션에 내장돼 있는 오픈소스 데이터베이스인 MongoDB에 key-value 형태로 저장돼 있는 룩업 데이터로 주로 1GB 이상의 대용량 데이터를 데이터베이스 형태로 저장해 활용하고자 할 때 사용하며, CSV 룩업은 마이크로소프트 엑셀과 같이 스프레드시트 타입의 룩업 데이터로 원천데이터 사이즈가 100MB 이하일 경우 활용하는 것을 권장하고 있다.

여기서는 스플렁크 사용자가 플랫폼에서 가장 자주 사용하는 방식은 CSV 룩업을 생성, 수정, 조회하는 과정에 대해 예를 들어 설명한다.

사용자가 CSV 룩업을 새로 생성하기 위해서는 먼저 그림 6-26과 같이 기본 화면 우측 상단의 [Create a New Lookup]을 선택해 룩업 생성 화면으로 이동해야 한다.

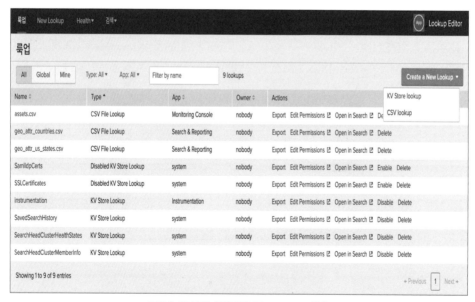

그림 6-26 룩업 화면에서 CSV Lookup 선택

위에서 CSV Lookup을 클릭하면 룩업을 새로 생성하기 위한 표 형태의 입력 항목
들이 표시되는데, 먼저 상단의 [Name] 항목에 사용자가 생성하고자 하는 룩업명을
csv 확장자까지 입력한 후 룩업 파일이 등록될 앱을 선택한다. 그 다음 룩업 데이터
의 상세 내용을 입력한 후 화면 우측 하단의 [Save Lookup]을 클릭하면 그림 6-27
과 같이 사용자가 정의한 룩업 데이터가 저장돼 새로운 룩업 파일을 생성하게 된다.

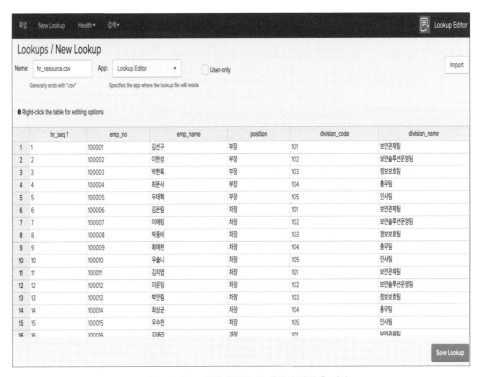

그림 6-27 CSV 룩업 설정값 및 데이터 입력 후 저장

사용자가 지정한 앱에 저장된 룩업 파일은 앱의 설치 폴더 하위 lookups라는 폴더
에 저장되며, Lookup Editor 앱에 [hr_resource.csv]라는 이름으로 저장한 룩업 파
일을 서버에서 확인해 보는 예시는 그림 6-28과 같다.

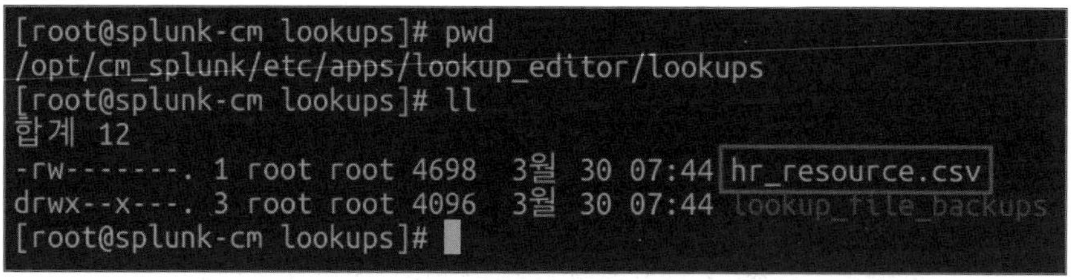

그림 6-28 룩업 파일 생성 확인

사용자가 플랫폼에 저장한 룩업 데이터는 그림 6-29와 같이 inputlookup 명령어를 활용한 검색 쿼리를 실행해 데이터를 조회할 수 있다.

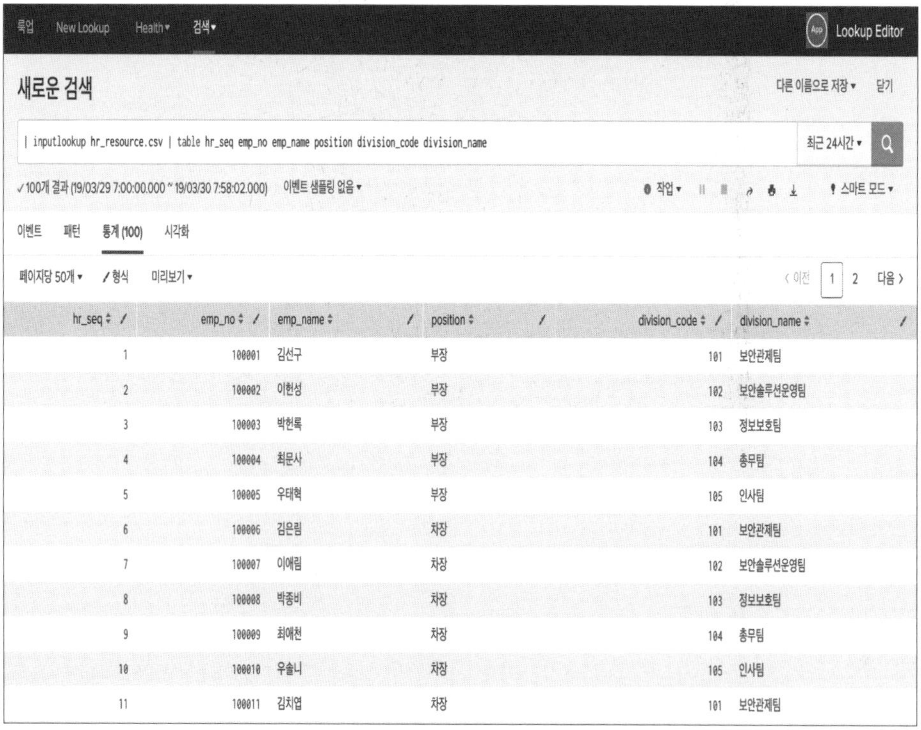

hr_seq	emp_no	emp_name	position	division_code	division_name
1	100001	김선구	부장	101	보안관제팀
2	100002	이헌성	부장	102	보안솔루션운영팀
3	100003	박헌록	부장	103	정보보호팀
4	100004	최문사	부장	104	총무팀
5	100005	우태혁	부장	105	인사팀
6	100006	김은림	차장	101	보안관제팀
7	100007	이애림	차장	102	보안솔루션운영팀
8	100008	박종비	차장	103	정보보호팀
9	100009	최애천	차장	104	총무팀
10	100010	우솔니	차장	105	인사팀
11	100011	김치엽	차장	101	보안관제팀

그림 6-29 inputlookup 명령어를 활용한 저장된 룩업 데이터 조회

Lookup Editor 앱의 가장 큰 특징은 바로 룩업 데이터 추가/수정/삭제를 지원한다는 점이다. 사용자는 Lookup Editor 앱을 통해 저장된 룩업 데이터에 접근해 컬럼명 또는 값을 변경할 수 있으며, 컬럼을 새로 추가하거나 삭제할 수도 있다.

사용법은 간단하다. 앞서 저장한 hr_resource.csv 파일에 'ip_addr'라는 컬럼을 새로 추가해 임직원의 IP 주소를 추가 반영하고 싶다고 가정했을 때, 사용자는 룩업 데이터 화면에서 마우스 오른쪽 버튼을 클릭한 후 [Insert column right]를 선택해 컬럼을 추가하고 IP 주소값을 입력해 주면 된다. 데이터 입력 및 수정을 완료한 후 오른쪽 하단의 [Save Lookup]을 클릭하면 그림 6-30과 같이 룩업 데이터 내에 수정된 내용이 반영됐음을 확인할 수 있다.

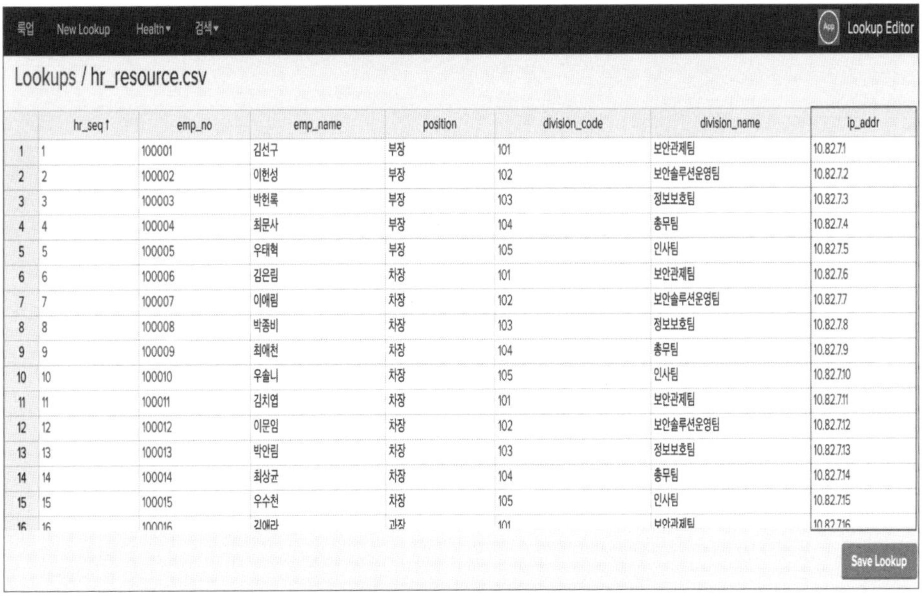

	hr_seq↑	emp_no	emp_name	position	division_code	division_name	ip_addr
1	1	100001	김선구	부장	101	보안관제팀	10.82.7.1
2	2	100002	이헌성	부장	102	보안솔루션운영팀	10.82.7.2
3	3	100003	박헌록	부장	103	정보보호팀	10.82.7.3
4	4	100004	최문사	부장	104	총무팀	10.82.7.4
5	5	100005	우태혁	부장	105	인사팀	10.82.7.5
6	6	100006	김은림	차장	101	보안관제팀	10.82.7.6
7	7	100007	이애림	차장	102	보안솔루션운영팀	10.82.7.7
8	8	100008	박종비	차장	103	정보보호팀	10.82.7.8
9	9	100009	최애천	차장	104	총무팀	10.82.7.9
10	10	100010	우솔니	차장	105	인사팀	10.82.7.10
11	11	100011	김치엽	차장	101	보안관제팀	10.82.7.11
12	12	100012	이문임	차장	102	보안솔루션운영팀	10.82.7.12
13	13	100013	박안림	차장	103	정보보호팀	10.82.7.13
14	14	100014	최상균	차장	104	총무팀	10.82.7.14
15	15	100015	우수천	차장	105	인사팀	10.82.7.15
16	16	100016	김애라	과장	101	보안관제팀	10.82.7.16

그림 6-30 룩업 데이터 추가 및 수정 예시

수정이 완료된 룩업 데이터는 앞서 설명했던 inputlookup 명령어를 사용해 조회하면 그림 6-31과 같이 변경된 내용을 즉시 검색해 활용할 수 있다.

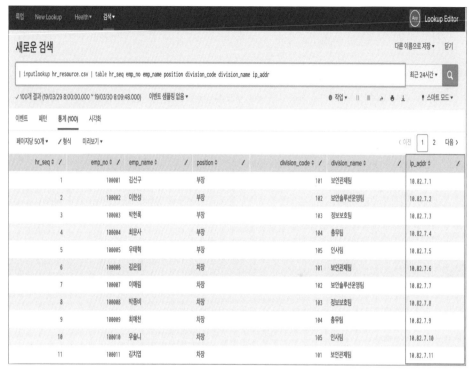

그림 6-31 변경된 룩업 데이터에 대한 검색 예시

6.2.4 Splunk Dashboard Examples 앱

앱 설치

Splunk Dashboard Examples 앱은 사용자가 스플렁크 대시보드를 구성하는 기본 언어인 Simple XML을 활용해 좀 더 다양한 대시보드를 손쉽게 생성하는데 필요한 기본 개념과 플랫폼에 적용 가능한 다양한 예시를 제공한다. 사용자는 이 앱을 통해 스플렁크에 내장된 XML 구성 요소를 통합해 원하는 대시보드를 구현할 수 있는 정보와 예제 코드들을 확인할 수 있으며, 이를 본인의 대시보드에 활용할 수도 있다.

앱의 설치파일은 Splunkbase에서 "Splunk Dashboard Examples"를 검색하면 다운로드 받을 수 있으며, 스플렁크 웹에 접속해 [앱 → 파일에서 앱 설치]를 선택한 후 다운로드 받은 설치파일을 업로드해 설치를 진행하면 된다(그림 6-32 참고).

그림 6-32 Splunk Dashboard Examples 앱 설치 진행

앱 설치가 완료되면 사용자는 스플렁크 서비스의 재시작 없이 그림 6-33처럼 스플렁크 웹에 접속한 후 Splunk Dashboard Examples를 선택해 앱 화면으로 이동할 수 있다.

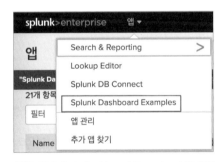

그림 6-33 Splunk Dashboard Examples 설치 완료

앱 설정

사용자가 앱 화면으로 이동하면 다음과 같이 앱에서 제공하는 다양한 대시보드 작성 예제를 카테고리별로 확인할 수 있다. 사용자가 활용할 수 있는 각 예제들은 대시보드 제목과 간략한 설명, 예제 소스가 정상적으로 구동될 수 있도록 지원하는 스플렁크 엔터프라이즈 버전 정보 및 추가 앱 설치 필요 여부 등을 화면에 표시하고 있으니

사용자의 플랫폼에 해당 예제를 적용해 보고자 한다면 이러한 정보들을 사전에 확인해 사용에 문제가 없는지 체크해 보길 바란다(그림 6-34, 그림 6-35 참고).

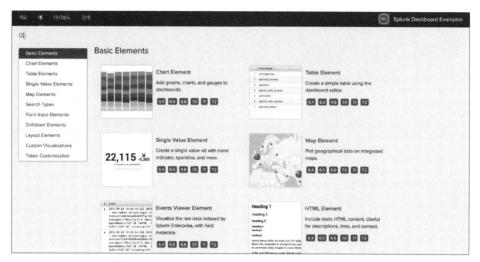

그림 6-34 Splunk Dashboard Examples 앱에서 제공하는 예제-1

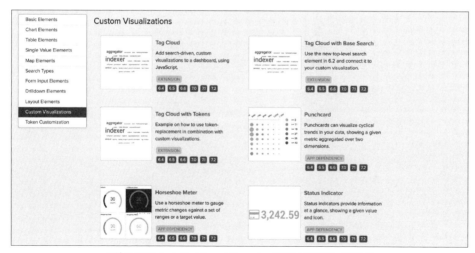

그림 6-35 Splunk Dashboard Examples 앱에서 제공하는 예제-2

가장 기본이자 기업 보안 실무에서 자주 활용되는 Chart Element 예제를 예로 들어 Splunk Dashboard Examples 앱 활용 방법을 좀 더 자세히 살펴보자.

앞서 예제 화면에서 Chart Element를 클릭하면 그림 6-36과 같이 앱에서 예시로 제공하는 대시보드 패널 구성과 각 패널별 설명을 확인할 수 있으며, 사용자는 [검색에서 열기] 기능을 선택해 패널 구현을 위한 SPL 쿼리를 확인해 보거나 그림 6-37과 같이 화면 하단에서 해당 예제를 구성하는 Simple XML 파일 샘플을 참고할 수 있다.

사용자가 해당 예제를 본인의 대시보드에 활용해 보고 싶다면 화면 하단에 있는 XML 샘플 코드를 복사한 후, 사용자 환경에 맞게 SPL 쿼리 및 JS/CSS 내용을 반영해 주면 된다.

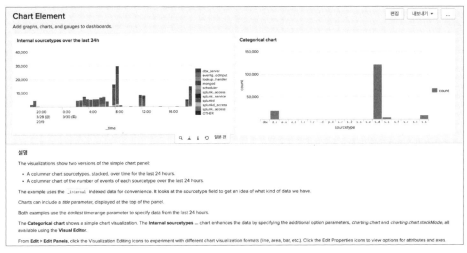

그림 6-36 Chart Element 화면 예시

```
Source Code    simple_chart.xml

1    <dashboard>
2        <label>Chart Element</label>
3        <description>Add graphs, charts, and gauges to dashboards.</description>
4        <row>
5            <chart>
6                <title>Internal sourcetypes over the last 24h</title>
7                <search>
8                    <query>index=_internal | timechart count by sourcetype</query>
9                    <earliest>-24h</earliest>
10               </search>
11               <option name="charting.chart.stackMode">stacked</option>
12           </chart>
13           <chart>
14               <title>Categorical chart</title>
15               <search>
16                   <query>index=_internal | stats count by sourcetype</query>
17                   <earliest>-24h</earliest>
18               </search>
19           </chart>
20       </row>
21   </dashboard>
```

그림 6-37 Chart Element XML 예시

6.2.5 Timeline 앱

앱 설치

Timeline 앱은 사용자가 Timeline 차트를 활용해 원천데이터의 시계열 분석을 수행하거나 시간 흐름에 따른 사용자 활동 및 의심행위를 분석하고자 할 때 이를 지원하는 기능을 제공한다. 사용자는 이 앱을 통해 [검색 및 보고] 앱에서 원천데이터 검색시 시각화 탭에서 Timeline 시각화를 추가 항목으로 선택해 보다 다양한 시계열 분석 기법을 활용할 수 있다.

앱의 설치파일은 Splunkbase에서 "Timeline"을 검색하면 다운로드 받을 수 있으며, 스플렁크 웹에 접속해 [앱 → 파일에서 앱 설치]를 선택한 후 다운로드 받은 설치파일을 업로드해 설치를 진행하면 된다(그림 6-38 참고).

그림 6-38 Timeline 앱 설치 진행

앱 설치가 완료되면 사용자는 스플렁크 서비스의 재시작 없이 그림 6-39처럼 스플렁크 웹에 접속한 후 Timeline를 선택해 앱 화면으로 이동할 수 있다.

그림 6-39 Timeline 설치 완료

앱 설정

사용자가 앱의 기본 화면에 접근하면 그림 6-40처럼 앱에서 기본적으로 제공하는 Timeline 대시보드 패널 구성 예제를 확인할 수 있으며, 우측 상단의 [편집] 버튼을 클릭한 후 왼쪽의 대시보드 편집 항목에서 [원본]을 선택하면 그림 6-41과 같이 앱에 사전 설정돼 있는 데이터를 기준으로 작성한 SPL 쿼리와 xml 샘플 코드를 자세히 확인해 볼 수 있다.

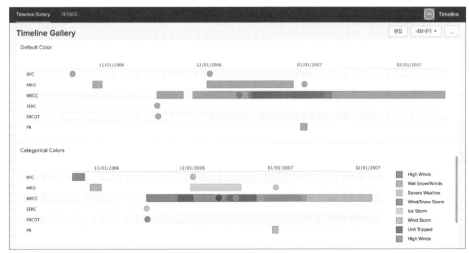

그림 6-40 Timeline 기본 화면 예시

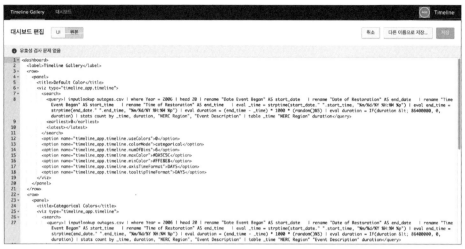

그림 6-41 Timeline 화면에서의 xml 샘플 코드 예시

사용자가 Timeline 시각화 기법을 본인의 대시보드에 활용하고 싶다면 위와 같이 샘플로 제공하는 xml 코드를 복사해 사용자가 적용하고자 하는 SPL 쿼리를 코드 내 데이터 검색 쿼리 실행 부분에 반영해 주면 된다. Timeline 시각화 기법은 시간 흐름 및 사용자가 정의한 시간 간격에 따른 개별 이벤트의 분포를 표시하는 것이기 때문에 검색 결과에 시간 표현이 반드시 포함돼야 하며, 사용자가 Timeline 시각화를 적용할 수 있는 형태로 데이터 검색 결과가 추출되는지 검색 쿼리에 대한 검증을 완료한 후, 대시보드에 적용하는 것이 효과적이다.

6.2.6 보안 솔루션 관련 앱에 대한 설치 및 활용

스플렁크에서는 보안 솔루션별 로그 이벤트 수집의 편의성을 향상하고 보다 정확한 보안 로그 분석 결과 도출을 지원하기 위해 주요 글로벌 보안 솔루션 관련 앱을 스플렁크 무료 앱 생태계에 업로드해 제공하고 있다.

보안 솔루션 관련 앱은 주로 앱 내에 기본적으로 설정돼 있는 인덱스명과 소스타입명으로 로그 이벤트를 수집 설정하면, 자동으로 필드 추출이 적용될 수 있도록 기능을 제공하며, 보안 솔루션 업체에서 사전에 등록한 분석 시나리오를 기반으로 개략적인 데이터 분석 결과를 확인할 수 있는 대시보드를 제공하기도 한다.

스플렁크에서 제공하는 글로벌 보안 솔루션 관련 앱은 다음 그림과 같이 Splunkbase에서 보안 솔루션의 제조사명이나 솔루션명을 중심으로 검색해 보면 확인해 볼 수 있으며, 이와 같은 보안 솔루션 관련 앱들은 제조사에서 수시로 개발해 업로드하니 관심있는 사용자들은 주기적으로 검색해 활용해 보길 바란다(그림 6-42, 그림 6-43, 그림 6-44 참고).

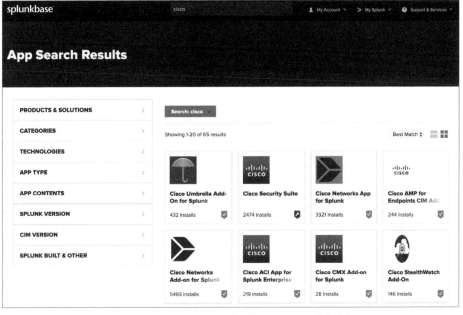

그림 6-42 보안 솔루션 관련 앱에 대한 Splunkbase 검색 예시-1

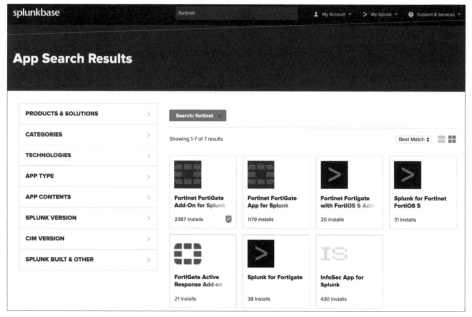

그림 6-43 보안 솔루션 관련 앱에 대한 Splunkbase 검색 예시-2

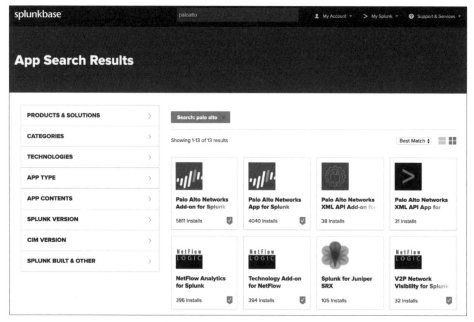

그림 6-44 보안 솔루션 관련 앱에 대한 Splunkbase 검색 예시-3

6.2.7 Splunk Machine Learning Toolkit 앱

Splunk Machine Learning Toolkit(이하 Splunk MLTK)은 Python scikit-learn을 기반으로 약 30여 개의 알고리즘을 예제를 통해 소개하는 스플렁크의 무료 앱이다. 사용자는 splunkbase에서 앱을 다운로드한 후 간단한 설치 과정을 통해 스플렁크에서 제공하는 샘플 데이터를 적용해 모델링 등을 수행해 볼 수 있다.

앱 설치

그럼 이제 사용자의 스플렁크 엔터프라이즈 환경에 Splunk MLTK를 설치하는 과정을 알아보자. 먼저 설치할 앱을 검색하기 위해 그림 6-45와 같이 스플렁크 웹 화면에서 [추가 앱 찾기]를 선택한다.

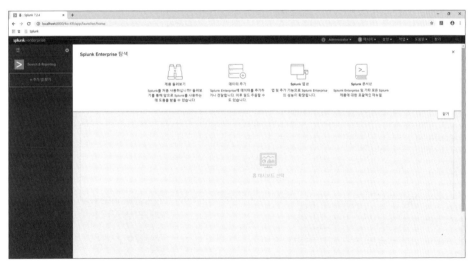

그림 6-45 Splunk MLKT 설치를 위한 추가 앱 찾기 화면 이동

[앱 더 찾아보기] 화면에서 'splunk machine learning toolkit'을 검색하면 그림 6-46과 같이 splunk MLTK 앱을 쉽게 찾을 수 있다. [설치] 버튼을 클릭하면 설치에 앞서 Splunk.com 사용자 로그인과 라이선스 사용 약관 동의 팝업이 나타나는데, 이때 사용자의 Splunk.com 로그인 아이디와 암호를 입력하고 약관에 동의해야 설치를 진행할 수 있다.

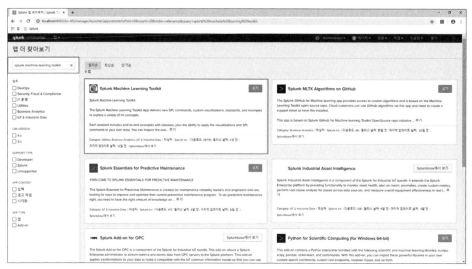

그림 6-46 Splunk MLTK 검색 및 설치

앱 설치가 진행되는 도중에 그림 6-47과 같이 Splunk 인스턴스 재시작을 해야 설치
를 완료할 수 있다는 메시지가 표시되고, [지금 다시 시작] 버튼을 클릭해 스플렁크
재시작을 진행하면 그림 6-48과 같이 좌측 앱 메뉴에 [Splunk Machine Learning
Toolkit]이 새롭게 추가된 것을 확인할 수 있다.

그림 6-47 Splunk MLTK 설치 완료를 위한 스플렁크 재시작

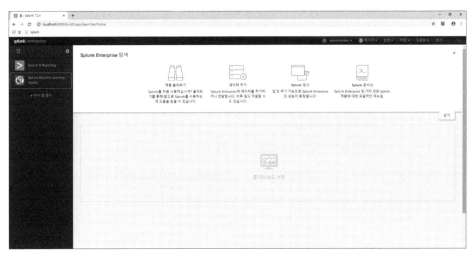

그림 6-48 Splunk MLTK 설치 완료

앱 설정

앞서 설명한 것처럼 Splunk MLTK는 Python Scikit-Learn을 기반으로 구동하기 때문에 이를 위한 라이브러리를 포함하고 있는 Splunk Add-on인 Python for Scientific Computing 앱을 반드시 설치해 줘야 한다. Splunk MLTK 앱을 클릭하면 그림 6-49와 같이 첫 화면에서 다운로드 링크를 안내해 주며, 사용자의 OS 환경에 맞는 다운로드 링크를 클릭하면 설치파일을 다운로드할 수 있다.

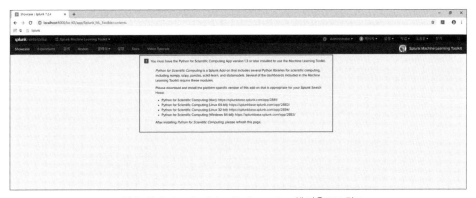

그림 6-49 Python for Scientific Computing 앱 다운로드 링크

앱 설치를 완료하기 위해서는 다운로드한 설치 파일을 스플렁크 엔터프라이즈에 업로드해야 한다. 앞서 설명한 스플렁크 웹 화면 좌측 앱 메뉴 상단에 있는 톱니 바퀴 모양의 [앱 관리] 버튼을 클릭하면 그림 6-50과 같이 앱 관리 화면으로 이동하게 되며, 여기서 우측 상단의 [파일에서 앱 설치]를 클릭하면 앱 설치파일을 업로드할 수 있는 화면으로 이동할 수 있다.

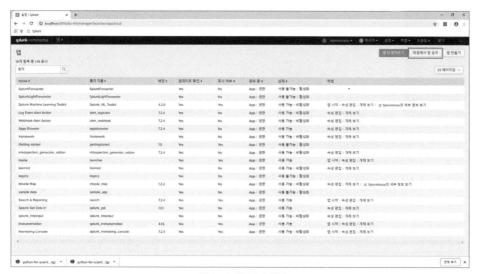

그림 6-50 앱 관리 화면

앱 업로드 화면에서 Python for Scientific Computing 앱 설치파일을 업로드한 후 안내에 따라 설치를 완료하고 스플렁크 인스턴스를 재시작하면, Splunk MLTK를 활용하기 위한 준비를 마치게 되며, 그림 6-51과 같이 Splunk MLTK에서 기본적으로 제공하는 6가지 종류의 쇼케이스^{Showcase}를 확인할 수 있다.

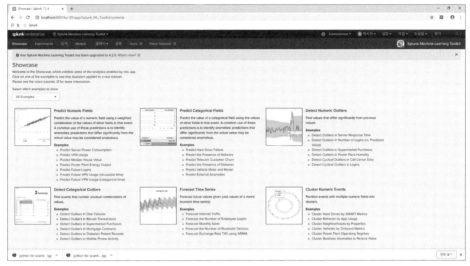

그림 6-51 Splunk MLTK 쇼케이스

Splunk MLTK에서는 IT 전반에서부터 비즈니스, IoT 등 다양한 분야의 쇼케이스를 제공하는데, 각 예시에서는 앱에 포함돼 있는 샘플 데이터를 기반으로 머신러닝 알고리즘을 활용한 분석 모델을 생성하고 결과를 확인할 수 있다. 또한 사용자는 실제 기업에서 발생하는 데이터에 알고리즘을 직접 적용해 보고 이에 대한 분석 모델링을 체험해 볼 수 있으며, 모든 분석 결과와 대시보드는 [검색에서 열기]와 [Show SPL] 기능을 통해 검색 및 보고 앱에서 확인하고 수정 적용할 수 있다.

이 중 보안 분야의 예시별 상세 내용은 다음과 같다.

쇼케이스 예시: 수치 예측^{Predict Numeric Fields}

수치 예측은 연속형 독립변수를 조합해 종속변수의 값을 예측하는 모델링 기법으로, Splunk MLTK에서는 선형회귀^{Linear Regression} 모델을 포함한 7개 알고리즘을 제공한다. 예시로는 CRM, CloudDrive, HR1, Webmail 등의 시스템 사용횟수를 선형 결합해 RemoteAccess 횟수를 예측하는 VPN 사용량 예측 모델을 소개하고 있으며, 사용자가 모델의 적합도를 확인할 수 있도록 실제 값과 잔차값의 차이, 잔차값의 Scatter plot 및 예측 정확도 측정을 위한 R2 statistic 값 등을 연산해 표시하고 있다.

수치 예측 모델 활용 예시와 분석 모델 구현 시 고려사항은 다음과 같다.

[수치 예측 활용 예시]

- 비인가 사이트 접속 횟수, 파일 다운로드 횟수, 접속 시간 등을 활용한 악성코드 다운로드 수 예측 모델
- 임직원별 업무 시스템 접속 횟수, 개인정보 조회 수 등을 활용한 임직원 PC 내 개인정보 보유 수 예측 모델

[분석 모델 구현 시 고려사항]

- 지도학습 모델^{Supervised Model}로, 수치형 종속변수 값이 있는 데이터셋을 사용해야 한다.
- 활용되는 독립변수는 모두 연속형 값을 가지고 있어야 한다.

쇼케이스 예시: 범주 분류^{Predict Categorical Fields}

범주 분류는 독립변수를 조합해 종속변수의 범주를 분류하는 모델링 기법으로, Splunk MLTK에서는 로지스틱 회귀^{Logistic Regression} 모델, SVM, Random Forest Classifier 등 6개 알고리즘을 제공한다.

예시로는 방화벽 트래픽의 데이터 송/수신량, 송/수신 포트, 알려진 취약점이 있는 포트 여부 등을 활용해 악성코드에 의한 통신 여부를 분류하는 모델을 소개하고 있으며, 분류모델의 정확도를 확인하기 위해 Confusion matrix의 Accuracy, Precision, Recall, F1 Score 등을 연산해 표시하고 있다.

범주 분류 모델 활용 예시와 분석 모델 구현 시 고려사항은 다음과 같다.

[범주 분류 활용 예시]

- PC별 방화벽 차단 로그 카운트, 허용 포트, 전송 시도 데이터량 등을 활용한 봇 감염 PC 분류 모델
- CRM 시스템 접속 횟수, 개인정보 포함 문서 출력 횟수, 영업일/비영업일 업무 시스템 조회 횟수, 퇴직 예정일까지의 잔여 근무일수 등을 활용한 개인정

보 유출 의심자 분류 모델

[분석 모델 구현 시 고려사항]

- 독립변수는 수치형/범주형을 모두 활용 가능하나 종속변수는 범주형이어야 한다.
- 범주 분류 결과가 2개만 되는 것은 아니며, 그 이상 개수로의 분류도 가능하다.

쇼케이스 예시: 수치형 이상치 탐지 Detect Numeric Outliers

수치형 이상치 탐지는 특정 수치형 필드를 통계적 기법을 활용해 분석한 결과를 토대로 Outlier 값을 판단하는 모델링 기법으로, Splunk MLTK에서는 표준편차, MAD Median Absolute Deviation(Median값과의 차이), IQR Interquartile Range 의 통계 알고리즘을 제공한다.

예시로는 사용자의 로그인 횟수에 대한 예측값과 실제값에 대한 차이를 MAD를 통해 판별하는 모델을 소개하고 있으며 Threshold, Sliding window 등 다양한 옵션 값을 변경해 Outlier 여부의 기준값 및 비교 범위 등을 선택할 수 있는 기능을 제공한다.

수치형 이상치 탐지 모델 활용 예시와 분석 모델 구현 시 고려사항은 다음과 같다.

[수치형 이상치 탐지 활용 예시]

- 웹서버 접속 로그에 기록돼 있는 전송 바이트 크기를 활용한 Outlier 접속 탐지
- 사용자별 개인정보 취급 시스템 접속 횟수/파일 다운로드 크기를 활용한 Outlier 사용 탐지

[분석 모델 구현 시 고려사항]

- Outlier 탐지를 위한 분석 대상 변수는 수치형 변수만 사용 가능하다.

쇼케이스 예시: 범주형 이상치 탐지^{Detect Categorical Outliers}

범주형 이상치 탐지는 특정 범주형 필드에서 Outlier 값을 판단하는 모델링 기법으로, Splunk MLTK에서는 데이터의 빈도를 활용한 Histogram, Z-Score, IQR의 AnomalyDetection 알고리즘을 제공한다.

예시로는 비트코인 트랜잭션 데이터에서 송신 및 수신 사용자, 전송한 비트코인 수를 통해 Outlier를 판별하는 모델을 소개하고 있다.

범주형 이상치 탐지 모델 활용 예시와 분석 모델 구현 시 고려사항은 다음과 같다.

[범주형 이상치 탐지 활용 예시]

- 임직원의 CRM 접속 로그를 지역별/부서별/직급별/직무별로 분석해 Outlier 사용자 탐지
- 이메일의 송신 및 수신 도메인별 본문/첨부파일 전송 로그를 활용한 Outlier 이메일 탐지

[분석 모델 구현 시 고려사항]

- 범주형뿐만 아니라, 수치형 변수도 분석 모델 구현 시 활용 가능하다.
- 원천데이터에 대한 탐색 수행 시 다수의 변수를 활용한 Outlier 탐지 기법을 활용할 수 있다.

쇼케이스 예시: 시계열 예측^{Forecast Time Series}

시계열 예측은 시계열 데이터의 계절성^{season}, 추세성^{trend} 등을 고려해 향후 값을 예측하는 모델링 기법으로, Splunk MLTK에서는 ARIMA 모델과 Kalman Filter 모델을 제공한다.

예시로는 임직원의 로그인 수를 활용해 향후 일정 기간의 로그인 횟수를 예측하는 모델을 소개하고 있으며, Kalman Filter 알고리즘의 경우 데이터의 시계열적 특징에 따라 계절성과 추세성을 적절히 반영해 모델링을 수행할 수 있는 기능을 제공한다.

시계열 예측 모델 활용 예시와 분석 모델 구현 시 고려사항은 다음과 같다.

[시계열 예측 활용 예시]

- 홈페이지의 일별 접속 트래픽을 활용한 시간대별 홈페이지 트래픽 예측으로 DDoS 탐지
- 임직원의 일별 개인정보 취급 시스템 접속 정보를 활용한 접속량 예측 및 이상치 탐지

[분석 모델 구현 시 고려사항]

- 시간에 따라 발생한 데이터(시계열 데이터)만 사용해야 한다.
- 모델링 전 데이터 시각화 등을 통해 계절성 및 추세성, 순환 요인 등을 파악하고 모델에 적용해야 한다.

쇼케이스 예시: 수치 데이터 군집화Cluster Numeric Events

수치 데이터 군집화는 수치형 로그 이벤트를 유사성이 높은 집단으로 군집화하는 모델링 기법으로, Splunk MLTK에서는 가장 대표적인 K-Means를 비롯해 DBSCAN, Birth, Spectral Clustering 모델을 제공한다.

예시로는 CRM, ERP, CloudDrive, Webmail, HR 시스템 등의 사용량을 활용해 원천 데이터를 K개로 군집화하는 K-Means 클러스터링을 소개하고 있으며, 군집화하기에 앞서 4개의 필드를 선택해 데이터를 표준화하기 위한 Standard Scaler 기능과 군집 시각화를 위한 Scatter plot을 구현해 제공하고 있다.

수치 데이터 군집화 모델 활용 예시와 분석 모델 구현 시 고려사항은 다음과 같다.

[수치 데이터 군집화 활용 예시]

- 업무 시스템별 접속 횟수, 접속 임직원 수, 파일 접근 횟수, 다운로드 파일 개수 등으로 군집화해 임직원 접속 사이트에 대한 특성 파악
- 임직원별 개인정보 포함 파일 보유 카운트, 개인정보 출력 횟수, 개인정보 전송 시스템 사용 횟수 등으로 개인정보 유출 의심행위자에 대한 군집화

[분석 모델 구현 시 고려사항]

- 대표적인 비지도 학습으로, 데이터의 특성 등을 파악하는 데 주로 활용한다.
- 동일한 데이터에 대해서도 클러스터링Clustering 알고리즘에 따라 군집화 모습이 달라질 수 있다.

6장에서는 플랫폼의 활용 범위를 확장하고 업무 효율성을 향상시키는 데 도움이 되는 주요 상용 앱과 무료 앱에 대해 알아봤다. 무료 앱의 경우 지면을 통해 소개한 앱 외에도 업무 생산성을 향상시켜 줄 수많은 앱이 스플렁크 공식 사이트에 업로드돼 있으니 관심있는 독자는 틈틈이 사이트에 들러 감상해 보기 바란다.

7장에서는 플랫폼 구축을 완료한 후 플랫폼의 운영 안정성을 확보하기 위한 정기 점검 및 조치 가이드에 대해 설명하고, 운영 업무의 효율성을 향상시키기 위한 방법에 대해 살펴볼 것이다.

7

Phase 5: 구축 후 운영 환경 최적화

1장에서 언급했던 바와 같이 성공적 구축은 성공적 활용에 대한 전제 조건이며, 구축을 성공적으로 완료하기 위해서는 운영을 시작하는 시점부터 꾸준한 현황 모니터링과 점검을 통해 비정상 징후를 조기에 포착하고 조치하는 것이 중요하다.

7장에서는 플랫폼이 안정적으로 운영되고 있는지 체계적으로 점검하기 위한 절차에 대해 알아본다. 또한 비정상 항목이 발견됐을 때 조치하기 위한 가이드도 함께 살펴본다.

7장에서 다루는 내용은 다음과 같다.

- 플랫폼 점검 항목 도출
- 점검 결과 분석 및 비정상 항목에 대한 조치 가이드
- 플랫폼 운영 효율성 강화를 위한 팁

7.1 플랫폼 운영 현황 점검 항목 정의

플랫폼을 안정적으로 운영하기 위해서는 플랫폼의 상태를 정기적으로 점검해 향후 발생할 수 있는 문제 요소를 예방하는 과정이 필수다. 또한 보다 면밀한 점검을 위해서는 플랫폼 운영의 시작부터 끝까지 구성 요소 전반에 걸쳐 비정상적인 상황이 발생하고 있지는 않는지 살펴볼 수 있어야 한다.

이제부터 플랫폼의 운영 현황을 체계적으로 점검하기 위해 주요 구성 영역을 다음과 같이 4가지로 분류하고, 각 영역별로 점검 항목을 정의해 점검 가이드를 살펴보도록 하자. 상세 내용은 다음과 같다.

데이터 수집 및 전송 영역

- Event Processing Queue 점검
- 필드 추출 정합성 유무 점검
- 데이터 수집 누락 여부 점검
- 데이터 비정상 수집 점검
- 가용성 데이터 정상수집 여부 점검
- Splunk DB Connect 에러 발생 여부 점검

데이터 저장 및 복제 영역

- 인덱서 피어 노드 설정 정상동작 여부 점검
- 인덱서 클러스터링 정상동작 여부 점검
- 버킷 오류 존재 유무 점검
- 버킷 저장 공간 상태 확인
- 인덱스별 데이터 보관주기 확인

데이터 검색 및 배포 영역

- Saved Search 구동 현황 점검
- 메모리 과다 사용 검색 점검
- 장시간 동작하는 검색 쿼리 점검
- 검색 헤드 클러스터링 상태 점검
- 캡틴 선출 내역 점검
- KV 스토어 상태 점검
- 룩업 파일 활용 현황 점검

플랫폼 운영 및 관리 영역

- 스플렁크 인스턴스 현황 확인
- 스플렁크 인스턴스 리소스 사용량 점검
- 스플렁크 내부 로그 내 ERROR/WARN 메시지 분석
- 플랫폼 사용 이력 점검

- 사용자 접근 통제 관리
- 스플렁크 라이선스 변동량 점검

7.2 데이터 수집 및 전송 영역 점검

먼저 데이터 수집 및 전송 영역에 대한 점검 개요 및 방법, 정상 여부 판단 기준에 대해 알아보자.

7.2.1 Event Processing Queue 점검

점검 개요

스플렁크 솔루션의 데이터 파이프라인을 구성하는 4개의 Queue에 대한 Fill Ratio를 점검한다. Queue Size에 대한 허용치가 너무 작으면 데이터가 정상적으로 수집 및 전송되지 않을 가능성이 높기 때문에 설정값에 대한 상향 조정을 검토해야 한다.

(점검 대상: Parsing Queue, Aggregator Queue, Typing Queue, Index Queue)

점검 방법

Queue의 사용량을 검색하는 쿼리는 다음과 같다.

- **점검 쿼리**

```
index=_internal group=queue
| eval pc=(current_size_kb*100)/max_size_kb
| timechart perc90(pc) by name
```

해당 점검은 스플렁크 웹에서도 수행이 가능하다. 사용자가 점검 활동을 수행할 수 있는 모니터링 콘솔 화면 예시는 그림 7-1과 같다.

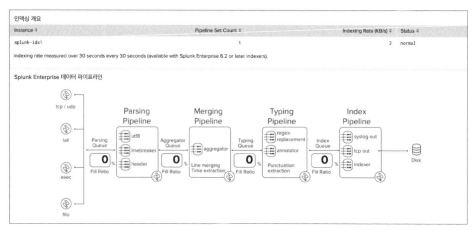

그림 7-1 모니터링 콘솔을 활용한 Event Processing Queue 점검 예시

정상 여부 판단 기준

server.conf에 설정돼 있는 최대허용치를 기준으로 100%를 5분 이상 유지하면 이상 상황이라고 판단할 수 있다. 이 경우 server.conf 파일 내 Queue Size 설정값을 기존 값보다 높게 상향 조정한 후, 서버 및 스플렁크 인스턴스 상태를 모니터링하면서 데이터 수집 및 전송에 문제가 발생하지 않는지 살펴봐야 한다.

server.conf 파일 내 설정값 조정 방법은 다음과 같다.

```
opt/splunk/etc/system/local/server.conf
[queue=aggQueue]
maxSize = 100MB    # Default : 1MB
[queue=parsingQueue]
maxSize = 100MB    # Default : 6MB
[queue=typingQueue]
maxSize = 100MB    # Default : 1MB
[queue=indexQueue]
maxSize = 100MB    # Default : 1MB
```

스플렁크가 설치돼 있는 서버의 사양에 따라 최대허용치를 적절히 조정해 반영하는 것이 바람직하며, 만약 평소 리소스 사용량을 확인해 근본적인 Queue Size 증가가 필요하다고 판단된다면 증설을 검토해 볼 필요가 있다.

7.2.2 필드 추출 정합성 유무 점검

점검 개요

플랫폼에 수집되는 로그 이벤트의 필드 추출이 정상적으로 처리되고 있는지 정합성 유무를 점검한다. 원천데이터에 대한 필드 추출 정합성이 맞지 않으면 데이터 검색 결과가 정상적으로 반환되지 않거나, 잘못된 결과값이 도출될 수 있다. 또한 탐지 시 나리오의 경우 실제로는 이상치가 발생됐는데 필드값이 매핑되지 않아 탐지되지 않 아서 사용자가 놓치는 경우가 발생할 수 있으니 수시로 점검해 주는 것이 좋다.

점검 방법

원천데이터에 대한 필드 추출 정합성 유무를 점검하는 데이터 검색 쿼리는 다음과 같다.

```
index=_internal host=splunk-sh* log_level!=INFO (*field* OR *extract*)
```

정상 여부 판단 기준

검색 쿼리 실행 결과 어떤 데이터도 반환하지 않는다면 필드 추출이 정상적으로 적 용돼 정상 운영되고 있다는 의미다.

만약 검색된 데이터가 있다면 수집되는 원천데이터가 변경됐거나, 원천데이터는 동 일한데 필드 추출 설정이 잘못 적용돼 있을 수 있으니 이를 확인해 원천데이터에 맞 게 변경해줘야 한다.

수집중인 로그 이벤트의 속성 설정은 스플렁크 검색 헤드 인스턴스 내 props.conf 파일을 변경해 수정할 수 있으며, 원천데이터 및 기존 필드 추출 설정을 확인해 변경 조치를 수행하면 된다.

7.2.3 데이터 수집 누락 여부 점검

점검 개요

수십 종에 달하는 원천데이터 수집 대상을 연동하다 보면 간혹 데이터 수집 누락이 발생할 수 있는데, 데이터 수집이 누락되면 시나리오 탐지 결과에 대한 정합성을 보장할 수 없을 뿐 아니라 원천데이터의 유실 및 데이터 검색 중단을 초래할 수 있기 때문에 주기적으로 모니터링해 누락이 발생하지 않도록 조치해야 한다.

스플렁크 검색 쿼리를 통해 수집 관련 이상 여부를 사전에 체크하면 수집 누락을 방지할 수 있다.

점검 방법

사용자는 데이터 수집 현황을 조회하는 데이터 검색 쿼리를 활용해 데이터 수집 누락 여부를 점검할 수 있다. 플랫폼에 수집된 로그 이벤트의 host 정보를 기준으로 하루 이상 로그 이벤트 데이터가 수집되지 않은 원천데이터를 검색하는 쿼리 예시는 다음과 같다.

- **점검 쿼리**

```
| metadata type=hosts
| where recentTime < now( ) - 86400
| eval last_index = strftime(recentTime, "%F %T")
| rename last_index as Last_Index_Date
| table host Last_Index_Date
```

정상 여부 판단 기준

검색 쿼리 실행 결과 어떤 데이터도 반환하지 않는다면 사전 정의된 원천데이터가 유실없이 정상적으로 수집되고 있다는 의미다.

만약 검색된 데이터가 있다면 원천데이터를 발생시키는 애플리케이션 또는 서버의 정상 동작 여부를 확인할 필요가 있다. 애플리케이션과 서버 동작이 모두 정상이라면 로그 이벤트를 전송하는 스플렁크 유니버설 포워더나 원천데이터의 수신 설정을 관장하는 스플렁크 헤비 포워더 인스턴스의 정상 동작 여부도 함께 확인해 봐야 한다. 특히, 원천데이터 수집 방식이 Syslog, SNMP 프로토콜 등 송수신 포트 설정을 통한 수집 방식을 적용하고 있다면 서로 간의 통신포트 설정에 문제가 없는지, 포트 간 통신이 불가한 상태는 아닌지 종합적으로 확인할 필요가 있다.

점검 과정에서 원천데이터 송신 설정이나 수신 설정 내 잘못된 부분이 있어 수정이 필요할 경우, conf 파일을 변경하고 서비스 재시작을 통해 변경 사항을 적용한 후 데이터 수집이 정상적으로 이뤄지는지 확인해 본다.

7.2.4 데이터 비정상 수집 점검

점검 개요

사용자가 수집된 원천데이터를 조회할 때 로그 이벤트의 데이터 라인이 구분되지 않거나, 시간값이 파싱되지 않아 깨져 보이거나, 로그 이벤트의 출력 라인 구분 제한값을 초과해 데이터가 비정상적으로 검색되는 경우가 발생할 수 있다. 이는 사용자가 스플렁크 인스턴스에 적용한 로그 이벤트 속성 설정값이 잘못 입력돼 있어서 발생할 가능성이 높기 때문에, 정기적인 점검을 통해 정상적으로 수집되도록 조치해야 한다.

점검 방법

사용자는 스플렁크 솔루션의 기본 내장 인덱스인 _internal 내 활동 로그를 검색해 원천데이터의 비정상 여부를 확인해 볼 수 있다.

스플렁크에서 주로 발생하는 대표적인 데이터 비정상 상황은 크게 Line Breaking Error, Timestamp Parsing Error, Max Events Error 이렇게 3가지가 있는데, 데이터 비정상 수집 상황 발생 유무를 조회하는 검색 쿼리는 각각 다음과 같다.

Line Breaking Error
```
index=_internal sourcetype=splunkd component=LineBreakingProcessor
| rex field=_raw "([^\n]*\-){3}\s+(?P<message>.*?)\s+\-"
| stats count by component data_host data_sourcetype data_source message _raw
```

Timestamp Parsing Error
```
index=_internal sourcetype=splunkd component=DateParserVerbose data_
source!=*splunk*
| rex field=_raw "([^\n]*\-){3}\s+(?P<message>.*?)\s+Context:"
| stats count by component data_host data_sourcetype data_source message _raw
```

Max Events Error
```
index=_internal sourcetype=splunkd component=AggregatorMiningProcessor
| stats count by component data_host data_sourcetype data_source _raw
```

정상 여부 판단 기준

검색 쿼리 실행 결과 어떤 데이터도 반환하지 않는다면 데이터 수집이 정상적으로 이뤄지고 있다는 의미로 해석할 수 있다.

만약 검색된 데이터가 있다면 인덱스명과 소스타입명을 확인해 수신된 원천데이터의 속성을 설정하는 스플렁크 헤비 포워더 인스턴스 내 props.conf 파일을 수정해 정상화시켜야 한다. 설정파일을 적용하기 위해서는 스플렁크 헤비 포워더 인스턴스의 재시작이 필요하며, 이에 따라 다른 원천데이터의 수집에 영향을 미칠 수 있으니 실제 운영중인 환경에서는 사전에 작업 일정을 수립해 적용하는 것이 안전하다.

또한 스플렁크 헤비 포워더 인스턴스 내 props.conf 파일 수정을 통한 조치사항 반영의 경우 기존에 수집이 완료된 로그 이벤트에 대해서는 설정이 적용되지 않고 변경된 설정이 반영된 이후 시점부터 수집된 신규 데이터에 한해 적용되니 조치 작업 수행 시 참고하기 바란다.

앞서 언급한 대표적인 비정상 상황별 props.conf 수정입력값은 사용자의 스플렁크 플랫폼 운영 환경 특성에 따라 변경될 수 있으며, 상세 내용은 8장에서 다루니 비정상 상황에 대한 조치 가이드를 파악하고 싶다면 8장을 확인해 보길 바란다.

7.2.5 가용성 데이터 정상 수집 여부 점검

점검 개요

플랫폼을 구성하는 서버의 이상현상을 조기에 발견하고 조치하기 위해서는 각 서버의 가용성 데이터를 수집해 사용자가 모니터링할 수 있어야 하는데, 가용성 데이터가 정상적으로 수집되지 않으면 서버의 비정상 상황을 사용자가 파악하기 어려워 플랫폼 전체 동작이 중단되는 심각한 장애 상황을 초래할 수 있다. 또한 모니터링 콘솔에서 스플렁크 서버 상태 관련 대시보드 화면이 정상적으로 표시되지 않을 수도 있어 지속적인 점검이 필요하다.

점검 방법

스플렁크 인스턴스가 설치된 서버의 가용성 데이터 정상 수집 여부를 확인하는 검색 쿼리는 다음과 같다.

■ **점검 쿼리**

```
| metadata type=hosts index=_introspection
| where recentTime < now( ) - 300
| eval last_index = strftime(recentTime, "%F %T")
| rename last_index as Last_Index_Date
| table host Last_Index_Date
```

정상 여부 판단 기준

검색 쿼리 실행 결과 어떤 데이터도 반환하지 않는다면 서버별 가용성 데이터가 정상적으로 수집돼 저장되고 있다고 판단할 수 있다.

만약 검색된 데이터가 있다면 가용성 데이터를 수집하는 스플렁크 헤비 포워더 인스

턴스의 서비스 정상동작 여부와 conf 파일 내 설정 정보에 대한 확인이 필요하다. 원
인을 파악하는 과정에서 서비스 동작이 비정상적이거나 설정이 잘못 적용돼 있는 것
이 확인된다면, 설정파일 수정 및 스플렁크 인스턴스 재시작을 통해 조치할 수 있다.

7.2.6 Splunk DB Connect 에러 발생 여부 점검

점검 개요

사용자가 스플렁크에서 제공하는 Splunk DB Connect 앱을 설치해 활용 중일 경우,
데이터베이스 검색을 통해 전송되는 원천데이터가 정상적으로 수집되지 않거나, 검
색 시 조회되지 않는다면 데이터베이스에 대한 정상 연결 여부 등 앱의 정상동작 여
부를 확인해 볼 필요가 있다. 특히 데이터베이스 연결을 통한 원천데이터 수집은 테
이블, 컬럼, 접속 경로 및 암호 등 대상 시스템에서의 설정값 변경이 잦으므로 이에
대한 변경사항 모니터링에 각별히 신경을 써야 한다.

점검 방법

Splunk DB Connect 앱에서의 에러 발생 여부를 점검하기 위한 검색 쿼리는 다음
과 같다.

■ **점검 쿼리**

```
index=_internal sourcetype=dbx* error*
| rex field=_raw ".*?\:\d+.*?\s+\[(?P<log_level>.*?)\]"
| search log_level!=INFO
```

정상 여부 판단 기준

검색 쿼리 실행 결과 어떤 데이터도 반환하지 않는다면 Splunk DB Connect 앱이
정상 동작하고 있다고 판단할 수 있다.

만약 검색된 데이터가 있다면 조회된 내용을 참고해 Splunk DB Connect 앱에 저

장돼 있는 데이터베이스 접속 정보와 테이블 및 컬럼 정보들이 변경되지는 않았는지 확인할 필요가 있다. 또한 수집 대상 데이터베이스 내 특정 컬럼을 라이징 컬럼으로 지정한 후, 해당 컬럼의 속성값이 변경됐거나 속성값에 정상값이 매핑돼 있지 않은 경우 데이터 수집 시 이상현상이 발생할 수 있으니 상세 내역을 확인해 조치를 수행해야 한다.

Splunk DB Connect 앱에서 발생할 수 있는 에러에 대한 상세 내용은 https://docs.splunk.com/Documentation/DBX/3.1.4/DeployDBX/Troubleshooting을 참고하기 바란다.

7.3 데이터 저장 및 복제 영역 점검

다음으로 데이터 저장 및 복제 영역에 대한 점검 개요 및 방법, 정상 여부 판단 기준에 대해 살펴보자.

7.3.1 인덱서 피어 노드 정상동작 여부 점검

점검 개요

사용자가 클러스터링 기반 분산 처리 환경을 적용해 플랫폼을 구축했을 경우, 수집된 데이터에 대한 분산 검색 기능을 효과적으로 활용하기 위해서는 데이터를 저장하고 검색 결과를 회신할 인덱서 피어 노드들이 모두 정상 상태를 유지할 수 있어야 한다.

만약 인덱서 피어 노드에 이상현상이 발생해 제 기능을 하지 못하면 데이터 검색 성능이 저하될 수 있으며, 심한 경우 데이터 검색 자체가 동작하지 않을 수 있기 때문에 사용자는 인덱서 피어 노드 상태를 예의주시하며 이상현상 발생 시 신속하게 조치할 수 있어야 한다.

점검 방법

스플렁크 인덱서 피어 노드의 정상동작 여부는 모니터링 콘솔에 접속해 확인할 수
있다. 사용자가 클러스터 마스터에 접속해 [설정 → 인덱서 클러스터링]를 선택한
후 하단의 [피어]탭을 선택하면 그림 7-2와 같이 인덱서 피어 노드별 정상동작 여부
및 상태 정보를 점검할 수 있다.

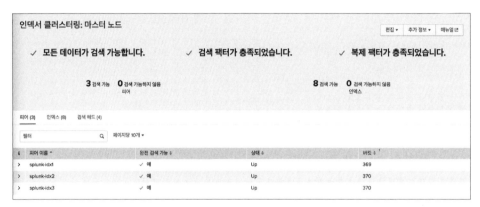

그림 7-2 인덱서 피어 노드 정상동작 여부 점검 예시

정상 여부 판단 기준

위에서 설명한 모니터링 콘솔 화면에서 상단의 상태값 정보가 "모든 데이터가 검색
가능합니다.", "검색 팩터가 충족되었습니다.", "복제 팩터가 충족되었습니다."라고 표
시되고 하단의 피어별 상태값이 모두 [Up]으로 표시돼 있으면 정상 동작중인 것으
로 판단할 수 있다.

만약 전체 또는 일부 인덱스 피어 노드에 이상현상이 발생하면 위 화면에 경고가 나
타나면서 상세 내용이 표시되는데, 이 경우 사용자는 경고 내용을 파악한 후 스플렁
크 서비스 재시작 또는 conf 파일 수정 적용 등의 조치를 수행할 수 있다.

인덱서 피어 노드의 이상현상이 발생하는 원인은 매우 다양하다. 그 중에서도 스플
렁크 검색 헤드에서 대용량의 룩업 데이터를 생성하거나 사용자가 검색 시간 범위를
길게 설정하고 대용량으로 수집된 인덱스를 대상으로 검색 시간 범위를 길게 해 데

이터 검색을 실행한 경우, 데이터 검색 쿼리 내에 join이나 lookup 등의 함수가 다수 사용된 경우에 자주 발생하는 경향이 있으니 룩업 데이터 생성 및 데이터 검색 쿼리 실행 시 참고하기 바란다.

7.3.2 인덱서 클러스터링 정상동작 여부 점검

점검 개요

인덱스 클러스터링에 이상현상이 발생하면 원천데이터의 수집 및 저장에 문제가 발생할 수 있으며, 사용자의 데이터 검색 쿼리가 정상적으로 실행되지 않을 수 있다.

또한 인덱스 피어 노드의 스플렁크 서비스가 비정상적으로 종료되거나 인덱서 클러스터 멤버 중 하나의 인스턴스를 사용자가 강제로 단독 재시작하는 경우, 데이터 집합인 버킷의 인덱서 간 복제가 정상적으로 동작하지 않아 데이터 유실의 우려가 있으므로 주기적인 점검 및 조치가 필요하다.

점검 방법

스플렁크 인덱서 클러스터링 상태는 모니터링 콘솔에 접속해 확인할 수 있다. 사용자가 클러스터 마스터에 접속해 [설정 → 인덱서 클러스터링]을 선택한 후 하단의 [인덱스]탭을 클릭하면 그림 7-3과 같이 인덱서 클러스터링 설정에 대한 상태 정보를 점검할 수 있다.

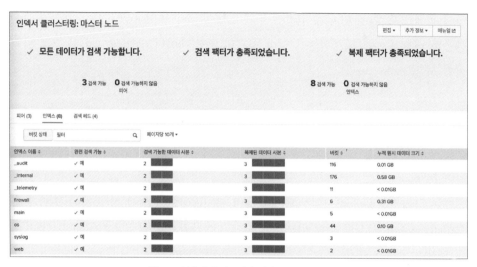

그림 7-3 인덱서 클러스터링 정상동작 여부 점검

정상 여부 판단 기준

하단의 화면에서 완전 검색 가능 컬럼이 모두 [예]로 표시되고, 검색 가능한 데이터 사본 및 복제된 데이터 사본 컬럼의 값이 사용자가 적용한 설정값과 동일하게 표시되면 인덱서 클러스터링이 정상적으로 동작하고 있다고 판단할 수 있다.

스플렁크 인덱서 서버들은 서로 간의 검색 팩터 및 복제 팩터의 복제를 수시로 수행하기 때문에 간혹 사용자가 버킷 복제가 일어나는 도중에 위 화면에 접근했을 때 인덱서 클러스터링 상태가 비정상으로 표시될 수 있는데, 이는 일정 시간이 지난 후 다시 확인하면 정상적으로 표시되니 잠시 후 다시 확인해 보기 바란다.

또한 기타 다른 사유로 인해 개별 인덱서 서버를 대상으로 장애 조치 작업이 필요할 경우에는 클러스터 마스터 서버 내 콘솔 환경에서 [splunk enable maintenance-mode] 명령어를 실행해 클러스터 유지 관리 모드를 실행시킨 후 작업을 진행하는 것이 좋으며, 작업 후 인덱서 서버들의 재시작이 필요할 경우에도 클러스터 마스터에서 [splunk rolling-restart cluster-peers] 명령어를 실행해 인덱서 피어 노드를 순차적으로 재시작해주는 것이 좀 더 안정적으로 작업을 수행하는 방법이다.

7.3.3 버킷 오류 존재 유무 점검

점검 개요

스플렁크는 버킷 오류가 일부 발생하더라도 사용자가 데이터 검색을 수행할 수 있도록 지원한다. 하지만 버킷 오류가 발생한 상황이 해결되지 않고 지속되면 인덱서 클러스터링이 정상적으로 동작하지 않아 데이터 검색이 제한되고 검색 데이터의 정합성이 맞지 않을 수 있으며, 계속 방치하면 결국 플랫폼에 심각한 장애를 초래할 수 있다.

이에 따라 사용자는 플랫폼 내 버킷 오류가 발생했는지 모니터링할 필요가 있으며, 주기적으로 버킷 오류를 점검해 적절히 조치한다면 향후 발생할 수도 있는 서비스 이상현상을 사전에 예방할 수 있다.

점검 방법

버킷 오류의 존재 유무는 모니터링 콘솔에 접속해 확인할 수 있다. 사용자가 모니터링 콘솔에 접속해 [인덱싱 → 인덱서 클러스터링 → 인덱서 클러스터링:서비스 활동]을 선택하면 그림 7-4와 같이 인덱서 클러스터 피어 노드별로 경고 및 오류 패턴을 점검할 수 있다.

그림 7-4 버킷 오류 존재유무 점검

정상 여부 판단 기준

그림 7-4에서 경고 및 오류 패턴 결과가 조회되지 않을 때 현재 버킷 오류는 존재하지 않는 것으로 확인할 수 있다.

앞서 언급했던 것처럼 인덱서 클러스터링이 활성화돼 있는 상태에서 특정 인덱서 피어 노드의 스플렁크 서비스가 예기치 않게 종료되거나, 특정 인덱서 피어 노드만 단독으로 재시작해 버킷 복제가 비정상적으로 수행됐을 경우 버킷 오류가 발생할 수 있다. 이 경우 스플렁크는 리밸런싱이라는 기능을 적용해 각 인덱서 피어 노드 간 버킷 동기화 작업을 수행하기 때문에 일정 시간이 지난 후 다시 확인하면 정상적으로 조치되는 경우가 있으니 참고하기 바란다.

또한 사용자는 모니터링 콘솔에서 비정상 버킷을 선택해 삭제함으로써 오류 상황을 해소시킬 수도 있다.

7.3.4 버킷 저장 공간 상태 확인

점검 개요

사용자는 대용량 원천데이터의 저장으로 인해 스플렁크가 설치된 서버의 디스크 파티션이 포화 상태가 되는 것을 사전에 방지하고 데이터 저장공간의 추가 확보 시점을 파악하기 위해 버킷의 저장 공간 상태를 정기적으로 확인해 주는 것이 좋다.

점검 방법

사용자가 모니터링 콘솔에 접속한 후 [인덱싱 → 인덱스 및 볼륨 → 인덱스 세부정보:인스턴스 → 볼륨]을 선택하면 그림 7-5와 같이 버킷 크기와 수, 버킷에 포함돼 있는 이벤트 수를 지속적으로 확인하고 상태를 점검할 수 있다.

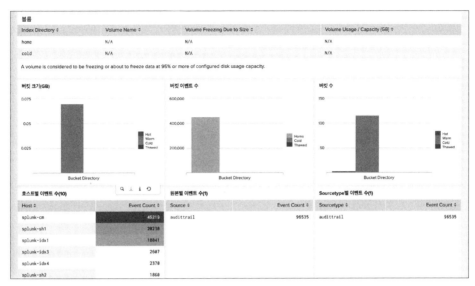

그림 7-5 버킷 저장 공간 상태 확인

정상 여부 판단 기준

인덱스 및 소스타입, 호스트 및 버킷 디렉터리별로 설정된 버킷 크기의 적정성을 검토해 이상이 없을 시 정상 상태라고 판단할 수 있다.

만약 버킷 저장 공간이 디스크 파티션을 과도하게 사용하고 있어 플랫폼에 영향을 미칠 것으로 판단될 경우, 인덱스별 데이터 저장 기간 및 볼륨 사이즈를 조정해 과거 데이터를 삭제할 수 있도록 설정함으로써 조치를 수행할 수 있다.

7.3.5 인덱스별 데이터 보관주기 확인

점검 개요

데이터 수집량 증가에 따른 예기치 못한 디스크 파티션 포화 상태를 사전에 방지하고, 데이터 저장공간 및 원천데이터별 보관 주기를 효율적으로 관리하기 위해 인덱스별 데이터 보관주기를 정의하고 이에 대한 설정이 제대로 적용돼 있는지 지속적으로 점검하는 것이 좋다.

점검 방법

인덱스별 데이터 보관주기는 모니터링 콘솔에 접속해 확인할 수 있다. 사용자가 모니터링 콘솔에 접속해 [인덱싱 → 인덱스 및 볼륨 → 인덱스 세부정보:인스턴스]를 선택하면 그림 7-6과 같이 인덱스별 사이즈와 로그 이벤트 수, 인덱스의 데이터 보관주기 설정 정보 및 데이터 저장 상태 등을 점검할 수 있다.

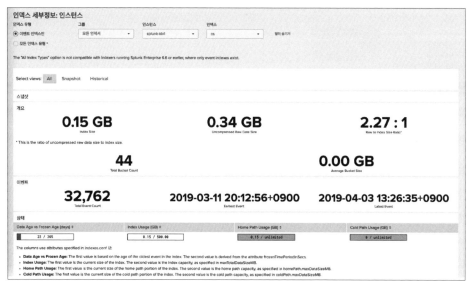

그림 7-6 인덱스별 데이터 보관주기 확인

정상 여부 판단 기준

사용자가 선택한 인덱스의 사이즈와 로그 이벤트 수, 현재까지의 저장 용량을 고려했을 때 데이터 보관 주기가 적절하게 설정돼 있다면 정상이라고 판단할 수 있다.

만약 데이터 저장량과 향후 증가 추세를 고려해 데이터 보관 기간을 보다 확대할 필요가 있다면 설정값을 수정한 후 스플렁크 서비스 재시작을 통해 조치할 수 있다.

7.4 데이터 검색 및 배포 영역 점검

이어서 데이터 검색 및 배포 영역에 대한 점검 개요 및 방법, 정상 여부 판단 기준에 대해 알아보자.

7.4.1 Saved Search 구동 현황 점검

점검 개요

스플렁크에서 Saved Search는 Summary Index 생성, outputlookup 데이터 생성, 탐지 시나리오 구동 등 다양한 용도로 활용할 수 있다. Saved Search의 가장 큰 특징이 사용자가 스케줄을 정의해 줄 경우 정해진 스케줄에 맞게 자동으로 검색 쿼리가 실행돼 그 결과를 플랫폼에 저장하도록 설정할 수 있다는 것이다. 그렇기 때문에 Saved Search가 정상적으로 구동되지 않으면 사용자가 예상한 결과값이 정해진 시점에 저장되지 않아 데이터 분석에 어려움을 겪을 수 있다.

점검 방법

Saved Search 구동 현황은 모니터링 콘솔에 접속해 확인할 수 있다. 사용자가 모니터링 콘솔에 접속해 [검색 → 스케줄러 활동 → 스케줄러 작업:인스턴스]를 선택하면 그림과 같이 Saved Search에 대한 상세 구동 내역 및 평균 실행 대기 시간, 스케줄러 실행 통계 등을 확인하고 정상동작 여부를 점검할 수 있다(그림 7-7, 그림 7-8 참고).

그림 7-7 Saved Search 구동 현황 점검 예시

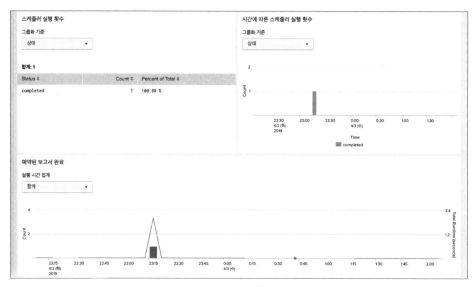

그림 7-8 Saved Search 구동 현황 통계 정보 확인 예시

정상 여부 판단 기준

위의 그림에서 "건너뛰기 비율" 항목에 표시된 내용이 없다면 사용자가 지정한 스케줄대로 Saved Search가 정상 구동됐다고 판단할 수 있다.

만약 건너 뛴 Saved Search가 있다고 표시될 경우, 확인을 위해 해당 검색 쿼리를 실행해 검색 시간의 장기화로 인해 검색이 중지된 것인지, 아니면 검색 쿼리 실행 중 스플렁크 검색 헤드 또는 인덱서 인스턴스에 이상이 발생해 예기치 않은 오류가 발생한 것인지 확인할 필요가 있다. 검색 시간의 장기화로 인해 검색이 중지됐을 경우에는 검색 시간 범위를 조정하거나 쿼리 내용을 수정해 검색 시간을 단축할 수 있도록 조치를 취해주는 것이 좋다.

7.4.2 메모리 과다 사용 검색 점검

점검 개요

사용자가 검색 쿼리를 실행할 때 검색 시간 범위를 전체 시간으로 설정하거나 너무 많은 원천데이터를 참조하도록 검색 쿼리를 실행하면 검색 헤드 서버에서 메모리를 과다하게 사용하게 돼 검색 자체가 실행되지 않을 수 있다. 이러한 메모리 과다 사용 검색 쿼리들은 적절히 조치하지 않을 경우 검색 헤드 서버에 지속적으로 부하를 발생시켜 결국 검색 헤드 서버를 중지시키는 원인이 될 수 있기 때문에 주기적으로 점검해야 한다.

점검 방법

사용자는 모니터링 콘솔에 접속해 메모리를 과다 사용하는 검색 쿼리들을 확인할 수 있는데, 모니터링 콘솔에서 [검색 → 작업 → 검색 작업:인스턴스]를 선택하면 그림 7-9와 같이 메모리를 많이 사용하는 상위 20개 검색 쿼리 내역에 대해 점검할 수 있다.

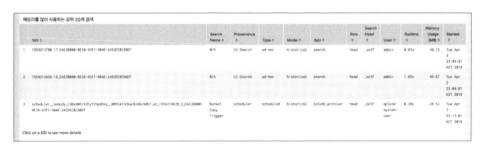

그림 7-9 메모리를 많이 사용하는 상위 20개 검색 쿼리 점검 예시

정상 여부 판단 기준

플랫폼을 구성하는 서버 및 네트워크 인프라 환경에 따라 상이할 수 있으나, 일반적으로 "Memory Usage (MB)" 항목이 1000MB 이상이거나 "Runtime" 항목이 60초 이상인 검색이 없을 시 정상 범주로 간주한다.

만약 메모리 사용량이 1000MB 이상이거나 검색 실행 시간이 60초 이상인 검색 쿼리가 존재할 경우, 해당 검색의 검색 시간 범위 조절, 검색 쿼리 내 조건 수정 등을 통해 메모리 사용량을 줄일 수 있도록 조치해 줘야 한다.

7.4.3 장시간 동작하는 검색 쿼리 점검

점검 개요

사용자가 검색 쿼리를 실행하고 나서 결과가 도출되기까지 오랜 시간이 걸린다면 이 검색 쿼리가 검색 헤드 서버 자원의 상당량을 할당 받아 사용하고 있다는 의미로 해석할 수 있으며, 이렇게 오래 걸리는 검색 쿼리는 사용자 본인뿐만 아니라 데이터를 검색하는 모든 플랫폼 사용자들에게 영향을 미칠 수 있으므로 수시로 점검해 검색 시간을 단축시켜줘야 한다.

점검 방법

장시간 동작하는 검색 쿼리 또한 모니터링 콘솔에 접속해 확인할 수 있다. 사용자가 모니터링 콘솔에 접속해 [검색 → 작업 → 검색 작업량 통계:인스턴스]를 선택하면 그림 7-10과 같이 검색명과 검색 시간, 검색 종류와 검색 쿼리를 수행한 사용자 정보 등을 확인하고 장시간 동작중인 검색 쿼리가 존재하는지 점검할 수 있다.

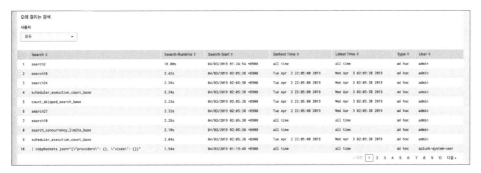

	Search ⬧			Search Runtime ⬧	Search Start ⬧	Earliest Time ⬧	Latest Time ⬧	Type ⬧	User ⬧
1	search2			18.00s	04/03/2019 01:34:54 +0900	all time	all time	ad hoc	admin
2	search18			2.42s	04/03/2019 02:05:38 +0900	Tue Apr 2 22:05:00 2019	Wed Apr 3 02:05:38 2019	ad hoc	admin
3	search24			2.38s	04/03/2019 02:05:38 +0900	Tue Apr 2 22:05:00 2019	Wed Apr 3 02:05:38 2019	ad hoc	admin
4	scheduler_execution_count_base			2.34s	04/03/2019 02:05:38 +0900	Tue Apr 2 22:05:00 2019	Wed Apr 3 02:05:38 2019	ad hoc	admin
5	count_skipped_search_base			2.33s	04/03/2019 02:05:38 +0900	Tue Apr 2 22:05:00 2019	Wed Apr 3 02:05:38 2019	ad hoc	admin
6	search27			2.32s	04/03/2019 02:05:38 +0900	Tue Apr 2 22:05:00 2019	Wed Apr 3 02:05:38 2019	ad hoc	admin
7	search10			2.26s	04/03/2019 02:05:38 +0900	all time	all time	ad hoc	admin
8	search_concurrency_limits_base			2.10s	04/03/2019 02:05:38 +0900	all time	all time	ad hoc	admin
9	scheduler_execution_count_base			2.04s	04/03/2019 02:05:38 +0900	Tue Apr 2 22:05:00 2019	Wed Apr 3 02:05:38 2019	ad hoc	admin
10		copybuckets json="{\"providers\": {}, \"vixes\": {}}"			1.94s	04/03/2019 01:19:48 +0900	all time	all time	ad hoc	splunk-system-user

그림 7-10 장시간 동작하는 검색 쿼리 점검 예시

정상 여부 판단 기준

플랫폼을 구성하는 서버 및 네트워크 인프라 환경에 따라 상이할 수 있으나, 일반적으로 "Search Runtime" 항목이 3분 이상인 검색 쿼리가 존재하지 않는다면 정상 범주로 간주한다.

만약 검색 시간이 3분 이상 걸리는 검색 쿼리가 있다면 해당 검색 쿼리의 상세 정보를 확인한 후, 검색 시간 범위 조절, 검색 쿼리 내 조건 수정 등을 통해 검색 시간을 줄일 수 있도록 조치하는 것이 좋다.

7.4.4 검색 헤드 클러스터링 상태 점검

점검 개요

스플렁크 검색 헤드는 사용자가 플랫폼에 접근하는 진입 포인트이자 데이터 검색 및 분석 작업을 수행하는 곳이기 때문에 검색 헤드 클러스터링의 상태를 점검하는 것은 매우 중요한 작업이다. 검색 헤드 클러스터링에 이상 현상이 발생해 검색 헤드가 정상적으로 동작하지 않으면 검색 헤드 인스턴스 간 번들 복제가 제대로 실행되지 않아 데이터 검색 시 문제가 발생할 수 있기 때문이다.

점검 방법

스플렁크 검색 헤드 클러스터링의 상태는 모니터링 콘솔에 접속해 확인할 수 있다. 사용자가 모니터링 콘솔에 접속해 [검색 → 검색 헤드 클러스터링 → 검색 헤드 클러스터링:상태 및 설정]을 선택하면 그림 7-11과 같이 점검 시점의 검색 헤드 클러스터링 정상동작 여부와 인스턴스별 캡틴 및 클러스터 멤버 역할 내역, 캡틴과 멤버 간 최근 통신 내역 등을 점검할 수 있다.

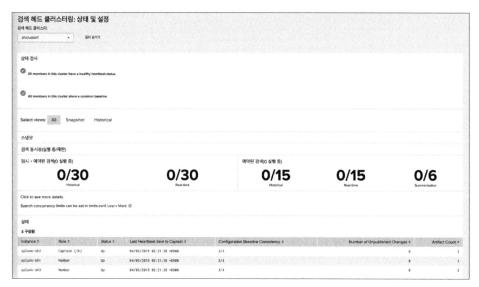

그림 7-11 검색 헤드 클러스터링 상태 점검 예시

정상 여부 판단 기준

우선 위 화면의 [상태 검사] 패널에 오류 메시지가 존재하지 않고 하단의 캡틴 및 클러스터 멤버의 상태가 "Up"일 경우 검색 헤드 클러스터링이 정상 동작중인 것으로 판단할 수 있다.

[상태 검사] 패널에서 오류 메시지가 발생할 경우 해당 메시지의 상세 내역을 확인한 후 원인을 파악해 오류 메시지가 더 이상 표시되지 않도록 조치해줘야 하며, 필요할 경우 검색 헤드 인스턴스 내 콘솔 환경에서 "splunk resync shcluster-replicated-config" 명령어를 실행해 검색 헤드 인스턴스 간 재동기화 조치를 수행해줘야 한다.

자세한 조치 방안은 "Splunk-7.2.0-DistSearch_ko-KR.pdf" 문서의 검색 헤드 클러스터링 문제 해결 항목을 참고하기 바란다.

7.4.5 캡틴 선출 내역 점검

점검 개요

검색 헤드 클러스터링 구성에서 클러스터 멤버 간 작업 및 역할을 관리하는 것이 바로 캡틴이기 때문에, 캡틴이 선출돼 제 기능을 수행할 수 있도록 해주는 것이 중요한 점검 요소 중 하나다.

만약 검색 헤드 클러스터링 환경에서 캡틴이 선출되지 않으면 검색 헤드 인스턴스 간 번들 복제 및 활성화 체크가 제대로 동작하지 않아 장애가 발생할 수 있으니 주의해야 한다.

점검 방법

사용자는 모니터링 콘솔 내 [검색 → 검색 헤드 클러스터링 → 검색 헤드 클러스터링:상태 및 설정]을 선택한 후 그림 7-12와 같이 하단의 "캡틴 선출 작업" 및 "캡틴 선출 세부정보" 패널을 조회해 검색 헤드 클러스터링 캡틴의 선출 이력 및 세부 내역을 확인할 수 있다.

그림 7-12 캡틴 선출 내역 점검 예시

정상 여부 판단 기준

그림 7-12에서 오류 메시지가 발생하지 않았다면 캡틴이 정상적으로 선출돼 구동되고 있다고 판단할 수 있다.

만약 캡틴 선출에 실패해 현재 캡틴이 지정돼 있지 않은 상태라고 확인된다면 사용자는 검색 헤드 클러스터 구성원 중 하나의 인스턴스에 접속해 콘솔 환경에서 "splunk bootstrap shcluster-captain" 명령어를 실행함으로써 검색 헤드 클러스터 구성원들에게 캡틴 선출을 요청할 수 있다.

이밖에 자세한 문제 해결 방법은 "Splunk-7.2.0-DistSearch_ko-KR.pdf" 문서의 검색 헤드 클러스터링 문제 해결 항목을 참고하기 바란다.

7.4.6 KV 스토어 상태 점검

점검 개요

사용자가 KV 스토어에 룩업 데이터를 저장해 데이터 검색에 활용하고 있다면, 검색 헤드 클러스터링과 함께 KV 스토어가 정상적으로 동작하는지도 함께 점검해야 한다.

만약 KV 스토어가 정상적으로 동작하지 않을 경우 사용자가 플랫폼에서 수행한 데이터 검색 결과가 일부 누락되거나 에러 메시지가 표시되면서 아예 검색 자체가 실행되지 않을 수도 있다.

점검 방법

KV 스토어의 상태는 모니터링 콘솔에서 점검할 수 있다. 사용자가 모니터링 콘솔에 접속해 [검색 → KV 스토어 → KV 스토어:배포]를 선택하면 그림 7-13과 같이 KV 스토어에 오류가 발생한 이력이 있는 지와 검색 헤드 인스턴스별 KV 스토어 상태 정보 등을 확인할 수 있다.

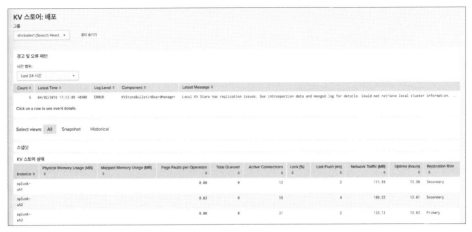

그림 7-13 KV 스토어 상태 점검 예시

정상 여부 판단 기준

그림 7-13 상단에 위치한 [경고 및 오류 패턴] 패널에 에러 메시지가 표시되지 않으면 정상 상태라고 판단할 수 있다.

만약 KV 스토어에 오류가 발생했음을 나타내는 경고 메시지가 표시됐다면 메시지의 내역을 상세하게 파악한 후 에러를 제거하기 위한 조치를 수행해야 하며, 필요에 따라 오류가 발생한 검색 헤드 클러스터 구성원의 서버 콘솔 환경에 접속해 "splunk resync kvstore" 명령어를 실행함으로써 검색 헤드 클러스터 구성원들에게 KV 스토어의 재동기화 작업을 요청할 수 있다.

재동기화 작업 요청 관련 상세 가이드는 "Splunk-7.2.0-Admin_ko-KR-pdf" 문서의 KV 스토어 재동기화 항목을 참고하기 바란다.

7.4.7 룩업 파일 활용 현황 점검

점검 개요

사용자가 데이터 검색 시 활용하고자 룩업 파일을 생성하면 해당 파일은 검색 헤드 클러스터 멤버 및 인덱서 피어 노드에 번들 형태로 복제된다. 따라서 사용자가 생성한 룩업 파일이 너무 크면 그만큼 복제하기 위한 자원을 많이 사용하게 되고 부하도 증가하기 때문에 플랫폼에 예기치 못한 문제를 야기시킬 수 있다.

이러한 문제를 사전에 예방하기 위해서는 사용자의 룩업 파일 활용 현황을 주기적으로 점검해줘야 한다.

점검 방법

사용자의 룩업 파일 활용 현황을 점검하기 위해서는 스플렁크 검색 헤드 서버별로 콘솔 환경에 접속한 후 명령어 실행을 통해 정리 대상 룩업 파일이 존재하는지 확인해야 한다.

7일 이상 업데이트 되지 않은 100MB 이상의 룩업 파일을 검색하는 명령어 예시와 실행 결과는 그림 7-14와 같다.

- **명령어**

```
/> find /opt/splunk/etc/*/*/lookups -name '*.csv' -type f -size +100M -mtime +7 —ls
```

그림 7-14 룩업 파일 활용 현황 점검 예시

정상 여부 판단 기준

위 명령어에서 지정한 조건에 해당하는 룩업 파일이 서버에 존재하지 않는다면 정상 범주라고 간주한다. 만약 장기간 업데이트하지 않은 대용량 룩업 파일이 존재할 경우, 현재 사용중인 룩업 파일인지 다시 한번 검토한 후 해당 파일을 백업 폴더로 이동시키거나 삭제해 주는 것이 좋다.

7.5 플랫폼 운영 및 관리 영역 점검

마지막으로 플랫폼 운영 및 관리 영역에 대한 점검 개요 및 방법, 정상 여부 판단 기준에 대해 살펴보자.

7.5.1 스플렁크 인스턴스 현황 확인

점검 개요

스플렁크는 포워더, 인덱서, 검색 헤드 등 다양한 인스턴스가 각자의 역할을 수행하며 사용자의 데이터 검색 및 분석을 지원하는 솔루션이기 때문에, 안정적인 운영을 위해서는 스플렁크 인스턴스별 상태 및 역할을 지속적으로 모니터링하는 것이 좋다.

점검 방법

사용자는 그림 7-15와 같이 모니터링 콘솔 내 [인스턴스] 화면에 접근해 현재 플랫폼에 적용돼 있는 스플렁크 인스턴스별 역할과 상태 정보, 설치 버전 정보 및 자원할당 정보 등을 확인할 수 있다.

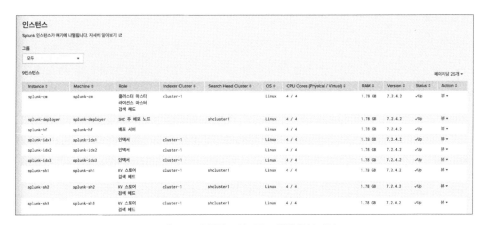

그림 7-15 스플렁크 인스턴스 현황 확인 예시

정상 여부 판단 기준

모든 인스턴스의 화면 우측 "Status" 컬럼값이 "Up"이면 현재 플랫폼을 구성하는 스플렁크 인스턴스가 모두 정상적으로 동작하고 있다고 판단할 수 있다.

만약 일부 인스턴스의 상태값이 "Down"으로 표시돼 있다면 해당 인스턴스가 정상적으로 동작하지 않는 상태라고 간주할 수 있으며, 사용자는 해당 인스턴스가 설치된 서버에 접속해 서비스 상태를 확인하고 조치를 취해야 한다.

7.5.2 스플렁크 인스턴스 리소스 사용량 점검

점검 개요

사용자의 플랫폼 사용량이 증가할수록 스플렁크 인스턴스별 서버 리소스 사용량도 증가할 것이다. 과다한 리소스 사용량 증가는 데이터 검색 지연 및 중단 발생의 주된 원인이기 때문에 리소스 사용량 변화를 지속적으로 체크해 장애요인을 사전에 예방할 필요가 있다.

점검 방법

사용자는 그림 7-16 및 그림 7-17과 같이 모니터링 콘솔 내 [리소스 사용량 → 리소스 사용량:서버] 화면에 접근해 플랫폼을 구성하는 서버 및 인스턴스별 리소스 사용량 정보를 확인하고 정상 범주 내에서 변화하는지 점검할 수 있다.

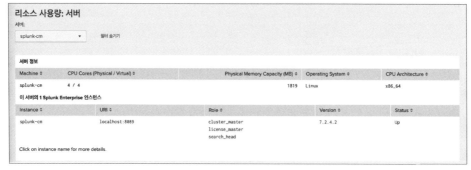

그림 7-16 스플렁크 서버 및 인스턴스 요약 정보 조회 예시

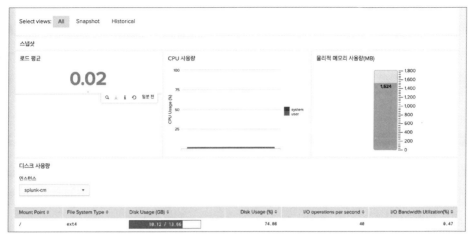

그림 7-17 스플렁크 인스턴스 리소스 사용량 점검 예시

정상 여부 판단 기준

플랫폼을 구성하는 서버 및 네트워크 인프라 환경에 따라 상이할 수 있으나 일반적으로 CPU 및 메모리 사용량이 90% 이상인 상태로 5분 이상 지속되면 이상현상이 발생한 것으로 판단할 수 있다. 이 때는 혹시 현재 플랫폼에 과다한 리소스를 사용하고 있는 대용량 검색 쿼리가 실행 중인지, 로그 이벤트 데이터의 수집량이 급격히 상승한 것이 있는지 확인해 보는 것이 좋다.

또한 디스크 사용량의 경우 85~90% 이상 사용중인 것으로 확인되면 불필요한 파일의 삭제나 디스크 증설을 통해 데이터 저장공간의 추가 확보를 검토해 보는 것이 플랫폼을 좀 더 안정적으로 관리할 수 있는 방법이다.

7.5.3 스플렁크 내부 로그 내 ERROR/WARN 메시지 분석

점검 개요

스플렁크는 원천데이터 수집과 검색 관련 사용자 행위 정보를 내부 로그에 기록해 수집하고 있는데 크게 기본 정보를 담고 있는 INFO, 서비스에 큰 영향을 주지 않으나 지속적으로 발생할 경우 장애를 유발시킬 수 있는 WARN, 서비스에 즉각적인 장애를 발생시킬 수 있는 ERROR 타입으로 분류할 수 있다.

이 3가지 타입 중 ERROR와 WARN 타입의 로그 이벤트가 발생하면 플랫폼의 안정적 운영을 위해 신속하게 원인을 파악하고 조치해 주는 것이 좋다.

점검 방법

사용자는 스플렁크 내부 로그에서 INFO 타입을 제외한 나머지 타입의 로그를 조회하는 검색 쿼리를 실행해 플랫폼 내부에서 발생되고 있는 잠재적 위험요소를 파악해볼 수 있다. 점검 쿼리 및 점검 결과 예시는 그림 7-18과 같다.

```
index=_internal sourcetype=splunkd log_level!=INFO NOT(component=LineBreakingPro
cessor OR component=DateParserVerbose OR component=AggregatorMiningProcessor OR
component=ExecProcessor) event_message=*
| stats count by host source log_level component event_message _raw
```

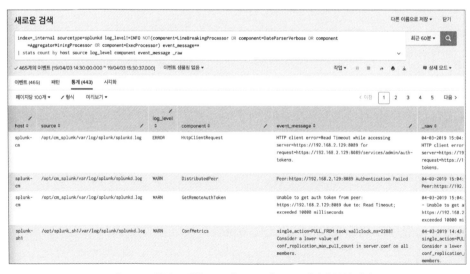

그림 7-18 스플렁크 내부 로그 내 ERROR/WARN 메시지 분석 예시

정상 여부 판단 기준

검색 쿼리 실행 결과 어떤 데이터도 반환하지 않는다면 현재 플랫폼이 잠재적 장애 요인 없이 안정적으로 운영되고 있다고 판단할 수 있다.

만약 검색된 데이터가 있다면 조회된 내용을 참고해 ERROR 타입의 로그 이벤트부터 우선 조치한 후, WARN 로그 이벤트를 이어서 조치하는 것이 효율적이다.

7.5.4 플랫폼 사용 이력 점검

점검 개요

플랫폼에 수시로 접근해 데이터 검색을 과다하게 실행한 사용자가 있다면 업무적으로 해당 작업이 꼭 필요한 것이었는지 확인하고, 플랫폼 부하를 줄일 수 있도록 업무를 개선하거나 데이터 검색 범위 및 역할을 제한하는 형태의 조치가 필요하다.

또한 플랫폼에 급격한 부하를 발생시키거나 서비스 중단을 야기시키는 검색 행위가 발생했다면 혹시 외부로부터의 해킹 공격에 의해 발생한 것인지를 검증해야 한다.

이런 이유 때문에 플랫폼 운영 담당자는 안정적 운영 및 신속한 위협 대응을 위해 사용자의 플랫폼 사용 이력을 수시로 점검할 필요가 있다.

점검 방법

사용자는 그림 7-19와 같이 모니터링 콘솔 내 [검색 → 작업 → 검색 사용량 통계: 인스턴스] 화면에 접근해 사용자별 검색 작업에 대한 상세 정보를 확인할 수 있다.

그림 7-19 플랫폼 사용 이력 점검

정상 여부 판단 기준

그림 7-19에서 사용자별로 Cumulative Runtime(누적 검색 시간) 항목값을 확인해 보고 타 사용자 대비 검색 누적 시간이 월등히 높은 사용자가 있다면 업무 관점에서의 데이터 검색 적합성을 검토해 개선 조치를 수행할 수 있다.

일반적으로 대시보드를 과다하게 사용하거나 애드혹(ad-hoc) 쿼리를 과다하게 실행시키는 경우에 타 사용자 대비 누적 검색 시간이 높게 나타나는 경향이 있으니 과다 검색 작업을 줄이는 방향으로 가이드를 제시하면 도움이 될 수 있다.

7.5.5 사용자 접근 통제 관리

점검 개요

플랫폼 운영 담당자는 사용자별 Session Timeout 설정 적용을 권고하고 비밀번호 변경 주기를 확인해 사용자에게 공지해 줌으로써 사용자의 플랫폼 접근을 통제하고 보다 안전하게 플랫폼을 사용할 수 있도록 관리할 필요가 있다.

점검 방법

사용자가 Session Timeout을 설정하고자 한다면 그림 7-20과 같이 스플렁크 웹에 접속한 후 [설정 → 서버 설정 → 일반 설정]을 선택해 하단의 Session timeout 값을 설정해 주면 된다. 기본값은 1h이며 사용자가 원하는 Session timeout 값을 입력한 후 저장하면 설정값이 반영된다.

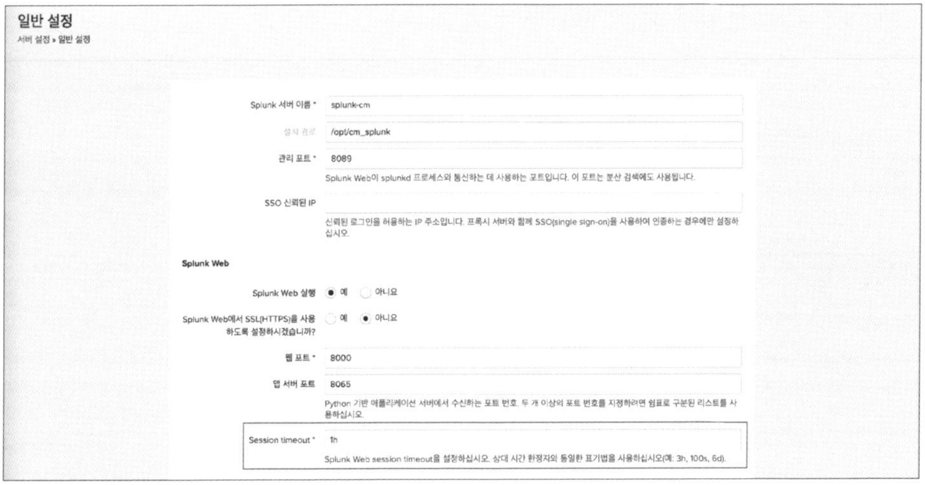

그림 7-20 Session Timeout 설정

플랫폼 운영 담당자는 데이터 검색 쿼리 실행을 통해 사용자의 최근 스플렁크 비밀
번호 변경 시점 및 표준 정책에 따른 변경 대상을 추출해 조치할 수 있다.

최근 30일간 스플렁크 웹에 로그인한 사용자 중 90일 이상 비밀번호를 변경하지 않
은 사용자를 추출하는 데이터 검색 쿼리 및 검색 결과 예시는 그림 7-21과 같다.

■ 데이터 검색 쿼리

```
index=_audit user=* action="login attempt" info=succeeded earliest=-30d@d
latest=now
| stats latest(_time) as lasttime by host user
| eval last_login=strftime(lasttime, "%F %T")
| join type=outer host user
    [ search index=_audit user=* action="password change" info=succeeded
earliest=-90d@d latest=now
    | stats latest(_time) as last_pwd_date by host user
    | eval last_chg_pwd=strftime(last_pwd_date, "%F %T")]
        | eval last_change_pw=if(isnull(last_chg_pwd) OR last_chg_pwd="", null,
last_chg_pwd)
| fillnull value="change_password" last_change_pw
| replace "" with "change_password" in last_change_pw
```

```
| table host user last_login last_change_pw
| sort last_change_pw
```

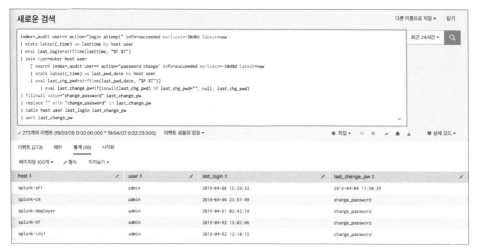

그림 7-21 최근 90일간 비밀번호 미변경자 추출 쿼리 실행 예시

정상 여부 판단 기준

그림 7-21에서 last_change_pw 항목에 날짜가 표기되면 아직 90일이 도래하지 않은 정상 사용자이며, last_change_pw 필드에 날짜가 아닌 "change_password"라는 데이터가 표시된 사용자는 비밀번호 변경 주기가 도래한 대상자다. 플랫폼 운영 담당자는 이와 같이 비밀번호 변경 시점 도래 대상을 추출해 개별 공지함으로써 플랫폼 접근 대상에 대한 보안 취약점 관리를 수행할 수 있다.

7.5.6 스플렁크 라이선스 변동량 점검

점검 개요

스플렁크의 라이선스는 일간 데이터 수집량을 기반으로 산정되기 때문에, 스플렁크에서 제공하는 기능을 안정적으로 활용하기 위해서는 운영중인 플랫폼의 스플렁크 라이선스 변동량을 점검해 라이선스가 초과되지 않도록 관리할 필요가 있다.

점검 방법

사용자는 그림 7-22와 같이 모니터링 콘솔 내 [인덱싱 → 라이선스 사용량] 화면에
접근해 조회 당일 또는 이전 30일간의 스플렁크 라이선스 변동량을 확인할 수 있다.

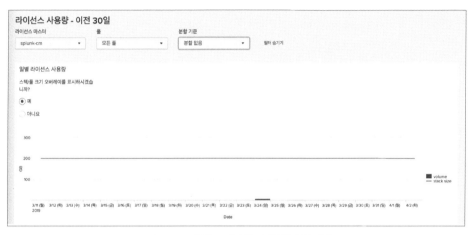

그림 7-22 스플렁크 라이선스 변동량 점검 예시

정상 여부 판단 기준

그림 7-11에서와 같이 일별 라이선스 사용량이 플랫폼에 적용된 스플렁크 라이선스
를 초과하지 않으면 정상이라고 판단할 수 있다.

만약 라이선스를 초과한 인덱스 또는 소스타입이 있을 경우, 수집되고 있는 원천데
이터를 확인해 라이선스를 초과하지 않도록 수집량을 조절해 주는 방안을 검토해 보
는 것이 좋다.

7.6 플랫폼 구성 요소별 운영 효율성 강화 가이드

최근 프로젝트 수행을 통해 직접 플랫폼을 구축하고 운영해 보면서 가장 중요하다고

느끼는 것이 바로 플랫폼 담당자는 플랫폼 구축뿐만 아니라 구축 후 운영 시에도 사용자가 플랫폼을 잘 활용할 수 있도록 하기 위해 끊임없이 고민해야 한다는 사실이다. 이는 플랫폼 담당자가 운영 효율성을 강화하기 위해 고민을 거듭하고 다양한 시도를 이어갈수록, 플랫폼의 안정성과 사용자의 활용성이 동반 상승하기 때문이다.

위와 같이 현장에서 느꼈던 갈증을 조금이나마 해소하고자 플랫폼의 주요 구성 영역별 최적화 가이드를 다음과 같이 정리해 봤다. 다음에 언급하는 가이드 내용은 필수라기보다는 선택이기 때문에, 독자의 업무 및 IT 환경, 플랫폼의 구축 및 운영 상태에 따라 적절하게 참고해 활용하기 바란다.

7.6.1 데이터 수집 및 전송 영역

- 플랫폼 운영 담당자가 데이터 수집 및 전송 영역에서 가장 신경써야 할 부분은 바로 데이터 유실을 방지하는 것이다. 사용자가 플랫폼을 활용하는 데 있어 가장 기본적으로 전제돼야 할 것이 원천데이터를 검색이 가능하도록 빠짐없이 수집하는 것이기 때문이다. 데이터 유실을 방지하기 위해서는 플랫폼 운영 담당자가 원천데이터의 수집 방식과 종류별로 수집 현황을 편리하게 모니터링할 수 있는 체계를 구축해야 하는데, 이때 스플렁크에서 제공하는 대시보드 기능을 적용해 다양한 모니터링 패널들을 생성한 후 활용하면 데이터 유실을 최소화하는 데 도움이 된다.
- 데이터 수집 누락이 확인됐을 경우, 사용자의 플랫폼뿐만 아니라 원천데이터를 전송하는 쪽에서 이상현상이 발생했을 가능성도 있기 때문에 문제를 신속하게 해결하기 위해서는 양쪽의 상황을 동시에 파악해 조치를 취하는 것이 좋다.
- 스플렁크 유니버설 포워더에서 전송되는 데이터를 스플렁크 헤비 포워더가 수집해 스플렁크 인덱서로 저장 처리하는 경우, 스플렁크 인스턴스에 기본적으로 설정돼 있는 Send & Receive Queue의 크기와 최대허용치에 영향을 많이 받기 때문에 전송 속도를 향상하고 좀 더 안정적인 데이터 전송을 위해 해당 값에 대한 버퍼를 두고 여유 있게 설정하는 것이 더 효과적이다.

- 데이터 수집 방식 중 UDP Syslog는 단방향으로 데이터를 전송하기 때문에 네트워크 상에서 데이터가 유실되면 데이터를 다시 수집하기가 어려운데, 이 경우 SyslogNG와 같은 오픈소스 소프트웨어를 설치해 활용하면 데이터 유실에 대한 위험을 줄일 수 있으니 사용자의 서버 인프라 환경 및 오픈소스 소프트웨어 사용 정책에 따라 적절히 활용해 보길 바란다.

7.6.2 데이터 저장 및 복제 영역

- 원천데이터의 보관 주기는 플랫폼 운영 중에도 수시로 변경할 수는 있지만, 가급적이면 플랫폼 구축을 시작하는 시점에 각 인덱스별 데이터 수집 용량을 파악한 후, 향후 증가량을 산정해 인덱스별 데이터 보관기간을 설정하는 것이 좋다. 설정 시에는 약 10~20%의 여유분을 고려해 넉넉하게 설정하는 것을 잊지 말자.

- 스플렁크 인덱서 서버는 끊임없이 일어나는 인덱서 간 버킷 복제뿐만 아니라 헤비 포워더 및 검색 헤드, 클러스터 마스터 등 플랫폼을 구성하는 거의 모든 서버와 수시로 통신하기 때문에 플랫폼의 네트워크 상태를 지속적으로 모니터링하는 것이 필요하다. 원인불명의 플랫폼 장애가 발생했는데 그 원인이 외부 환경적 요인에 의한 네트워크 비정상 상태 발생인 경우가 실제 현장에서는 빈번하게 일어나기 때문이다.

- 인덱서 클러스터링 구성 시 데이터 복제 팩터 활성화를 위해 indexes.conf 파일 내 repFactor를 기본값인 0에서 auto로 변경해줘야 하는데 간혹 이를 누락해 클러스터링은 구성돼 있지만 데이터 복제가 일어나지 않는 경우가 발생할 수 있다. 해당 설정의 경우 적용된 시점 이후부터 수집된 데이터에만 버킷 복제가 일어나고 설정 적용 전에 수집된 데이터에 대해서는 소급 적용이 불가하기 때문에 최초 설정 시 다시 한번 체크해 누락되는 일이 없도록 각별히 유의해야 한다.

- 인덱서 피어 노드들에서는 데이터 수신과 저장, 그리고 버킷 복제가 끊임없이 일어나기 때문에 간혹 초과된 버킷이 발생하거나 비정상적으로 복제돼 버킷

이 깨지는 현상이 나타날 수 있다. 이와 같은 비정상 버킷을 계속 방치하면 데이터 검색뿐만 아니라 데이터 수집 및 저장에도 문제를 야기시킬 수 있기 때문에 버킷의 상태를 주시하면서 이상현상 발생 시 신속하게 조치하는 것이 중요하다. 버킷의 주요 상태는 모니터링 콘솔을 활용해 모니터링할 수 있으니 참고하기 바란다.

7.6.3 데이터 검색 및 배포 영역

- KV 스토어 룩업과 CSV 룩업은 상황에 맞게 적절하게 생성해 사용해야 한다. 앞서 설명했던 것처럼 지속적으로 증가하는 대용량의 데이터를 KV 스토어 룩업으로 생성하면 데이터 검색부터 저장 및 복제까지 모든 면에서 부하 및 시스템 중단을 야기할 수 있으니 가급적 생성하지 않는 것을 권고한다. 만약 해당 데이터를 저장해 활용하기를 원한다면 신규 인덱스를 생성해 활용하는 것이 보다 안정적으로 플랫폼을 운영하는 방법이라고 할 수 있다.

- 검색 시간 범위가 전체 시간이고, 플랫폼에 수집된 모든 인덱스를 대상으로 검색하는 쿼리는 검색 헤드 인스턴스에 엄청난 부하를 가할 수 있기 때문에 지양하기 바란다. 혹시나 발생할 수 있는 사용자의 실수를 방지하기 위해서는 시스템적 제약과 정책적인 제약을 동시에 적용하는 것이 중요한데, 여기서 시스템적 제약은 사용자 역할별 데이터 검색 권한을 제한하는 것을 의미하고 정책적 제약은 플랫폼 운영 담당자가 사용자의 데이터 검색 시 유의사항을 매뉴얼 형태로 제공해 통제 근거를 마련하는 것을 의미한다.

- 모든 데이터 검색에서 와일드카드(*)의 사용은 가급적 지양하며, 특히 index=*와 같은 데이터 검색 쿼리는 인덱스와 소스타입명을 명시해 활용할 수 있도록 해야 한다.

- Saved Search의 경우, 동일 시간에 다수 건이 동시에 구동될 경우 검색이 누락될 수 있으니 Saved Search별로 구동 간격을 겹치지 않도록 설정해 운영하는 것이 좋다.

7.6.4 플랫폼 운영 및 관리 영역

- 다수의 서버 및 스플렁크 인스턴스를 조합해 구축하는 보안 빅데이터 분석 플랫폼의 특성상 서버 및 인스턴스별 리소스 사용 현황 모니터링은 플랫폼 운영 담당자에게 필수다. 특히 Disk Full이 발생하면 스플렁크 인스턴스뿐만 아니라 서버 자체에도 접근이 불가할 수 있으니 수시로 모니터링해 디스크 용량 부족이 예상될 경우 선제적 증설 작업을 검토할 필요가 있다.
- 실제 운영중인 플랫폼을 대상으로 스플렁크 인스턴스 작업을 수행해야 할 경우, 기존 인스턴스에 대한 백업 또한 필수다. 백업 시에는 작업 대상 파일뿐만 아니라 앱 및 설정을 비롯한 스플렁크 전체 패키지에 대한 백업을 수행하는 것이 보다 안정적임을 참고하기 바란다.
- 앞서 설명한 화면 이외에도 모니터링 콘솔에서는 시스템의 주요 상태를 모니터링하고 오류 발생 상황을 점검해 조치하기 위한 많은 분석 대시보드를 제공하고 있으니 적극 활용하길 권고한다.

7장에서는 플랫폼의 효율적 운영을 위한 점검 항목을 도출해 봤다. 또한 점검 방법과 정상 여부 판단 및 비정상 항목에 대한 조치 가이드도 함께 살펴보며 실제 운영 환경에서 적용할 수 있는 운영 효율성 강화 가이드에 대해서도 예를 들어 다뤘다.

8장에서는 플랫폼을 운영하는 담당자가 비즈니스 상황에서 주로 접하게 되는 시스템 장애 상황에 대해 분류하고, 이에 대한 조치 방법에 대해 살펴볼 것이다.

8

주요 장애 유형별 대응 가이드

8장에서는 스플렁크 솔루션을 활용한 보안 빅데이터 분석 플랫폼에서 발생할 수 있는 주요 장애는 어떤 것들이 있는지 알아보고, 플랫폼의 주요 구성 영역별로 분류해 신속하게 원인을 파악하고 조치할 수 있는 방법에 대해 살펴본다.

8장에서 다루는 내용은 다음과 같다.

- 플랫폼 구성 영역별 주요 장애 유형 분류
- 장애 상황 정의 및 원인 분석
- 장애 유형별 조치 가이드

8.1 장애 대응의 어려움과 신속한 조치의 중요성

스플렁크는 솔루션이 설치돼 있는 서버의 하드웨어 사양부터 OS의 설정값, 설치된 패키지 모듈까지 수많은 환경적 요인들과 유기적으로 연계돼 구동되기 때문에 플랫폼을 구축하고 운영하다 보면 여러 가지 원인에 의해 담당자가 장애 상황에 맞닥뜨릴 수 있다. 또한 다양한 종류의 데이터에 대한 사용자 접근이 수시로 일어나면 장애에 대한 위험은 갈수록 커지고 그 원인을 찾기도 점점 어려워지기 마련이다. 그래서 장애 원인을 신속하게 파악하고 조치하는 것은 플랫폼을 정상 상태로 유지하는 것 못지않게 중요하다.

이에 따라 스플렁크 솔루션을 기반으로 한 보안 빅데이터 분석 플랫폼을 구축하고 운영하는 담당자가 예상치 못한 장애 상황을 맞이해 신속한 대처가 필요할 때 참고할 수 있도록 앞서 언급한 플랫폼의 주요 구성 영역별로 대표적인 장애 상황을 분류해 설명하고, 장애 상황별 조치 방법에 대해 살펴보고자 한다.

8장에서 설명하는 장애 유형별 주요 장애 상황과 장애 발생 원인, 조치 가이드는 모두 실제 프로젝트 현장 경험 및 장애 대응 사례 조사를 바탕으로 재구성한 내용이고, 보통 스플렁크 솔루션이 장애를 일으키는 원인은 단순히 한 가지 문제가 아니라 다양한 원인이 복합적으로 작용해 발생하는 경우가 많기 때문에 8장에서 제시하는 내용이 독자의 모든 장애 상황을 해결해 줄 수는 없다는 점을 너그러이 이해해 주길 바란다.

✔️ NOTE

7장에서 운영 환경 점검 시 비정상으로 확인된 항목에 대한 조치 가이드를 전달했는데 일반적으로 불시에 발생하는 장애를 사전에 예방하고자 정기적인 점검을 권고하기 때문에, 비정상 항목을 조치하는 과정에서 대부분의 장애 요소를 제거할 수 있다.

그래서 8장에서는 정기 점검 활동을 통해 발견된 잠재적 장애 요소 및 비정상 상황이 아닌, 담당자가 예상하지 못한 시점에 갑자기 발생할 수 있는 장애 상황을 중심으로 신속하게 원인을 파악하고 조치하는 절차와 중점 고려사항에 대해 언급하기로 한다.

8.2 데이터 수집 및 전송 영역

먼저 데이터 수집 및 전송 영역에서 주로 발생하는 장애 상황 및 조치 방법에 대해 살펴보자.

8.2.1 수집 데이터 파싱 오류

주요 장애 원인

수집하는 로그 데이터 내부에 한글 텍스트가 포함돼 있다면 스플렁크 솔루션의 기본 캐릭터셋인 UTF-8이 아닌 EUC-KR로 설정해야 할 경우가 발생할 수 있는

데, 설정이 반영돼 있지 않은 상태에서 데이터를 수집하면 다음과 같은 오류가 발생할 수 있다.

■ 에러 메시지 예시

Using charset UTF-8, as the monitor is believed over the raw text which may be
EUC-KR

장애 조치 가이드

위 문제를 해결하기 위해서는 스플렁크 포워더 서버 등 데이터 수집 설정이 반영돼 있는 서버의 props.conf 파일 내 "CHARSET" 설정을 변경한 후 재시작을 통해 반영해줘야 한다. 개략적인 조치 방법 예시는 다음과 같다. 여기서는 splunk_hf 서버 내 "CHARSET" 설정 수정을 예로 들어 설명한다.

■ 장애 조치 절차

1) 기존 파일 백업
cp -p props.conf props.conf20190330

2) 설정 파일 수정
opt/splunk_hf/etc/system/local/props.conf

[수정 대상 sourcetype]
CHARSET = EUC-KR

3) 설정 반영을 위한 splunk_hf 서버 재시작
opt/splunk_hf/bin/**splunk restart**

정상적으로 반영돼 문제가 해결됐는지 확인해 보려면 splunkd.log에 저장돼 있는 내부 로그에 대해 검색 쿼리를 실행시켜 확인해 볼 수 있다. 정상 반영 확인 방법에 대한 예시는 다음과 같다.

```
index=_internal source=*splunkd.log* data_host=192.168.0.1 OR data_
host=192.168.0.2 component=UTF8Processor data_source!=*splunk*
| rex field=message "(?<msg>.*?)\s+\-"
| stats count by component data_host data_sourcetype data_source msg
=> 검색 결과가 존재하지 않으면 정상 반영
```

8.2.2 데이터 수집 누락

주요 장애 원인

이벤트 로그를 전송하는 스플렁크 유니버설 포워더의 서비스가 중지됐거나 설정
이 잘못 반영돼 있을 경우 데이터 수집이 누락될 수 있다. 또한 원천데이터를 발
생시키는 보안 장비의 내부 설정 변경 등으로 인해서도 데이터 수집 누락이 발생
할 수 있다.

장애 조치 가이드

스플렁크 메타데이터에서 호스트별 최근 데이터 수집 시간을 검색해 하루 동안 데이
터가 수집되지 않은 호스트를 확인한 후 조회되는 호스트가 있다면 조치해 주는 것
이 좋다. 데이터 검색 쿼리 예시는 다음과 같다.

■ 데이터 검색 쿼리

```
| metadata type=hosts
| where recentTime < now() - 86400
| eval last_index = strftime(recentTime, "%F %T")
| rename last_index as Last_Index_Date
| table host Last_Index_Date
```

이밖에도 스플렁크 유니버설 포워더의 서비스 상태를 확인했는데 설정값 이상이 발
견될 경우 conf 파일을 수정한 후 스플렁크 서비스를 재시작하면 데이터 수집이 다

시 정상화되는 경우가 있으니 참고하기 바란다. 만약 원천데이터를 발생시키는 보안 장비에 이상이 있는 것으로 확인되면 해당 장비의 유지보수 담당자에게 연락해 정상화 조치를 요청해야 한다.

8.2.3 DB Connection fail 오류

주요 장애 원인

사용자가 Splunk DB Connect 앱을 사용해 데이터베이스에 존재하는 원천데이터를 수집 및 저장하고자 할 경우, DB Connect Identity 내에 등록한 계정 정보가 변경됐거나 수집중인 데이터베이스 테이블 정보가 변경됐을 때 DB Connection 오류가 발생할 수 있다. 또한 사용자가 앱 내 설정을 통해 라이징 컬럼으로 지정한 컬럼 정보가 변경됐을 때에도 오류가 발생하며 데이터 검색이 정상적으로 동작하지 않을 수 있다.

장애 조치 가이드

데이터베이스 계정 정보 중 특히 패스워드의 경우 주기적으로 변경되는 경우가 많기 때문에 Splunk DB Connect 앱에 등록한 접속 계정의 패스워드가 변경됐는지 수시로 확인해 볼 필요가 있다. 또한 수집 대상 테이블 및 컬럼 정보 변경의 경우도 해당 데이터베이스 관리자에게 불일치 정보에 대한 변경값을 확인해 앱 설정에 반영하고 Splunk DB Connect 앱에서 정상적으로 연결되는지 테스트한 후 최종 반영해 조치하면 DB Conncection fail 오류를 해결할 수 있다.

8.2.4 Line Breaking Error

주요 장애 원인

스플렁크의 기본 행 길이 값(10000 Bytes) 이상의 행 이벤트가 수집돼 이벤트를 구분할 수 있는 타임스탬프를 찾지 못했을 때 Line Breaking Error가 발생하며, 데이터가 정상적으로 수집되지 않는다.

장애 조치 가이드

Line Breaking Error가 발생한 경우에는 props.conf 파일 내 설정값을 상향 조정해 장애 상황을 해결할 수 있다. 스플렁크 포워더 인스턴스 내 props.conf 파일을 대상으로 설정 변경을 적용하는 예시는 다음과 같다.

```
/opt/splunk_hf/etc/system/local/props.conf

[firewall:product]    # 이상 현상이 발견된 소스타입명
TRUNCATE = 15000      # 행 이벤트 처리값 상향 조정. 기본값은 10000 Bytes
```

props.conf 수정이 완료되면 스플렁크 서비스를 재시작해 설정 변경 사항을 반영한다.

스플렁크 서비스 재시작 완료 후 스플렁크 검색 헤드 서버에 접속해 이상현상 점검 쿼리를 실행했을 때 검색 결과를 반환하지 않으면 정상 조치됐다고 판단할 수 있다

8.2.5 Timestamp Parsing Error

주요 장애 원인

사용자가 수집한 로그 이벤트 데이터를 스플렁크 인덱서에 저장할 때 기준시간값을 찾지 못할 경우 Timestamp Parsing Error가 발생할 수 있다. 보통 원천데이터에 시간값이 없을 경우 흔히 발생할 수 있는 오류이며, 간혹 원천데이터가 시간값을 가지고 있더라도 스플렁크가 시간값을 인식하지 못해 발생하는 경우도 있다.

장애 조치 가이드

Timestamp Parsing Error가 발생한 경우에는 props.conf 파일 내 기준시간값을

설정함으로써 장애 상황을 해결할 수 있다. 기준시간값은 원천데이터가 보유하고 있는 시간값을 기준시간값으로 지정할 수도 있고 원천데이터가 수집되는 시간으로도 설정할 수 있다. 스플렁크 헤비 포워더 내 props.conf 파일을 대상으로 설정 변경을 적용하는 예시는 다음과 같다.

/opt/splunk_hf/etc/system/local/props.conf

```
[unknown:product]    # 이상이 발견된 소스타입명
DATETIME_CONFIG = CURRENT # 이벤트가 수집되는 시간으로 타임스탬프 설정. 기본값 없음

[web:client]    # 이상이 발견된 소스타입명
TIME_PREFIX = ^\w+\s+\w+\s+\[    # 이벤트 데이터 내에 시간값의 위치를 정규표현식을 사용해 지정.
                                   기본값 없음
TIME_FORMAT = %Y-\m-\dT%H:%M:%S.%3N    # TIME_PREFIX에서 정의한 시간값의 형식을 지정. 2019-01-
                                         03T12:00:01.015 날짜 형식을 지정하는 예시. 기본값 없음

[waf:product]    # 이상이 발견된 소스타입
TIME_PREFIX = ^    # 이벤트 데이터 내에 시간값의 위치를 정규표현식을 사용해 지정
TIME_FORMAT = %Y-%m-%d %H:%M:%S    # TIME_PREFIX에서 정의한 시간값의 형식을 지정. 2019-01-03
                                     12:00:01 날짜 형식을 지정하는 예시
MAX_TIMESTAMP_LOOKAHEAD = 19    # TIME_PREFIX에서 정의한 시간값의 길이를 제한. 문자의 개수로 지정하며,
                                  지정된 문자개수가 이벤트 타임스탬프로 정의됨. 기본값은 128자
```

---

props.conf 수정이 완료되면 스플렁크 서비스를 재시작해 설정 변경 사항을 반영한다.

스플렁크 서비스 재시작 완료 후 스플렁크 검색 헤드 서버에 접속해 이상현상 점검 쿼리를 실행했을 때 검색 결과를 반환하지 않으면 정상 조치됐다고 판단할 수 있다.

8.2.6 Max Events Error

주요 장애 원인

스플렁크의 행 이벤트 처리 기본값 제한(256) 이상의 행 이벤트가 수집돼 타임스탬

프를 찾지 못할 때 Max Events Error가 발생한다.

장애 조치 가이드

Max Events Error가 발생한 경우에는 props.conf 파일 내 행 이벤트 처리값을 상향 조정함으로써 장애 상황을 해결할 수 있다. 스플렁크 포워더 인스턴스 내 props.conf 파일을 대상으로 설정 변경을 적용하는 예시는 다음과 같다.

```
/opt/splunk_hf/etc/system/local/props.conf

[network:monitor]   # 이상이 발견된 소스타입명
MAX_EVENTS = 1000   # 행 이벤트 처리값 상향 조정. 기본값은 256행
```

props.conf 수정이 완료되면 스플렁크 서비스를 재시작해 설정 변경 사항을 반영한다.

스플렁크 서비스 재시작 완료 후 스플렁크 검색 헤드 서버에 접속해 이상현상 점검 쿼리를 실행했을 때 검색 결과를 반환하지 않으면 정상 조치됐다고 판단할 수 있다.

8.2.7 간헐적 로그 미수집 및 스플렁크 인덱서 서버로의 미전송 오류

주요 장애 원인

스플렁크 검색 헤드에서 대용량 로그 이벤트를 검색할 때 검색 시간 범위를 장기간으로 설정해 검색을 실행하는 경우 주로 발생한다. 또한 스플렁크 포워더에서 인덱서 서버로 단시간에 대량의 로그 이벤트를 전송할 경우 인덱서 서버 내 데이터 수신 큐 처리가 제대로 이뤄지지 않아 로그 이벤트가 미수집될 수 있다.

장애 조치 가이드

장애 상황을 해결하기 위해서는 스플렁크 인덱서 서버의 데이터 수신 큐 처리가 정

상화될 수 있도록 조치해줘야 한다. 사용자는 스플렁크 검색 헤드 서버에서 스플렁크 웹을 접속한 후 그림 8-1과 같이 현재 최근 작업 중 검색 상태가 "대기열에 있음"이거나 "실행 중"인 검색을 확인해 데이터 볼륨 및 검색 시간 범위가 과다한 이상 검색으로 판단되는 작업을 중지해 상황을 개선할 수 있다.

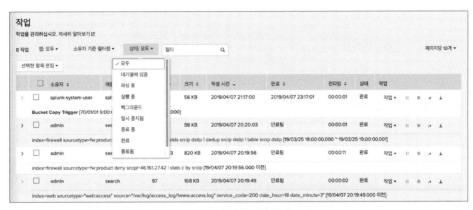

그림 8-1 부하 발생 검색 중지 조치

단시간에 대량의 이벤트가 전송돼 스플렁크 인덱서 서버의 큐 처리가 비정상적으로 동작한 경우, 대개 일정 시간이 지나면 적재된 큐 처리가 정상적으로 진행돼 자연스럽게 상황이 개선될 수도 있으나, 시간이 지나도 상황이 지속된다면 데이터 파이프 라인별 큐 처리 현황을 신속하게 파악해 조치를 수행할 필요가 있다.

사용자는 그림 8-2와 같이 모니터링 콘솔에 접속한 후 [인덱싱 → 성능 → 인덱싱 성능:인스턴스] 화면에서 데이터 파이프 라인별 이상현상 발생 여부를 모니터링할 수 있으며, 데이터 미수집 상황 지속 시 스플렁크 인덱서 인스턴스의 서비스를 재시작하는 것으로 큐의 비정상적인 상황을 해소할 수도 있으니 참고하기 바란다.

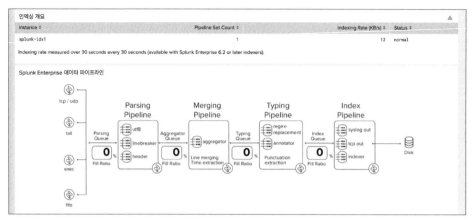

그림 8-2 데이터 파이프 라인 모니터링 예시

8.3 데이터 저장 및 복제 영역

이어서 데이터 저장 및 복제 영역에서 주로 발생하는 장애 상황 및 조치 방법에 대해 살펴보자.

8.3.1 스플렁크 인덱서 피어 다운 지속 발생

주요 장애 원인

스플렁크 인덱서 피어 다운은 주로 검색 헤드에서 실행된 데이터 검색 쿼리의 시간 범위가 장기간이거나, 검색 쿼리 내에 join, lookup 등이 다수 사용돼 인덱서 피어 노드에 부하를 발생시키는 경우 검색 헤드와 인덱스 피어 노드 간 타임아웃이 발생돼 나타나는 경우가 많다.

장애 조치 가이드

사용자의 플랫폼에서 지속적으로 피어 다운이 발생한다면 스플렁크 검색 헤드 인스턴스의 distsearch.conf와 스플렁크 인덱서 인스턴스의 server.conf 및 distsearch.

conf, 클러스터 마스터의 distsearch.conf 내 timeout 관련 설정값을 수정해 조치하는 것을 권장한다. 각 스플렁크 인스턴스 서버의 ulimit 값 또한 수정해 주는 것이 좋다. ulimit 값 수정 관련 자세한 사항은 https://docs.splunk.com/Documentation/Splunk/7.2.5/Troubleshooting/ulimitErrors 문서를 참고하기 바란다.

8.3.2 초과 버킷 발생

주요 장애 원인

초과 버킷은 주로 스플렁크 인덱서 인스턴스의 재시작 시 인덱서 피어 노드 간 버킷 복제 시점의 차이로 인해 버킷이 필요 이상으로 많이 복제될 때 발생하는 경우가 많다. 초과 버킷은 사용자의 데이터 검색 시 활용되지 않는 불필요한 데이터이므로 데이터 저장공간의 효율적인 관리를 위해 삭제해 주는 것이 좋다.

장애 조치 가이드

초과 버킷의 삭제는 클러스터 마스터에서 수행할 수 있다. 사용자가 그림 8-3과 같이 클러스터 마스터에 접속한 후 [설정 → 인덱서 클러스터링 → 인덱스 → 버킷 상태] 화면에서 초과 버킷을 가진 인덱스를 클릭하면 인덱스별 초과 버킷 보유 내역이 표시되는데, 좌측의 [모든 초과 버킷 제거]를 클릭하면 초과 버킷 삭제를 통해 장애 상황을 해결할 수 있다.

인덱스 이름 ⇕	초과 사본을 가진 버킷 수 ⇕	초과 검색 가능한 사본을 가진 버킷 수 ⇕	초과 사본의 총 수 ⇕	초과 검색 가능한 사본의 총 수 ⇕	작업
_audit	0	0	0	0	제거
_internal	0	0	0	0	제거
_telemetry	0	0	0	0	제거
firewall	0	0	0	0	제거
main	0	0	0	0	제거
os	0	0	0	0	제거
syslog	0	0	0	0	제거
web	0	0	0	0	제거

그림 8-3 초과 버킷 삭제 예시

8.3.3 인덱스 보관주기 초과로 인한 데이터 저장 실패

주요 장애 원인

스플렁크에서 생성하는 인덱스의 최대 크기 기본값은 약 500기가바이트이며, 데이터를 저장할 수 있는 보관기간 기본값은 약 6년이다. 사용자가 인덱스 신규 생성 시 별도의 설정값을 적용하지 않으면 위에서 언급한 기본값으로 인덱스 설정이 적용되는데, 만약 인덱스에 저장된 데이터 크기나 보관기간을 초과하는 경우 과거에 수집된 데이터부터 삭제돼 사용자가 예기치 못하게 데이터 유실을 겪을 수 있다.

장애 조치 가이드

신규 인덱스 생성 시 사용자는 원천데이터의 수집 설정 이전 또는 이후에 일간 데이터 수집량을 파악해 사용자가 정의한 원천데이터 보관 주기에 맞게 인덱스 크기 및 데이터 보관 기간을 설정해 주는 것이 좋다. 인덱스 생성 관련 상세 설정 내용은 "Splunk-7.2.0-Indexer_ko-KR.pdf" 문서 내 인덱스 저장소 설정 항목을 참고하기 바란다.

8.3.4 데이터 복제 비정상 동작으로 인한 데이터 검색 실패

주요 장애 원인

스플렁크 검색 헤드 클러스터 환경에서 config 파일, 룩업 파일과 같은 번들의 복제가 실패하면 필드 추출 설정과 룩업 파일 복제가 정상적으로 실행되지 않아 데이터 검색이 동작하지 않을 수 있다.

장애 조치 가이드

우선 검색 헤드 클러스터 구성원의 스플렁크 웹에 접속한 후 그림 8-4와 같이 [설정 → 검색 헤드 클러스터링]을 선택해 검색 헤드 클러스터링의 서비스 정상동작 여부를 확인한다.

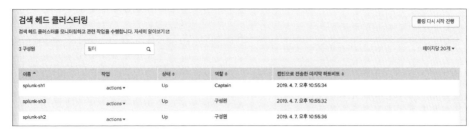

그림 8-4 검색 헤드 클러스터링 서비스 확인 예시

만약 비정상으로 표시되는 검색 헤드 클러스터 구성원이 존재할 경우 해당 구성원의 서버 콘솔 환경에 접속해 번들의 재동기화를 수행하는 명령어를 실행해 번들 복제 비정상 상황을 조치할 수 있다. 명령어 예시는 다음과 같다.

■ **명령어**

```
/> cd /opt/splunk_sh1/bin
/opt/splunk_sh1/bin> ./splunk resync shcluster-replicated-config   # 번들 싱크 동기화
명령어
Your session is invalid.  Please login.
Splunk username:  admin   # 검색 헤드 관리자 계정 입력
Password:                  # 관리자 계정 비밀번호 입력
The member has been synced to the latest replicated configuration on the captain.
# 검색 헤드 구성원이 캡틴의 번들 구성과 동기화 완료됐다는 메시지 출력
```

8.3.5 인덱서 클러스터링 오류

주요 장애 원인

인덱서 클러스터링 오류는 인덱스 피어 노드의 스플렁크 서비스가 비정상적으로 종료됐거나 인덱서 클러스터링 멤버 중 한 구성원의 스플렁크 인스턴스만을 단독으로 재시작하는 경우에 발생할 수 있다.

장애 조치 가이드

사용자는 클러스터링 오류가 발생한 인덱서 서버에 접속한 후 콘솔 환경에서 "splunk fsck repair" 명령어를 실행해 클러스터링 오류가 발생한 인덱서 서버의 버킷을 정상화하도록 조치할 수 있다. 만약 명령어 실행 후에도 오류가 지속된다면 인덱서 내 버킷을 삭제해 주는 것이 좋다. 인덱서 클러스터링 오류 상황 및 조치에 관한 상세 내용은 "Splunk-7.2.0-Indexer_ko-KR.pdf" 문서 내 인덱서 및 인덱서 클러스터 문제 해결 항목을 참고하기 바란다.

8.3.6 스플렁크 인덱서 서버의 CPU/MEMORY 과부하 현상 지속

주요 장애 원인

일 평균 1테라바이트 이상의 대용량 원천데이터를 수집하는 스플렁크 플랫폼 환경에서 "index=*"와 같이 검색 원천 범위가 광범위하거나 검색 시간 범위를 장기간으로 설정해 데이터 검색을 실행할 경우 인덱서 서버에 급격한 과부하가 발생한 후 지속될 수 있다.

장애 조치 가이드

사용자는 평소 스플렁크 검색 헤드에서 검색 실행 시 검색 대상 데이터 범위 및 검색 시간 범위를 구체화해 검색 실행 시간을 단축시키는 것이 좋다.

8.4 데이터 검색 및 배포 영역

이어서 데이터 검색 및 배포 영역에서 주로 발생하는 장애 상황 및 조치 방법에 대해 살펴보자.

8.4.1 라이선스 마스터 또는 클러스터 마스터와의 연결 실패

주요 장애 원인

라이선스 마스터 또는 클러스터 마스터의 스플렁크 서비스가 동작 중이지 않거나 플랫폼의 네트워크 환경을 구성하는 방화벽 장비에서 IP 주소 또는 포트를 차단할 경우 라이선스 마스터 또는 클러스터 마스터와 연결이 실패할 수 있다.

장애 조치 가이드

사용자는 라이선스 마스터 또는 클러스터 마스터의 서버 콘솔 환경에 접속해 스플렁크 서비스의 동작 여부를 확인한 후 재시작해 정상화 조치를 수행할 수 있다.

만약 스플렁크 서비스가 정상 동작 중인데도 연결에 실패한다면 방화벽에서 차단된 로그 이벤트 중 라이선스 마스터 또는 클러스터 마스터의 IP 주소와 포트 정보가 포함돼 있는지 확인한 후 포함돼 있다면 방화벽 담당자에게 IP 주소 및 포트의 접근 허용을 요청해 조치할 수 있다.

8.4.2 배포 서버를 통한 배포 수행 시 오류 발생

주요 장애 원인

스플렁크 배포 서버와 검색 헤드 클러스터 구성원 간 통신이 정상적이지 않을 경우 배포 작업 수행 시 오류가 발생할 수 있다. 또한 배포 서버와 검색 헤드 클러스터 구성원의 config 파일 내 설정 정보가 일치하지 않을 경우에도 배포 작업 시 장애가 발생할 가능성이 높다.

장애 조치 가이드

배포 작업 수행 시 오류가 발생했다면 우선 검색 헤드 클러스터링이 정상 동작 중인지 확인해봐야 한다. 비정상 상황이라면 서비스 재시작 또는 resync 명령어를 실행해 정상화 조치를 수행한다.

만약 검색 헤드 클러스터링 서비스 정상화 후에도 오류 상황이 지속된다면 검색 헤드 클러스터 구성원의 서버 콘솔 환경에 접속해 server.conf 내에 배포 서버 정보가 정확히 작성돼 있는지 확인해 본다. 검색 헤드 서버 내 server.conf 설정 확인 예시는 다음과 같다.

/opt/splunk_sh1/etc/system/local/server.conf

```
[shclustering]
mgmt_uri = https://192.168.2.128:8089
conf_deploy_fetch_url = https://192.168.2.136:8089   # 배포 서버 정보 확인
disabled = 0
pass4SymmKey = $7$ZeNiprM9KkRxtXAfVFV5xGk5Li2p0CgIHRfbcypwk2wBhIf1XLJj/Quu
shcluster_label = shcluster1
id = 6BC42B6B-0486-4875-AC7F-C50997888C2E
```

검색 헤드 클러스터 구성원 내 배포 서버 정보를 확인한 후 배포 서버의 콘솔 환경에 접속해 server.conf 내에 검색 헤드 클러스터의 정보가 정확히 작성돼 있는지 확인해 봐야 한다. 배포 서버 내 server.conf 설정 확인 예시는 다음과 같다.

/opt/splunk_deployer/etc/system/local/server.conf

```
[shclustering]
pass4SymmKey = $7$9dJc4VeVR0RsU05RKbC8OMCl+v9B0Hoe4RZn9XG0oZs+DcksA7tike1v
shcluster_label = shcluster1   # 검색 헤드 클러스터 구성원의 레이블명 확인
```

각 인스턴스의 server.conf 설정 내역 확인 및 수정이 완료됐다면, 배포 서버에서 "splunk apply shcluster-bundle" 명령어를 실행해 배포 작업을 수행해 본다. 정상적으로 배포가 완료됐다면 조치가 완료된 것이다.

8.5 플랫폼 운영 및 관리 영역

마지막으로 플랫폼 운영 및 관리 영역에서 주로 발생하는 장애 상황 및 조치 방법에 대해 살펴보자.

8.5.1 실시간 검색 과다로 인한 인덱싱 성능 저하

주요 장애 원인

스플렁크에서 실시간 검색은 배치 작업에 기반한 일반적인 검색과 달리 데이터가 인덱서에 저장되기 전에 검색을 시작하기 때문에 플랫폼에서 실시간 검색을 많이 사용하는 경우 데이터 인덱싱 성능 저하가 발생할 수 있다.

장애 조치 가이드

사용자의 플랫폼 운영 환경 및 인프라 사양을 고려했을 때, 사용자의 실시간 검색 빈도가 많다고 판단된다면 사용자 또는 역할에 대한 실시간 검색을 비활성화하거나 스플렁크 검색 헤드 및 인덱서 인스턴스 각각의 limits.conf를 수정해 실시간 검색에 대한 제약 조건을 설정할 수 있다.

사용자 또는 역할에 대한 실시간 검색 비활성화 설정은 사용자가 부여 받은 역할에서 rtsearch 기능을 제외함으로써 조치할 수 있으니 참고하기 바란다.

검색 헤드와 인덱서 인스턴스에서의 limits.conf 수정 방법은 "Splunk-7.2.0.-Search_ko-KR.pdf" 문서 내에 실시간 검색의 사용을 제한하는 방법 항목을 참고하기 바란다.

8.5.2 Saved Search 실패

주요 장애 원인

사용자가 사전 정의한 Saved Search의 실패는 지정한 스케줄에 데이터 검색이 정상적으로 동작하지 않았거나, 검색 시간이 예상보다 오래 걸려 사전에 지정한 다음 스케줄을 건너뛰게 되는 경우에 발생할 수 있다. 예를 들어 1분 단위로 검색이 실행되도록 스케줄을 등록했을 때 검색 시간이 1분 이상 걸리면 다음 검색을 건너뛰게 된다. 이럴 경우 데이터 검색 결과의 유실이 발생할 수 있다.

장애 조치 가이드

지정한 스케줄에 데이터 검색이 제대로 동작하지 않았다면 우선 해당 검색 시간 범위에 검색 대상 원천데이터가 존재하는지 확인해봐야 한다. 또한 데이터 검색 쿼리 자체에 문제가 있는지도 함께 검토해 이상이 있다면 수정 후 반영해야 한다.

검색 시간이 오래 걸려 다음 스케줄을 건너뛰게 되는 경우에는 스케줄 편집을 통해 검색 주기를 조정하거나 사용자가 지정한 스케줄 내에 검색이 완료되도록 검색 쿼리를 보정해 조치할 수 있다.

8.5.3 대시보드 오류

주요 장애 원인

대시보드 오류는 주로 사용자가 등록한 분석 패널의 데이터 검색이 너무 오래 걸려 검색 결과를 화면에 표시하는 데 실패하거나, 대시보드 저장 시 xml에 구문 오류가 존재해 화면 표시에 실패하는 경우에 발생한다.

사용자가 xml에 구문 오류가 있는 상태에서 대시보드를 저장하게 되면 그림 8-5와 같이 대시보드가 정상적으로 표시되지 않을 수 있다.

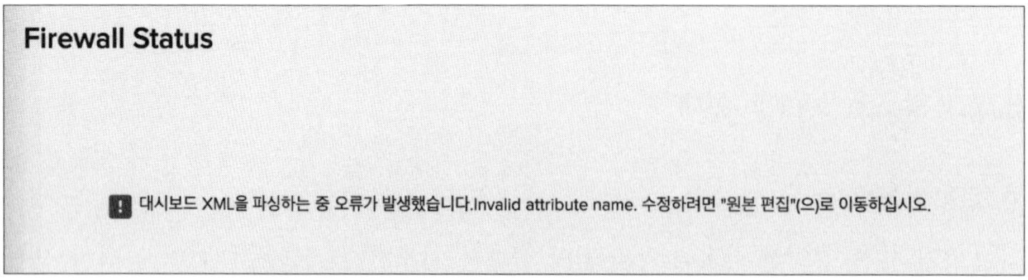

Firewall Status

⚠ 대시보드 XML을 파싱하는 중 오류가 발생했습니다.Invalid attribute name. 수정하려면 "원본 편집"(으)로 이동하십시오.

그림 8-5 대시보드 오류 발생으로 인한 화면 표시 실패 예시

장애 조치 가이드

대시보드를 구성하는 분석 패널의 검색 시간이 오래 걸려 오류가 발생한다면 데이터 검색 쿼리의 검색 시간 범위 조정 또는 쿼리 튜닝을 통해 검색 시간을 단축하는 것으로 조치를 수행할 수 있다.

그림 8-6과 같이 대시보드 xml 내 구문 오류가 있을 경우 구문 오류가 발생하는 부분을 찾아 해당 구문을 수정해 주면 정상 조치할 수 있다.

그림 8-6 대시보드 오류 발생 원인 확인 후 조치 예시

8.5.4 경고 및 보고서 생성 실패

주요 장애 원인

경고 발생 실패는 사용자가 플랫폼에 등록한 Saved Search가 정상적으로 실행되지 않았거나 이메일, SMS 서버 등 경고 생성 기능과 연동돼 있는 각종 인터페이스 대상들이 정상적으로 동작하지 않았을 때 주로 발생한다. 보고서 생성 또한 Saved

Search가 정상적으로 실행되지 않았을 때 실패할 가능성이 높다.

장애 조치 가이드

경고 및 보고서 생성을 위한 Saved Search가 실패한 경우 해당 데이터 검색 쿼리의 정상동작 여부와 검색 시간이 스케줄 주기를 건너뛰지 않았는지 확인해 봐야 한다.

또한 경고 생성에 실패했다면 연동 대상 서버의 정상동작 여부를 확인해 구동되고 있지 않다면 운영 담당자에게 이를 전달하고 정상적으로 구동될 수 있도록 조치할 필요가 있다.

8.5.5 룩업 데이터 조회 시 검색 결과 미표시

주요 장애 원인

사용자가 CSV 룩업 또는 KV 스토어 룩업 조회를 위해 데이터 검색 쿼리 실행 시 해당 룩업 데이터에 접근 권한이 없다면 그림 8-7과 같이 데이터 검색 결과가 표시되지 않을 수 있다.

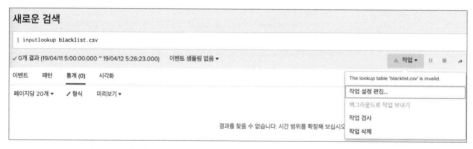

그림 8-7 룩업 데이터 접근 권한 미적용으로 인한 데이터 검색 결과 미표시 예시

장애 조치 가이드

사용자는 검색 결과가 표시되지 않은 룩업 데이터에 대한 권한을 관리자로부터 부여받아 해당 데이터를 검색에 활용할 수 있다.

스플렁크에 로그인한 사용자 역할에 맞춰 룩업의 권한을 부여한 후 검색을 실행해 결과가 표시되는지 확인하는 예시는 다음과 같다(그림 8-8, 그림 8-9 참고).

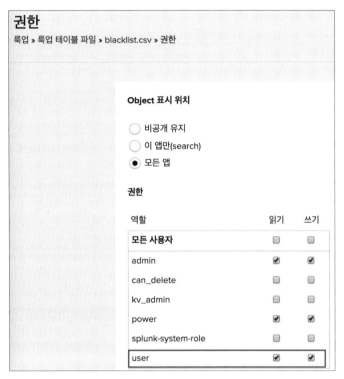

그림 8-8 룩업 데이터 접근 권한 부여 적용 예시

그림 8-9 룩업 데이터 접근 권한 변경 후 룩업 데이터 조회 확인 예시

8.6 장애 조치 시 참고사항

스플렁크 솔루션에서 발생할 수 있는 장애 유형이 워낙 방대하고 다양하기 때문에, 신속하고 정확한 조치 및 재발 방지를 위해서 플랫폼 담당자는 스플렁크 솔루션이 제공하는 온라인 및 오프라인 지원을 고려해 볼 수 있다. 스플렁크 솔루션을 도입한 기업 보안 담당자가 계약 조건에 따라 검토해 볼 수 있는 대표적인 지원 방안은 다음과 같다.

8.6.1 Splunk Answers 활용

스플렁크에서는 플랫폼 구축 및 활용 과정에서 발생하는 장애나 이슈 상황에 대한 정보를 검색하고 질의응답을 수행할 수 있는 공식 사이트인 Splunk Answers (https://answers.splunk.com)를 운영하고 있다(그림 8-10 참조).

이곳은 전 세계 스플렁크 사용자들이 질문과 정보를 공유하는 온라인 공간으로 사용자는 스플렁크를 활용하는 데 어려움이 있거나 운영 중 문제 상황이 발생해 솔루션이 정상적으로 동작하지 않을 때 이곳에 방문해 유사한 문제 상황을 검색하고 궁금한 내용에 대해 질문을 등록할 수 있다.

질문은 한글과 영어로 모두 가능하며, 질문에 대한 답변은 스플렁크 사용자와 스플렁크 본사 소속 엔지니어 모두 작성할 수 있다. 글로벌 사용자들이 모두 접속하는 곳이기 때문에 영어로 질문하는 것이 좀 더 신속하고 정확한 답변을 받을 수 있으며, 솔루션 활용 중 발생하는 기본적인 이상현상에 대한 다양한 답변이 등록돼 있으니 자주 들러서 활용해 보길 권장한다.

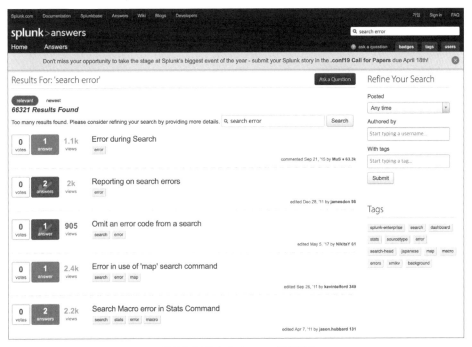

그림 8-10 Splunk Answers 홈페이지

8.6.2 Splunk Support Case Open

스플렁크 사용 중 원인을 알 수 없는 문제로 스플렁크 수집 및 검색 서비스에 심각한 장애가 발생해 사용자의 다양한 조치에도 정상화가 불가하다면 사용자는 Splunk Support Case Open을 시도해 볼 수 있다.

스플렁크 본사의 공식 기술지원 프로그램인 Splunk Support Case는 스플렁크 엔터프라이즈 라이선스를 구매한 사용자에 한해 지원받을 수 있다. 여기서는 Support Case Open을 진행하는 절차에 대해 살펴보도록 한다.

사용자가 Support Case Open을 진행하기 위해서는 우선 스플렁크 공식 홈페이지에 접속해 사용자 계정을 생성한 후 로그인해야 한다. 기업 사용자의 경우 라이선스 발급 시 Support Case Open을 진행하기 위한 Support Portal에 접속 가능하도록 계정을 연동하며, 연동이 완료된 사용자는 그림 8-11과 같이 별도의 로그인 없이

Support Portal 접근이 가능하다.

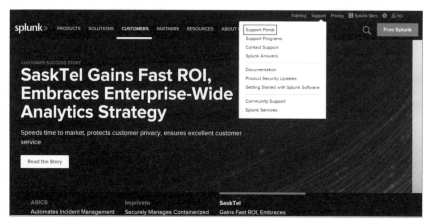

그림 8-11 Splunk Support Portal 접속 예시

Splunk Support Portal에 접속하면 그림 8-12와 같이 현재 진행중인 Support Case 내용 및 발급 받은 스플렁크 엔터프라이즈 라이선스 현황, 완료된 Support Case 이력 등을 확인할 수 있으며, 화면 좌측 상단의 "Submit a New Case"를 클릭해 새로운 Support Case Open을 진행할 수 있다.

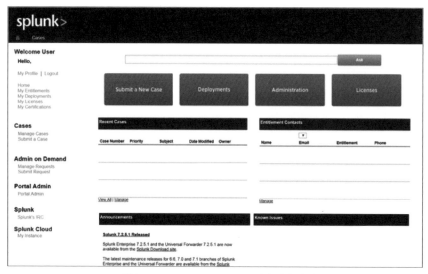

그림 8-12 Splunk Support Portal 메인 화면 예시

그림 8-13과 같이 사용자가 신규 Support Case를 등록하는 과정에 대해 좀 더 자세히 알아보자.

우선 사용자는 "Select Entitlement" 항목을 선택해 사용자의 계약 조건 및 등록 환경에 맞는 값을 입력한다.

다음으로 "Splunk Installation is?" 항목에서 현재 상황에 대한 심각도를 Priority 1부터 4까지의 우선순위 중 하나를 선택해 등록해야 한다. 스플렁크의 기술지원팀에서 대응 우선순위를 결정하는 Priority는 등록 시 사용자가 우선 지정하지만, 향후 스플렁크 기술지원팀에서 사용자가 등록한 Support Case 내용을 리뷰한 후 재지정할 수 있다. 만약 서포트팀에서 재지정한 우선 순위가 적절하지 않다고 판단되면 사용자는 Support Case Update를 통해 재조정을 요청할 수 있다.

Priority별 의미는 다음과 같다.

- **P1**: 스플렁크 인스턴스의 모든 기능이 동작하지 않음
- **P2**: 스플렁크 인스턴스의 주요 기능 중 일부만 동작함. 예를 들어 수집 데이터의 인덱싱은 되지만 검색 서비스는 안되는 경우 등
- **P3**: 스플렁크 인스턴스의 기능 일부가 매뉴얼과 다르게 동작
- **P4**: 기능 개선을 요청

Priority 선택은 스플렁크 인스턴스를 사용할 수 없는 심각한 장애상황이 아니라면 P2를 선택해 케이스를 진행하는 것을 권장한다.

Priority 선택을 완료하면 이후 장애 발생 부분, 스플렁크 설치 OS 정보, 장애 발생 상세 내역 등을 입력한 후 저장해 Support Case Open 절차를 마무리하면 된다.

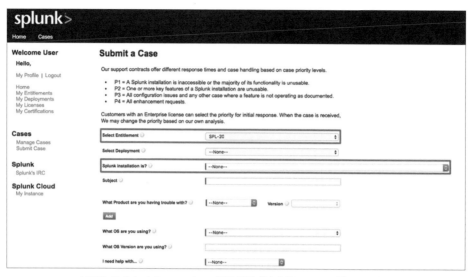

그림 8-13 Splunk Support Case 등록 화면에서의 신규 Case 내용 입력 예시

사용자가 Support Case를 등록하고 나면 스플렁크 기술지원팀에서 장애 내역 상세 분석을 위해 스플렁크 인스턴스의 diag 파일 생성을 요청하는 경우가 있는데, 이때 사용자는 장애가 발생한 스플렁크 인스턴스의 서버 콘솔 환경에 접속해 "splunk diag" 명령어 실행을 통해 diag 파일을 생성할 수 있다.

생성된 diag 파일을 Support Portal에 업로드하면 사용자는 기술지원팀을 통해 diag 파일 분석 결과 및 기술적인 문제 해결 절차를 지원받을 수 있다.

diag 파일 생성 관련 상세 가이드는 https://docs.splunk.com/Documentation/Splunk/7.2.5/Troubleshooting/Generateadiag를 참고하기 바란다.

8.6.3 Community Based Support – Blog & Article

스플렁크에서 운영하는 공식 문제 해결 사이트인 Splunk Answers 외에도 사용자는 그림 8-14와 같이 국내 및 해외 파트너사 홈페이지 및 커뮤니티 사이트, 각종 개인 블로그를 통해 스플렁크 관련 최신 뉴스와 Best Practice, 주요 앱 설명 및 장애 조치 사례들을 접할 수 있다. 대부분 인터넷 검색을 통해 무료로 접근 가능한 콘텐츠들이니 사용자의 문제 해결에 적극 활용해 보길 추천한다.

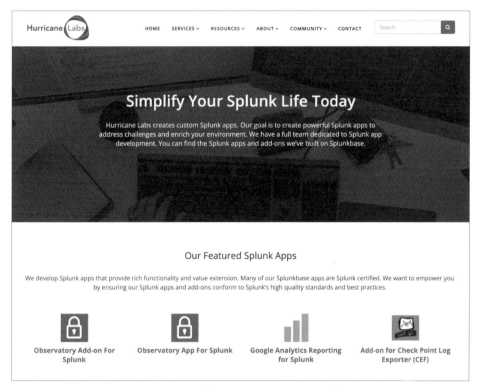

그림 8-14 인터넷 검색을 통한 스플렁크 부가 콘텐츠 활용 예시

8장에서는 플랫폼을 구성하는 주요 영역별로 장애 유형을 분류하고 이를 조치하는 방법에 대해 알아봤다. 실제 운영 환경에서는 지면을 통해 다룬 장애 상황 이외에도 독자가 상상하기 힘든 기상천외한 장애들이 많이 발생할 수 있다. 이럴 경우 앞서 소개한 다양한 지원 방안들을 적절히 활용해 신속하고 구체적인 도움을 받을 수 있기를 바란다.

9장에서는 이미 구축된 플랫폼의 성능 및 기능 향상을 위해 증설을 추진하고자 할 때 담당자가 고려할 사항에 대해 다룰 것이다.

9

플랫폼 증설 가이드

다수의 사용자가 엄청난 양의 데이터를 수천 번에 걸쳐 분석하고 다양한 업무에 활용하는 것이 보안 빅데이터 분석 플랫폼이 태생적으로 지닌 숙명이다. 그렇기 때문에 사용자와 수집 데이터가 증가할수록 증설을 통한 시스템 안정을 고려해야 한다.

9장에서는 플랫폼이 실제 운영중인 상태에서 진행되는 경우가 대부분인 증설 작업 특성을 감안해, 담당자가 기본적으로 고려해야 할 사항들에 대해 살펴보고 상세 작업 절차를 알아본다.

9장에서 다루는 내용은 다음과 같다.

- 스플렁크 라이선스 증설 시 중점 고려사항
- 서버 증설 시 중점 고려사항
- 주요 구성 영역별 작업 절차 및 최적화 가이드

9.1 스플렁크 라이선스 증설 시 중점 고려사항

플랫폼에 데이터를 추가로 수집하기 위해 스플렁크 라이선스를 증설하고자 할 경우, 담당자가 진행해야 할 작업 및 중점 고려사항은 다음과 같다.

9.1.1 기존/신규 라이선스 통합 적용 및 확인

스플렁크 라이선스 증설은 기존 라이선스와 신규 증설 라이선스를 통합해 하나의 라이선스를 새로 발급받아 적용하는 방식이 아니라, 기존 라이선스에 증설 라이선스를 더해 사용자가 활용할 수 있도록 하는 방식을 제공한다. 신규 증설 라이선스를 기존 라이선스와 병합해 적용하는 설정은 그림 9-1과 같이 라이선스 마스터 내 스플렁크

웹을 통해 반영할 수 있으며, 정상적으로 적용돼 있는지는 그림 9-2와 같이 확인할
수 있다.

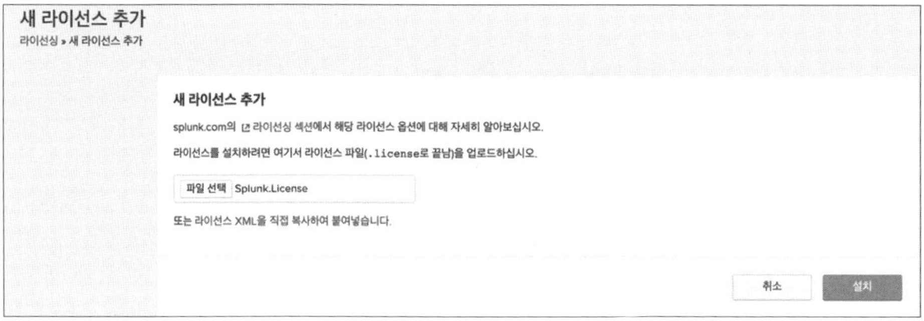

그림 9-1 스플렁크 라이선스 반영 작업 예시

그림 9-2 증설분 반영 시 기존+증설분이 표시돼 있는 화면

간혹 사용자가 기업용 정식 라이선스가 발급되기 이전에 인프라 구성 및 테스트 수
행을 위해 개발자 라이선스를 발급해 활용하는 경우가 있는데, 이럴 경우 기존 임시
라이선스가 잔존해 있어 라이선스 수집량을 왜곡하고 있는 경우가 발생할 수 있다.

따라서, 그림 9-3과 같이 기존 임시 라이선스를 삭제한 후 재확인해 라이선스가 정상적으로 반영돼 있는지 확인해 보는 것이 필요하다.

그림 9-3 기존 임시 라이선스 삭제 예시

9.1.2 스플렁크 라이선스 증설 후 추가 고려사항

위와 같이 스플렁크 웹을 통해 라이선스 마스터에서 증설 라이선스를 적용하고 나면, 별도의 설정 변경이나 스플렁크 서비스 재시작 없이도 즉시 적용해 사용할 수 있다. 다만 데이터 수집 라이선스를 증설했다고 해서 검색 성능이 좋아지거나 분석 기능이 향상되는 건 아니다. 단지 수집 허용량만 증가하는 것이기 때문에 오히려 동일한 서버가 더 많은 데이터를 처리해야 하는 부담을 안게 돼 데이터 저장 및 검색 성능이 다소 저하된 것으로 느껴질 수도 있다. 그래서 스플렁크 라이선스 추가 적용을 통한 플랫폼 증설의 효과를 제대로 누리기 위해서는 추가 수집 데이터에 대한 저장 공간 확보 및 검색 성능 향상을 고려해 인덱서 및 검색 헤드 서버의 증설도 함께 고려해야 한다.

> **✔ NOTE**
>
> 검색 헤드 서버의 경우 동시 접속자 수에 많은 영향을 받기 때문에 스플렁크 라이선스 증설을 통해 수집되는 데이터가 증가되더라도 비교적 영향도가 낮은 편이다. 그러나 인덱서 서버의 경우 데이터 저장과 사용자의 검색 요청에 대한 응답 등 플랫폼 성능 전반에 걸쳐 영향을 미칠 수 있기 때문에 데이터 수집량 증가 시 인덱서 서버도 함께 증설하는 것을 권고한다.
>
> 스플렁크에서도 일반적으로 추가 수집 데이터량 기준 일 100기가바이트당 인덱서 서버 1대씩 증설할 것을 권고하고 있으나 이는 기업의 IT 환경 및 증설 서버의 사양, 플랫폼 사용자의 접근 빈도 등에 따라 변동될 수 있다는 점을 참고하기 바란다.

9.2 서버 증설 시 중점 고려사항

플랫폼의 성능 및 기능 향상과 수집 데이터 저장 용량 확보를 위해 서버를 증설하고자 할 경우, 담당자가 진행해야 할 작업 및 중점 고려사항은 다음과 같다.

9.2.1 사전 체크리스트 작성 및 확인

앞서 설명한 스플렁크 라이선스 증설과 달리, 서버 증설은 경우에 따라 스플렁크 인스턴스 재시작이 필요할 수도 있고 증설 전후 필수 작업으로 인해 운영중인 시스템에 장애를 발생시킬 위험도 있다. 이에 따라 본격적인 작업 수행 전 설정 정보 확인 및 작업 계획 수립이 보다 안정적인 증설 작업 수행에 도움이 된다.

서버 증설 시 사전에 준비하고 확인해야 할 주요 사항은 표 9-1과 같다. 반드시 체크리스트 형태로 정리할 필요는 없지만, 다수의 엔지니어가 작업을 병행하는 경우가 많기 때문에 작업자 간 상호 점검을 수행할 수 있도록 내용을 체계적으로 정리해 두는 것이 작업 상의 오류와 작업시간을 줄이는 데 효과적이다.

표 9-1 서버 증설 시 사전 체크리스트 예시

구분	점검항목	점검 가이드	정상 여부
서버 사양 확인	CPU	• CPU 정상동작 여부 • CPU 수량	
	Memory	• Memory 정상동작 여부 • Memory 단위용량 및 총 수량	
	Disk	• DISK 타입(SATA or SAS or SSD 등) • DISK 단위용량 및 총 수량	
	NIC	• NIC 정상동작 여부 • NIC 타입(1G or 10G 등) 및 수량	
OS 설치	설치 및 설정 정보 확인	• IP 주소 및 Port 사용정보 확인 • Hostname 확인 • Network Bonding 설정정보 확인 • Route 설정 확인 등	
	OS 설치 및 패치 적용	• OS 종류 및 설치 버전 확인 • 필수 커널 패치 적용 여부 확인 • 필수 보안 패치 적용 여부 확인 • 파티션 구성 정보 확인 등	
	OS 기초 설정 적용/점검	• IP 주소 및 Port Open 적용 • Hostname 등록 • Network Bonding 및 Route 설정 • 설정 적용 여부 및 통신상태 점검 등	
OS Config Tuning	NTP 설정 및 동기화	• 기존 ntpd 활성화 여부 점검 • 기업 내 NTP 서버 정보 등록 및 동기화	
	Ulimit 설정 보정	• root soft nofile 설정값 보정 • root hard nofile 설정값 보정 • root soft nproc 설정값 보정 • root hard nproc 설정값 보정 등	
	THP 비활성화	• THP 설정 정보 확인 • THP 설정 변경(활성화 → 비활성화)	
	동일 서버그룹 대상 Hostname 등록	• 동일 서버그룹의 hostname 정보 확인 • /etc/hosts에 hostname 등록 후 동기화	
	kernel parameter 권고값 반영	• 서버 사양에 맞게 권고값 설정대상 정의 • kernel parameter 권고값 반영 및 확인	
설치 패키지 업로드	스플렁크 솔루션	• 스플렁크 엔터프라이즈 • 스플렁크 유니버설 포워더 • 기타 스플렁크 앱 설치 패키지 등	
	스플렁크 솔루션 외	• 플랫폼 구축에 필요한 오픈소스 S/W 등	

9.2.2 서버 증설 예시: 스플렁크 헤비 포워더 서버

수집 대상 데이터의 증가에 따라 기존 스플렁크 헤비 포워더 서버에 부하가 발생해 성능이 저하되거나 정상적으로 동작하지 않을 때는 헤비 포워더 서버의 증설을 고려해봐야 한다. 부하가 지속될 경우 로그 데이터 수집 누락 및 데이터 저장소인 인덱서 서버로의 데이터 전송 지연 등의 장애가 발생할 수 있기 때문이다.

헤비 포워더 서버 증설 시 기본적인 작업 절차는 다음과 같다.

- 스플렁크 엔터프라이즈 설치
- 스플렁크 라이선스 슬레이브 적용
- 로그 이벤트 수신 설정
- 로그 이벤트 전송 설정

이와 같은 작업 절차는 4장 클러스터링 기반 분산 처리 환경 구성 내용의 스플렁크 헤비 포워더 설정 과정과 동일하다. 다만 스플렁크 라이선스 마스터 인스턴스와 라이선스 슬레이브 인스턴스 간 호환성을 위한 스플렁크 공식 권고에 따라 증설 서버의 스플렁크 엔터프라이즈 버전을 기존 라이선스 마스터의 스플렁크 엔터프라이즈 버전과 동일하거나 더 하위 버전으로 설치해줘야 한다는 점은 주의해야 한다.

스플렁크 엔터프라이즈 인스턴스 간 호환성에 대한 자세한 설명은 스플렁크 공식 매뉴얼인 "Splunk-7.2.x-Admin_ko-KR.pdf" 문서 내 "Splunk 라이선스 관리" 항목을 참고하기 바란다.

9.2.3 서버 증설 예시: 스플렁크 인덱서 서버

이어서 스플렁크 인덱서 서버 증설 시 주요 작업 절차 및 고려사항에 대해 알아보자.

수집 대상 데이터의 증가에 따라 저장공간을 추가로 확보해야 하거나 검색 성능이 저하돼 이에 대한 보완이 필요할 경우에는 인덱서 서버의 증설을 검토해봐야 한다.

인덱서 서버 증설 시 기본적인 작업 절차는 다음과 같다.

- 클러스터 유지 관리 모드 활성화
- 스플렁크 엔터프라이즈 설치
- 스플렁크 라이선스 슬레이브 적용
- 전송 데이터에 대한 저장 설정
- 인덱스 생성 정보에 대한 정상 배포 확인

인덱서 서버 증설 작업을 본격적으로 시작하기에 앞서, 가장 먼저 해야 할 일은 스플렁크 클러스터 마스터 인스턴스에서 클러스터 유지 관리 모드를 활성화하는 것이다. 클러스터 유지 관리 모드는 스플렁크 인덱서 클러스터 피어 노드들의 클러스터링 작업을 비활성화해 주는 것을 의미한다.

클러스터 유지 관리 모드의 활성화를 적용하지 않은 채 인덱서 증설 작업을 수행하면 검색 헤드 서버에서 실행한 검색 결과가 100% 정확하게 출력되지 않을 수 있고, 스플렁크 인덱서 클러스터 피어 노드 간의 버킷 복제도 비정상적으로 일어날 수 있기 때문에 장애 발생을 사전에 방지하고 보다 안정적인 증설 작업을 수행하기 위해 클러스터 유지 관리 모드를 먼저 활성화해주는 것이 좋다.

클러스터 유지 관리 모드 활성화 작업은 스플렁크 클러스터 마스터 인스턴스에서 실행해 줘야 하며, 서버 콘솔 환경에서의 명령어 적용 예시는 다음과 같다.

- **명령어**

```
/> cd /opt/splunk_cm/bin
/opt/splunk_cm/bin> ./splunk enable maintenance-mode   # 클러스터 유지 관리 모드
활성화 명령어 실행
Warning: In maintenance mode, the cluster master will not attempt to replace any
missing replicated or searchable bucket copies. This mode should be enabled only
while performing maintenance on peers. Do you want to continue? [y/n]: y   # 클러스
터 유지 관리 모드 실행
확인 메시지. y 입력 후 Enter
Your session is invalid. Please login.
Splunk username: admin     # 스플렁크 클러스터 마스터 관리자 계정 입력 후 Enter
Password:                   # 스플렁크 클러스터 마스터 관리자 계정 암호 입력 후 Enter
```

```
Maintenance mode set       # 클러스터 유지 관리 모드 활성화 적용 완료

/opt/splunk_cm/bin> ./splunk show maintenance-mode   # 클러스터 유지 관리 모드가 실행 중인
것을 확인하는 명령어
Maintenance mode is : 1,  primaries backup and restore is : 0
# 유지 관리 모드가 활성화(1)됐으며, 기본 백업 및 복원은 비활성화(0) 중이라는 메시지 출력
```

인덱서 서버 증설 작업이 완료됐다면 클러스터 유지 관리 모드를 비활성화해 스플렁
크 인덱서 클러스터 피어 노드 간 활동들을 정상화해야 한다.

서버 콘솔 환경에서의 클러스터 유지 관리 모드 비활성화 명령어 적용 예시는 다음
과 같다.

- **명령어**

```
/> cd /opt/splunk_cm/bin
/opt/splunk_cm/bin> ./splunk disable maintenance-mode   # 클러스터 유지 관리 모드 활성화 명
령어 실행
No longer in Maintenance mode # 클러스터 유지 관리 모드 비활성화 적용 완료

/opt/splunk_cm/bin> ./splunk show maintenance-mode   # 클러스터 유지 관리 모드가 실행 중인
것을 확인하는 명령어
Maintenance mode is : 0,  primaries backup and restore is : 0
# 유지 관리 모드가 비활성화(0)됐으며, 기본 백업 및 복원은 비활성화(0) 중이라는 메시지 출력
```

클러스터 유지 관리 모드 활성화 이후 작업 절차는 4장, '클러스터링 기반 분산 처리
환경 구성'의 스플렁크 인덱서 설정 과정과 동일하다. 여기서도 스플렁크 인스턴스
간 버전 호환성을 위한 스플렁크 공식 권고를 참고해 기존 스플렁크 인스턴스와 증
설 서버에 설치할 스플렁크 엔터프라이즈 버전을 동일하거나 더 하위 버전으로 설치
해 줘야 한다는 점을 기억하자. 특히 스플렁크 인덱서 서버의 경우 기존 인덱서 서버
및 클러스터 마스터 서버에 설치한 스플렁크 엔터프라이즈 인스턴스와는 반드시 버
전이 동일해야 한다.

스플렁크 엔터프라이즈 인스턴스 간 호환성에 대한 자세한 설명은 스플렁크 공식 매

뉴얼인 "Splunk-7.2.x-Admin_ko-KR.pdf" 문서 내 "Splunk 라이선스 관리" 항목을 참고하기 바란다.

9.2.4 서버 증설 예시: 스플렁크 검색 헤드 서버

마지막으로 스플렁크 검색 헤드 서버 증설 시 주요 작업 절차 및 고려사항에 대해 알아보도록 하자.

플랫폼 사용자 및 동시 접속자 수의 증가는 곧 데이터 검색량의 증가를 의미하고, 이 경우 데이터 검색 성능을 향상하고 부하를 분산시킬 목적으로 스플렁크 검색 헤드 서버의 증설을 검토해 볼 필요가 있다. 스플렁크 검색 헤드 서버 증설 시 기본적인 작업 절차는 다음과 같다.

- 스플렁크 엔터프라이즈 설치
- 스플렁크 라이선스 슬레이브 적용
- 검색 피어 등록
- 서치 헤드 클러스터 설정
- 검색 데이터 필드 추출
- 증설 서버 대상 앱 배포 현황 점검

마지막 앱 배포 현황 점검 이전 작업 절차는 4장, '클러스터링 기반 분산 처리 환경 구성'의 스플렁크 검색 헤드 설정 과정과 동일하다. 여기서도 스플렁크 인스턴스 간 버전 호환성을 위한 스플렁크 공식 권고를 참고해 기존 스플렁크 인스턴스와 증설 서버에 설치할 스플렁크 엔터프라이즈 버전을 동일하거나 더 하위 버전으로 설치해 줘야 한다는 점을 기억하자. 특히 스플렁크 검색 헤드 서버의 경우 기존 인덱서 서버 및 클러스터 마스터 서버에 설치한 스플렁크 엔터프라이즈 인스턴스와는 반드시 버전이 동일해야 한다.

스플렁크 엔터프라이즈 인스턴스 간 호환성에 대한 자세한 설명은 스플렁크 공식 매뉴얼인 "Splunk-7.2.x-Admin_ko-KR.pdf" 문서 내 "Splunk 라이선스 관리" 항목을 참고하기 바란다.

검색 헤드 서버의 증설 작업이 정상적으로 완료됐다면, 클러스터링 기능 적용에 따른 검색 헤드 클러스터 구성원 간 설정값 상호 복제가 일어나 기존 검색 헤드 서버에 포함돼 있던 룩업, 설정 파일 등이 증설 서버에 복제됐을 것이다. 그러나 기존 검색 헤드 서버에 사용자가 추가 설치한 스플렁크 앱이나 사용자가 직접 생성해 배포한 커스텀 앱의 경우 증설 서버에 복제되지 않는다.

스플렁크 검색 헤드 간 완전한 동기화를 위해서는 필요에 따라 배포를 담당하는 스플렁크 배포 인스턴스를 활용해 앱 배포 작업을 진행해야 할 수도 있으며, 앱 배포 작업 절차는 4장, '클러스터링 기반 분산 환경 구성' 절차에서 설명한 스플렁크 앱 배포 설정 과정을 참고하기 바란다.

9.2.5 서버 증설 후 추가 고려사항

서버 증설 작업을 한 후 사용자가 기대하는 플랫폼의 성능과 기능을 제대로 발휘하기 위해서는 증설로 인한 인프라 아키텍처 변경사항을 플랫폼에 누락없이 반영해 줘야 한다.

실제 프로젝트 현장에서 서버 증설을 수행했던 경험을 토대로 플랫폼 구성 요소별 스플렁크 설정 권고값을 정리해 보면 표 9-2와 같다. 여기에서 제시하는 내용은 말 그대로 권고값이기 때문에 독자가 구축하고자 하는 플랫폼의 IT 환경 및 서버 사양에 따라 적절히 보정해 활용하길 바란다.

표 9-2 서버 증설 후 스플렁크 설정 최적화를 위한 권고값 예시

구분	파일 경로	기본값	권고값
스플렁크 검색 헤드	$SPLUNK_HOME/etc/system/local/distsearch.conf	[distributedSearch] authTokenConnectionTimeout = 5 authTokenReceiveTimeout = 10 authTokenSendTimeout = 10 connectionTimeout = 10 receiveTimeout = 600 sendTimeout = 30 statusTimeout = 10	[distributedSearch] authTokenConnectionTimeout = 60 authTokenReceiveTimeout = 60 authTokenSendTimeout = 60 connectionTimeout = 120 receiveTimeout = 120 sendTimeout = 120 statusTimeout = 120

구분	파일 경로	기본값	권고값
스플렁크 인덱서	$SPLUNK_HOME/etc/system/local/distsearch.conf	**[replicationSettings]** sendRcvTimeout = 60	**[replicationSettings]** sendRcvTimeout = 120
	$SPLUNK_HOME/etc/system/local/sever.conf	**[clustering]** heartbeat_period = 1 cxn_timeout = 60 send_timeout = 60 rcv_timeout = 60	**[clustering]** heartbeat_period = 10 cxn_timeout = 300 send_timeout = 300 rcv_timeout = 300
스플렁크 클러스터 마스터	$SPLUNK_HOME/etc/system/local/sever.conf	**[clustering]** heartbeat_timeout = 60	**[clustering]** heartbeat_timeout = 300
	$SPLUNK_HOME/etc/system/local/distsearch.conf	**[distributedSearch]** authTokenConnectionTimeout = 5 authTokenReceiveTimeout = 10 authTokenSendTimeout = 10 connectionTimeout = 10 receiveTimeout = 600 sendTimeout = 30 statusTimeout = 10	**[distributedSearch]** authTokenConnectionTimeout = 60 authTokenReceiveTimeout = 60 authTokenSendTimeout = 60 connectionTimeout = 120 receiveTimeout = 120 sendTimeout = 120 statusTimeout = 120

위 표에서 언급하진 않았지만 스플렁크 헤비 포워더와 스플렁크 유니버설 포워더의 경우에도 사용자의 데이터 송수신 환경에 따라 설정값을 보정하는 것을 검토할 필요가 있다.

9장에서는 스플렁크 라이선스 및 서버 증설 시 상세 작업 절차와 작업 수행 시 담당자가 고려해야 할 사항들에 대해 알아봤다.

10장에서는 보안 빅데이터 분석 플랫폼 구축에 관심이 있지만 스플렁크를 처음 접해보는 입문자들을 위해 책 내용을 따라하기만 하면 스플렁크 앱 설치부터 데이터 수집, 데이터 검색을 통한 시각화까지 직접 경험해 볼 수 있는 과정을 제공할 것이다.

10

입문자를 위한 퀵 스타트 가이드

10장에서는 보안 빅데이터 분석 플랫폼 구축을 직접 경험해 보고 싶은 대학생 및 일반인, 사회에 첫발을 내딛은 신입 엔지니어, 스플렁크 솔루션을 제대로 활용해 보고 싶은 기업 사용자와 같은 입문자들을 위해 퀵 스타트 가이드를 제공한다.

10장에서 다루는 내용은 다음과 같다.

- 스플렁크 앱 설치 및 환경 구성
- 데이터 수집/저장 설정 및 적용
- 데이터 검색 및 분석 결과 시각화 예시

10.1 스플렁크 앱 설치 및 환경 구성

10.1.1 Splunk Enterprise 7.2.4 다운로드하기

스플렁크를 본격적으로 사용하기에 앞서 우선 설치부터 해보자. 스플렁크 설치파일은 공식 홈페이지인 http://www.splunk.com/을 방문해 로그인한 후 그림 10-1과 같이 우측 Free Splunk를 클릭해 다운로드 받을 수 있다. 스플렁크는 32비트 혹은 64비트의 다양한 운영체제 모두에서 실행 가능하나 이 책에서는 스플렁크 최신 기능의 사용 및 독자의 편의를 위해 윈도우 10 64비트 환경을 기준으로 설명한다.

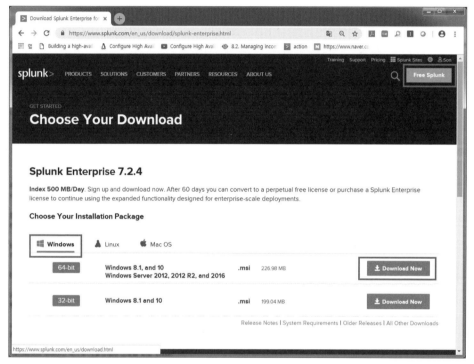

그림 10-1 스플렁크 홈페이지 이동 후 Free Splunk 메뉴로 이동

[Download Now] 버튼을 클릭하면 그림 10-2와 같이 설치 파일을 다운로드할 수
있다.

그림 10-2 내 윈도우 환경에 설치할 파일 다운로드

10.1.2 Splunk Enterprise 7.2.4 설치

다운로드 파일을 클릭하면 그림 10-3과 같이 실행을 위한 프롬프트 창이 뜬다. [실행] 버튼을 클릭하면 설치 및 사용자 설정 화면을 볼 수 있다.

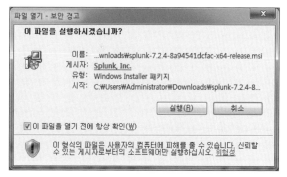

그림 10-3 스플렁크 엔터프라이즈 설치하기

스플렁크 무료 라이선스 정책에 동의하기 위해 좌측 상단의 체크박스를 클릭한 후, 관리자 계정 등록을 위해 사용자 이름과 패스워드를 입력하고 [Next] 버튼을 클릭하면 설치 진행 단계로 넘어가게 된다(그림 10-4, 그림 10-5 참조).

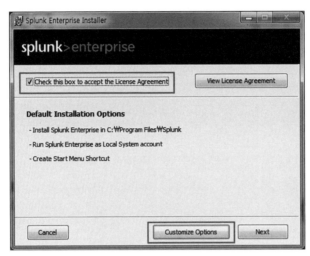

그림 10-4 스플렁크 무료 라이선스 동의

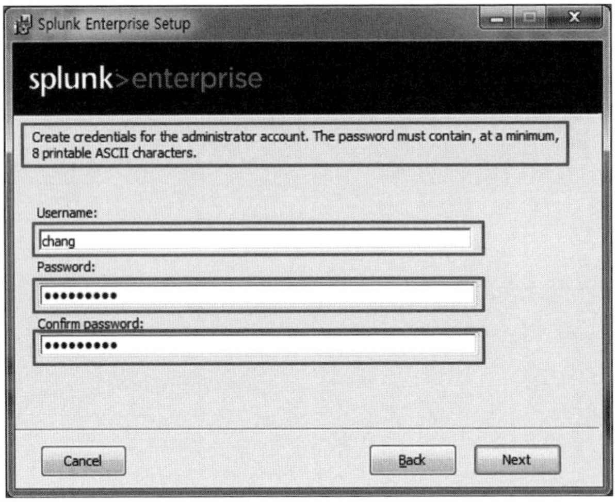

그림 10-5 관리자 계정 등록을 위한 사용자 이름 및 암호 설정

다음은 설치 단계의 마지막 관문인 파일 복사 및 검증 화면이다. 우선 시작 메뉴에 바로가기 아이콘을 생성할 것인지 묻는데 사용자의 신속한 접근을 위해 바로가기 아이콘 생성을 권장한다. 체크박스를 선택하고 하단의 [Install] 버튼을 클릭하면 설치 상태를 검증하고 설치에 필요한 새로운 파일을 복사하는 일련의 과정이 진행되며 사용자의 PC에 스플렁크 솔루션이 설치된다. 이 과정에서는 사용자의 하드웨어 성능에 따라 몇 분 이상이 소요될 수 있다(그림 10-6, 그림 10-7, 그림 10-8 참조).

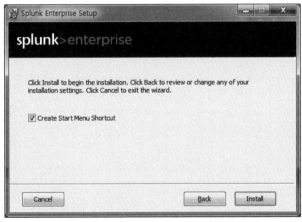

그림 10-6 시작 메뉴에 바로 가기 설정 및 설치 진행

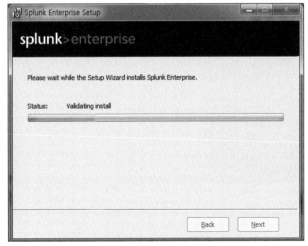

그림 10-7 스플렁크 설치하기 > 설치 상태 검증

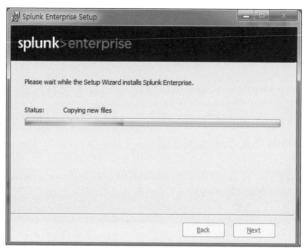

그림 10-8 스플렁크 설치하기 〉 설치 파일 복사

설치가 완료되면 그림 10-9와 같이 사용자의 기본 웹 브라우저로 스플렁크를 시작
할 것인지 묻는 프롬프트 창을 보게 되며, 사용자 의사에 따라 체크박스 선택 여부를
결정하고 하단의 [Finish] 버튼을 클릭하면 스플렁크 사용을 위한 설치 과정을 완료
하게 된다.

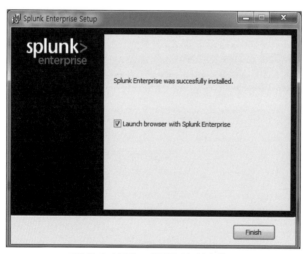

그림 10-9 스플렁크 설치하기 〉 설치 완료

10.1.3 Splunk Enterprise 7.2.4 로그인 및 실행 상태 확인

사용자의 기본 웹 브라우저로 앞서 설치한 솔루션을 실행하면 그림 10-10과 같이 로그인 화면이 나타난다. 설치 단계에서 설정한 계정과 암호를 입력하면 로그인해 스플렁크 웹 메인화면에 접근할 수 있다.

그림 10-10 스플렁크 최초 로그인

> ✔ NOTE
>
> 하단의 [처음 로그인하십니까?]를 클릭하면 사용자는 스플렁크 관리자가 제공하는 admin이라는 사용자 이름과 함께 일회용 패스워드(changeme)를 활용해 스플렁크에 로그인할 수도 있다. 이 계정의 암호는 최초 로그인을 위해 사용한 후 스플렁크에 의해 사용자가 강제로 패스워드를 변경하게 한다.

스플렁크 솔루션은 설치 과정에서 사용자의 로컬 시스템 계정으로 두 가지 윈도우 서비스를 설치하고 실행하는데, 명칭과 내용은 다음과 같다.

- **Splunkd Service**: 스플렁크의 Core Server로서 스트리밍 데이터를 접근, 처리, 인덱싱하며 모든 검색 요청을 처리
- **Splunk Web**: 스플렁크 사용자 인터페이스를 제공

스플렁크 솔루션이 정상적으로 동작하기 위해서는 위 두 가지 서비스가 윈도우에 등

록돼 있어야 하며, 서비스 실행 상태는 윈도우 서비스 관리자를 통해 확인할 수 있다
(그림 10-11, 그림 10-12 참조).

그림 10-11 스플렁크 서비스 상태 확인을 위한 윈도우 서비스 관리자 실행

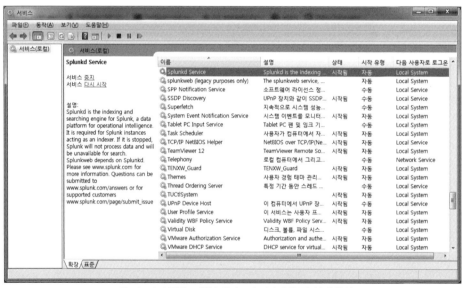

그림 10-12 스플렁크 핵심 서비스의 시작 유형 및 상태 확인

스플렁크에 처음 로그인하면 그림 10-13과 같이 스플렁크가 제공하는 다양한 기능
들을 둘러볼 수도 있고, 검색 및 분석에 활용할 수 있는 데이터나 앱을 "데이터 추가"
및 "스플렁크 앱" 메뉴를 통해 손쉽게 설치해 추가할 수 있다. 또한 스플렁크를 사용
하는 데 도움을 받을 수 있는 다양한 문서에 쉽게 접근할 수 있는 링크도 제공한다.

스플렁크를 처음 접해보는 독자들은 바로 데이터 검색을 시작하기 전에 [제품 둘러보기] 버튼을 클릭해 스플렁크에 어떤 내용들이 있고 어떻게 활용할 수 있는지 살펴보길 바란다.

그림 10-13 Splunk Enterprise 7.2.4 메인 화면

이제 스플렁크 솔루션을 만나볼 기본적인 준비를 마쳤으니, 본격적으로 데이터를 수집하고 저장하는 설정을 적용해 보자.

10.2 데이터 수집/저장 설정 및 적용

10.2.1 신규 인덱스 생성

데이터를 수집하고 저장하기 위해서는 먼저 저장소를 생성해야 한다. 스플렁크에서는 데이터의 속성 및 활용 목적에 따라 각각의 저장공간을 정의하는데, 이를 인덱스라고 한다. 신규 인덱스 생성은 그림 10-14와 같이 [설정 → 인덱스]를 클릭해 인덱스 생성 화면으로 이동해 설정한다.

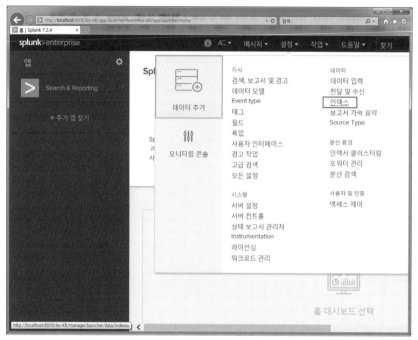

그림 10-14 신규 인덱스 생성을 위한 화면 이동

먼저 그림 10-15와 같이 우측 상단의 [새로 만들기 인덱스] 버튼을 클릭한다.

그림 10-15 새로 만들기 인덱스 버튼 클릭

[새로 만들기 인덱스] 버튼을 클릭하면 다음과 같이 새 인덱스를 정의하는 팝업 화면이 호출되는데, 그림 10-16과 그림 10-17과 같이 독자가 새롭게 정의하는 인덱스 이름과 전체 인덱스의 최대 크기, 저장소 최적화 여부 등 설정값을 입력해 저장하면 인덱스 생성이 완료된다.

데이터 수집에 앞서 저장소인 인덱스를 먼저 생성해야 하는 이유는, 데이터 수집 설정 시 인덱스를 필수로 지정해 줘야 하기 때문이다. 데이터 수집 설정이 완료되면, 플랫폼에 반영되는 즉시 데이터 수집이 시작되고 수집되는 데이터는 사용자가 지정한 인덱스에 저장된다.

여기서는 독자가 손쉽게 데이터 수집 및 저장 과정을 따라할 수 있도록 사용자 PC 네트워크와 연결된 시스템의 정보를 출력하는 netstat 명령어를 이용한 간단한 스크립트 파일을 활용할 것이다. 그래서 인덱스명도 netstat로 정의했다.

그림 10-16 신규 인덱스명 지정

그림 10-17 신규 인덱스 최대 크기 및 저장소 최적화 설정 후 저장

사용자가 새롭게 지정한 인덱스는 그림 10-18과 같이 인덱스 메인 화면에서 확인할 수 있다.

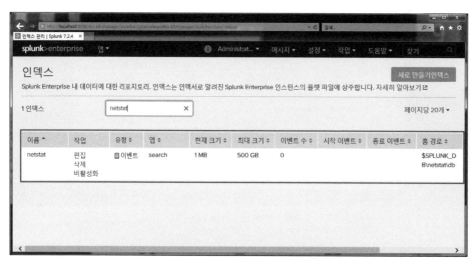

그림 10-18 신규 생성한 netstat 인덱스 확인

10.2.2 스크립트를 활용한 데이터 수집 설정

이제 netstat 명령어를 이용한 Local + Remote ESTABLISHED 현황 데이터 생성 스크립트를 작성하고 이를 스플렁크에 수집하는 설정을 적용해 보자.

본격적인 스크립트 작성에 앞서, netstat 명령어와 옵션에 대한 표시 데이터를 확인하기 위해 그림 10-19와 같이 사용자 PC에서 윈도우 키 + r을 입력해 명령 프롬프트 화면을 연다.

그림 10-19 netstat 명령어 입력을 위한 명령 프롬프트 화면 열기

명령 프롬프트 화면에 입력한 명령어와 각종 옵션에 대한 설명은 다음과 같다.

- **명령어**

```
netstat -na | find "ESTABLISHED" | find /v "127.0.0.1"
옵션
-a: 모든 연결과 수신 대기 포트를 표시
-e: 이더넷 통계를 표시, 이 옵션을 주로 -s 옵션과 함께 사용
-f: 외부 주소의 FQDN(정규화된 도메인 이름)을 표시
-n: 주소와 포트 번호를 숫자 형식으로 표시
-o: 각 연결의 소유자 프로세스 ID를 표시
```

※ find /v 옵션은 지정한 문자를 제거하기 위해 사용

위 명령어를 입력하면 그림 10-20과 같이 사용자 PC와 정상적으로 통신하고 있는 시스템의 IP 주소와 프로토콜 정보를 확인할 수 있다.

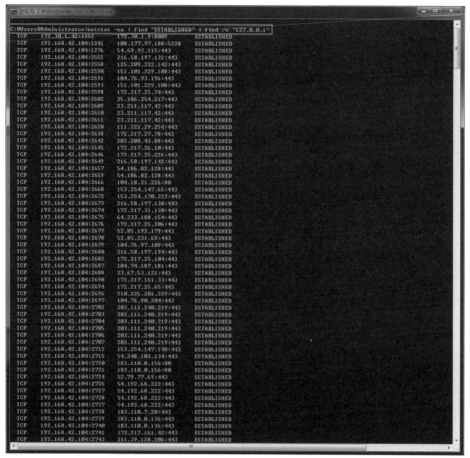

그림 10-20 netstat 명령어 및 옵션 실행 결과

netstat 명령어와 옵션 실행 결과 검증을 완료했다면, 이제 스크립트로 작성해 사용자 PC에 저장해 보자.

그림 10-21과 같이 윈도우 키 + r을 입력해 메모장 화면을 연다.

그림 10-21 스크립트 작성을 위한 메모장 화면 열기

메모장 화면에 그림 10-22와 같이 명령어와 옵션을 입력해 스크립트를 작성한다.
스크립트 내 명령어에 대한 설명은 다음과 같다.

```
@echo off                                              # 출력되는 텍스트 감추기
netstat -ano | find /v "127.0.0.1" | find /v "LISTENING"   # 127.0.0.1과 LISTENING 텍스트 제거
@echo off                                              # 출력되는 텍스트 감추기
```

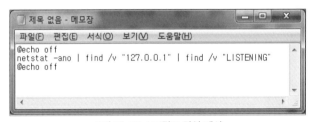

그림 10-22 스크립트 작성 예시

스크립트는 C:\Program Files\Splunk\etc\apps\search\bin 폴더에 list_tcp_ports.bat라는 파일명으로 저장해 스플렁크에서 수집 설정을 적용할 수 있도록 설정한다. 스크립트 파일에 대한 저장 예시는 그림 10-23과 같다.

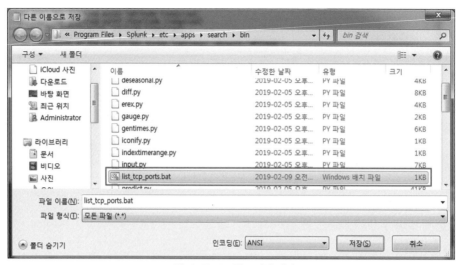

그림 10-23 스크립트 저장 예시

스크립트 작성이 완료됐으니 이제 스플렁크에 데이터를 수집할 차례다. 데이터 수집
설정을 위해 그림 10-24와 같이 [설정 → 데이터 입력]을 클릭한다.

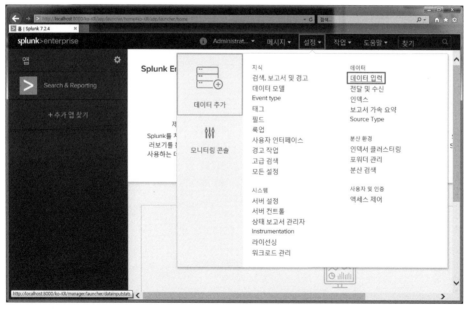

그림 10-24 데이터 입력 화면으로 이동

스플렁크에서는 다양한 데이터 입력 방식을 지원하는데, 여기서는 스크립트 방식을 예를 들어 설명한다. 하단의 스크립트를 클릭한 후 스크립트 목록 조회 화면에서 새로운 스크립트 등록을 위해 우측 상단의 [새 로컬 스크립트] 버튼을 클릭한다(그림 10-25, 그림10-26 참조).

그림 10-25 스크립트 수집 설정 화면으로 이동

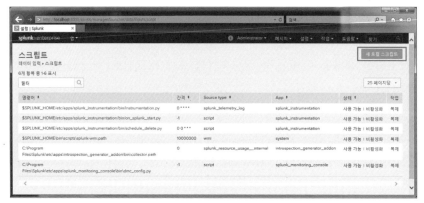

그림 10-26 새 로컬 스크립트 추가하기

[새 로컬 스크립트] 버튼을 클릭하면 그림 10-27과 같이 원천데이터를 선택할 수
있는 화면으로 이동한다. 여기서 스크립트 경로와 스크립트 이름, 데이터 수집 간격
및 수집 데이터 이름 등을 설정하고 우측 상단의 [다음] 버튼을 클릭해 입력 설정 화
면으로 이동한다.

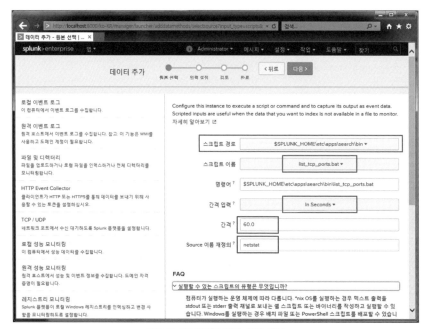

그림 10-27 데이터 원본 선택 예시

데이터 입력 설정 화면에서는 그림 10-28과 같이 스플렁크에 수집할 데이터의 저장소 및 하위 분류를 의미하는 인덱스와 소스 타입, 데이터의 물리적 수집 위치를 의미하는 host 값을 설정할 수 있으며, 우측 상단의 [검토] 버튼을 클릭하면 그림 10-29와 같이 지금까지의 설정값을 최종 점검하는 화면으로 이동한다.

그림 10-28 데이터 추가 입력 설정 예시

그림 10-29 데이터 추가 검토 예시

데이터 추가 검토 화면에서 우측 상단의 [제출] 버튼을 클릭하면 그림 10-30과 같이 '스크립트 입력이 성공적으로 작성되었습니다.'라는 메시지가 출력된다. 이제 스크립트 적용이 완료돼 데이터가 수집되고 있다는 뜻이다. 방금 적용한 스크립트 기반 데이터 수집 설정이 정상적으로 동작하고 있는지 확인하고 싶다면 [검색 시작] 버튼을 클릭해 즉시 데이터 검색을 수행할 수 있다.

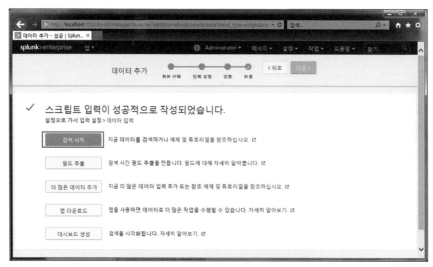
그림 10-30 스크립트 기반 데이터 수집 설정 완료

10.2.3 로그 이벤트 병합 해제 설정

그림 10-31은 [검색 시작] 버튼을 클릭해 스크립트를 통해 수집한 netstat 데이터를 검색한 결과다. 검색에는 문제가 없지만, 하단의 로그 이벤트 결과를 자세히 살펴보면 수집된 데이터가 하나의 이벤트로 병합돼 표시되고 있는 것을 확인할 수 있다. 보다 상세한 이벤트 분석을 수행하고 분석 결과를 시각화하기 위해서는 병합된 이벤트를 개별 이벤트로 분리하는 것이 용이한데 이를 위해서는 conf 파일 수정을 통한 설정 변경을 적용해줘야 한다.

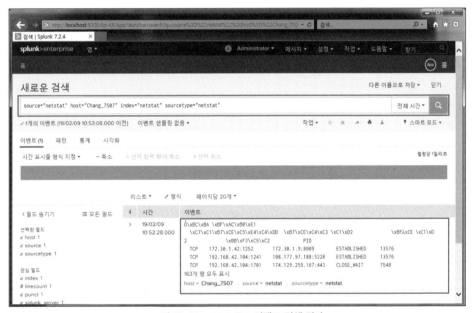

그림 10-31 netstat 로그 이벤트 검색 결과

설정을 변경한 후 변경된 설정에 맞게 데이터를 재수집하기 위해서는 먼저 그림 10-32와 같이 [데이터 입력 → 스크립트] 화면에서 현재 동작중인 스크립트를 비활성화해야 한다.

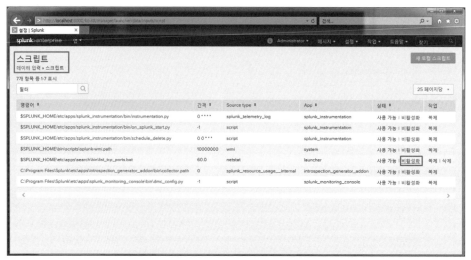

그림 10-32 현재 동작중인 스크립트 비활성화 처리

다음으로는 C:\Program Files\Splunk\etc\apps\search\local 폴더에 있는 props.
conf 파일에 로그 이벤트 병합을 해제하는 설정을 적용한 후 저장한다. conf 파일
위치 및 설정값 적용 예시는 그림 10-33과 그림 10-34다.

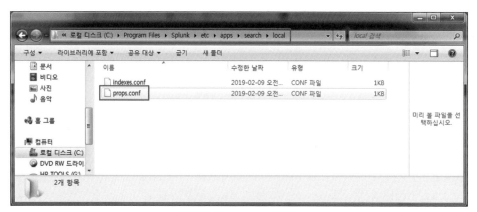

그림 10-33 props.conf 위치

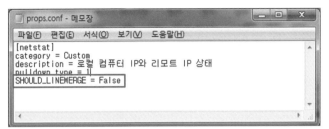

그림 10-34 로그 이벤트 병합 해제 설정 (SHOULD_LINEMERGE = False) 적용

설정 변경을 완료했으면 앞서 비활성화한 데이터 수집 스크립트를 다시 활성화해 데이터 수집 설정을 재적용 한다. 스크립트 활성화 예시는 그림 10-35와 같다.

그림 10-35 스크립트 활성화 예시

10.2.4 변경된 설정 적용을 위한 스플렁크 인스턴스 재시작

변경된 설정을 적용해 데이터 수집을 재개하기 위해서는 스플렁크 인스턴스 재시작을 수행해야 한다. 스플렁크 인스턴스 재시작은 그림 10-36과 같이 [설정 → 서버 컨트롤] 메뉴를 선택한 후 [splunk 다시 시작] 버튼을 클릭해 실행한다.

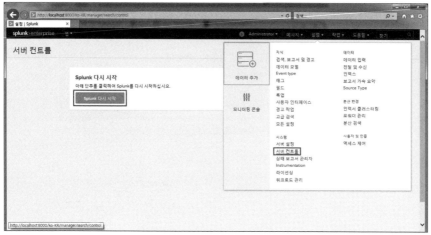

그림 10-36 스플렁크 인스턴스 재시작

스플렁크 인스턴스 재시작을 완료한 후 netstat 스크립트를 통해 수집된 데이터를 다시 검색해 보면 그림 10-37과 같이 로그 이벤트가 건별로 분리돼 표시되는 것을 확인할 수 있다.

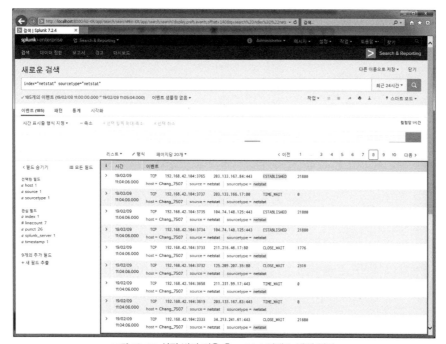

그림 10-37 설정 변경 적용 후 netstat 인덱스 검색 결과

10.3 데이터 검색 및 분석 결과 시각화

10.3.1 필드 추출

사용자가 다양한 데이터 검색 기법을 활용해 데이터 분석 결과를 도출하고 이를 시각화하기 위해서는 원천데이터를 유의미한 데이터 단위로 변환해야 하는데 스플렁크에서는 이를 필드 추출이라고 한다.

여기서는 우선 필드 추출 방법에 대해 살펴보고 대표적인 시각화 지원 앱인 Missile Map을 설치해 위치 정보를 활용한 지도 기반 시각화 대시보드를 생성하는 과정에 대해 이어서 살펴보도록 하겠다.

먼저 앞서 설명한 netstat 데이터에 대한 필드 추출을 수행하기 위해 그림 10-38과 같이 이벤트 상세보기 화면을 조회하기 위해 [)]을 클릭한 후, [이벤트 작업 → 필드 추출]을 클릭해 필드 추출 화면으로 이동한다.

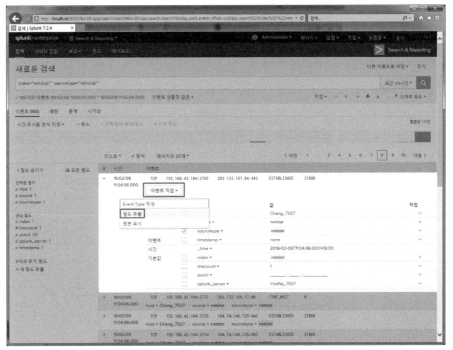

그림 10-38 로그 이벤트를 클릭해 필드 추출 화면으로 이동

사용자는 스플렁크에서 제공하는 2가지 필드 추출 방법인 정규식 방법과 구분자 방법으로 데이터의 필드를 추출할 수 있는데, netstat 데이터는 구분자가 없기 때문에 그림 10-39와 같이 정규식 방법을 예로 들어 필드 추출 방법을 설명하도록 한다.

그림 10-39 필드 추출 방법 선택

이제 본격적으로 정규식 방법을 이용한 필드 추출을 수행해 보자. 정규식 방법은 화면 상단에 표시되는 샘플 이벤트 내의 특정 부분을 마우스로 드래그해 강조 표시하는 방식으로 추출하고자 하는 필드 범위를 정의한 후, 필드 이름을 정하고 필수값 지정 여부를 확정해 [Add Extraction]을 클릭하면 필드가 추출되는 방식으로 동작한다. 필드 추출 과정에 대한 예시는 그림 10-40과 같다.

그림 10-40 정규식 방법을 이용한 필드 추출 과정 예시

여기서는 netstat 데이터를 원본으로 해 총 7개 필드를 추가로 추출해 활용한다. 추출 필드의 정의와 필드명, 샘플 데이터 예시는 표 10-1과 같다.

표 10-1 추출 대상 필드 정보

필드 정의	추출 필드명	샘플 데이터
데이터의 프로토콜 종류	protocol	TCP
출발지 IP 주소	src_ip	192.168.42.104
출발지 Port 주소	src_port	3765
도착지 IP 주소	dest_ip	203.133.167.84
도착지 Port 주소	dest_port	443
네트워크 통신 상태	status	ESTABLISHED
프로세스의 고유 번호	pid	21880

위 정보를 바탕으로 필드 추출을 모두 완료한 결과는 그림 10-41과 같다. 필드 추출 완료 후 우측 상단의 [다음] 버튼을 클릭하면 그림 10-42와 같이 추출된 필드에 매핑되는 값을 검사하고 잘못된 값이 없는지 검증하기 위한 유효성 확인 화면으로 이동한다.

그림 10-41 필드 추출 완료 화면 예시

그림 10-42 필드 추출 유효성 확인 화면 예시

필드 추출 결과에 대한 유효성을 확인한 후 우측 상단의 [다음]을 클릭하면 그림 10-43과 같이 필드 추출 이름과 권한을 확정하고 샘플 이벤트와 정규식 정보를 조회할 수 있는 화면으로 이동하며, 최종 검토한 후 우측 상단의 [마침] 버튼을 클릭하면 필드 추출 과정이 완료된다. 필드 추출 결과를 바로 검색을 통해 확인해 보고 싶다면 그림 10-44와 같이 최종 화면에서 [검색에서 작성한 필드 탐색]을 선택한다.

그림 10-43 필드 추출 결과 저장 화면 예시

그림 10-44 필드 추출 결과 최종 확인 및 검색 선택 예시

10.3.2 데이터 검색 정상동작 여부 확인

추출이 완료된 데이터 필드는 즉시 데이터 검색 및 분석에 활용할 수 있다. 예를 들어 netstat 데이터 중 프로토콜이 'TCP'이고 상태가 'ESTABLISHED'인 로그 이벤트를 검색하려 한다면 다음과 같이 검색 명령어를 입력하면 되며, 로그 이벤트 내 [〉]를 클릭해 이벤트 상세 조회 화면으로 이동하면 그림 10-45와 같이 앞서 추출한 필드별로 데이터가 매핑돼 표시되는 것을 확인할 수 있다.

- **검색 명령어**

```
index=netstat sourcetype=netstat protocol=tcp ESTABLISHED
```

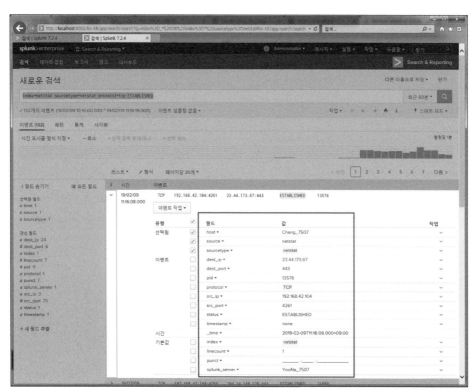

그림 10-45 필드 추출 완료 후 데이터 검색 결과 확인 예시

10.3.3 데이터 시각화 지원 앱 설치 및 설정

이제 시각화할 데이터가 정비됐으니 지도 기반 시각화 대시보드를 생성하는 데 필요한 도시 및 국가 위치 정보를 최신 정보로 업데이트할 차례다. 스플렁크를 설치하면 share 폴더 안에 GeoLite2-City.mmdb라는 파일이 자동으로 생성되는데, 기존 도시 위치정보를 업데이트하면서 국가 위치정보도 함께 반영해 지도 기반 시각화 대시보드를 보다 정확하게 구현하기 위한 사전 작업이라고 보면 되겠다.

https://dev.maxmind.com/geoip/geoip2/geolite2로 이동하면 그림 10-46과 같은 정보 다운로드 화면에 접근 가능한데, 여기서 GeoLite2 City와 GeoLite2 Country DB 파일을 다운로드한다.

그림 10-46 도시 및 국가 위치정보 DB 다운로드

다운로드한 파일의 압축을 해제하면 GeoLite2-City.mmdb 파일과 GeoLite2-Country.mmdb 파일을 확인할 수 있는데, 이 두 파일을 그림 10-47과 같이 C:\Program Files\Splunk\share 경로에 업데이트하면 된다.

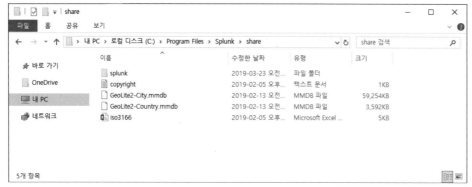

그림 10-47 GeoLite2 파일 업데이트

업데이트를 완료한 후 새로운 위치 정보를 스플렁크에 반영하기 위해서는 그림 10-48과 같이 스플렁크 인스턴스를 재시작해야 한다.

그림 10-48 위치정보 최신 버전 적용을 위한 스플렁크 인스턴스 재시작

이번에는 시각화 대시보드 생성을 지원할 스플렁크 앱인 [Missile Map]을 설치하는 방법을 알아본다. 스플렁크 앱은 splunkbase에 접속해 다운로드할 수 있으며, 우

리가 설치할 Missile Map은 그림 10-49와 같이 https://splunkbase.splunk.com/app/3511/로 접속해 다운로드할 수 있다.

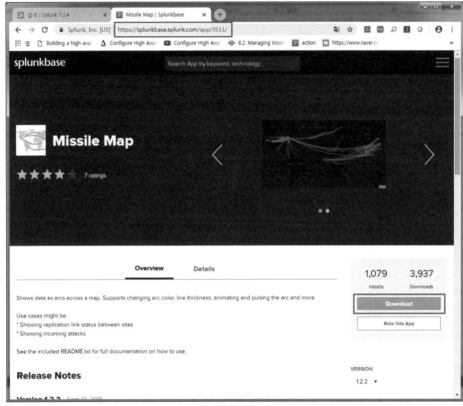

그림 10-49 Missile Map 다운로드

다운로드 받은 파일을 활용해 스플렁크에 앱을 설치하기 위해서는 그림 10-50과 같이 [앱 → 앱 관리 → 파일에서 앱 설치] 메뉴를 선택해 설치 파일을 업로드해야 한다. 앱 업로드 예시는 그림 10-51을 참고하기 바라며, 업로드한 앱의 사용을 위해서는 스플렁크 인스턴스를 재시작해야 한다.

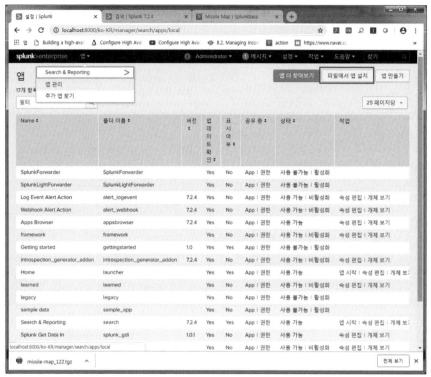

그림 10-50 파일에서 앱 설치 예시

그림 10-51 앱 업로드 예시

스플렁크 인스턴스를 재시작한 후 검색 앱에서 샘플 룩업을 조회하고 시각화 메뉴를 선택했을 때 그림 10-52와 같이 지도 기반 시각화 대시보드가 나타난다면 정상적으로 설치된 것이다.

샘플 룩업 데이터를 조회하는 검색 명령어는 다음과 같다.

■ **검색 명령어**

```
| inputlookup missilemap_testdata
```

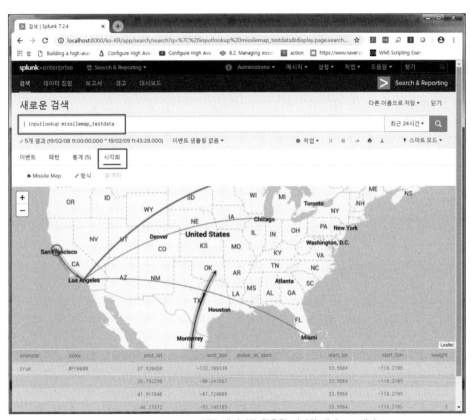

그림 10-52 Missile Map 샘플 데이터를 활용한 시각화 대시보드 예시

샘플 데이터를 조회하면 그림 10-53과 같이 출발지와 목적지의 위도/경도 및 다양한 옵션 데이터가 조회되는 것을 확인할 수 있다. 각 데이터 필드별 의미는 다음과 같다.

start_lat: The starting point latitude(출발지 IP 위도)
start_lon: The starting point longitude(출발지 IP 경도)
end_lat: The ending point latitude(목적지 IP 위도)
end_lon: The ending point latitude(목적지 IP 경도)
color: 16진수 형식의 색상(optional, default = "#FF0000")
animate: 애니메이션 적용 여부(optional, default = "false")
pulse_at_start: 애니메이션 적용 시 시작<->끝 지점 연결 설정 (optional, default = "false")
weight: 표시선 두께(optional, default = 1).

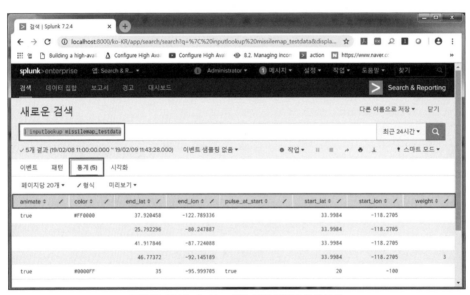

그림 10-53 Missile Map 샘플 룩업 데이터 상세 조회

10.3.4 데이터 시각화 대시보드 작성 및 적용

이제 시각화 대시보드를 작성해 보자. 여기서는 앞서 수집한 netstat 데이터를 토대로 출발지와 목적지 간 네트워크 통신 상태를 지도에 표시해 모니터링하기 위한 시

각화 대시보드를 작성하는 과정을 예로 들어 설명한다.

먼저 대시보드 구성을 위한 데이터 검색 명령어는 다음과 같다.

✔ NOTE

출발지의 위도와 경도를 의미하는 'start_lat'과 'start_lon'은 경기도 고양시의 위도와 경도를 기본값 예시로 설정했다.

■ **검색 명령어**

```
index=netstat sourcetype=netstat protocol=tcp ESTABLISHED
| fields _time,dest_ip,pid,src_ip,dest_port
| iplocation dest_ip
| eval start_lat="37.65640", start_lon="126.83500",start_country="South
Korea",start_city="Goyang-si",end_lat=lat, end_lon=lon,end_country=Country,end_
city=City, color=case(dest_port=80, "#FF0000", dest_port=443, "#0000FF", dest_
port=8089, "#00FF00"), animate="true", pulse_at_start="true"
| stats latest(animate) as animate, latest(pulse_at_start) as pulse_at_start
,latest(color) as color, latest(start_lat) as start_lat,latest(start_lon) as
start_lon,latest(end_lat) as end_lat,latest(end_lon) as end_lon,latest(start_
country) as start_country,latest(start_city) as start_city,latest(end_country)
as end_country by pid,src_ip,dest_ip
```

시간 범위를 최근 15분으로 설정한 후 검색 명령어를 스플렁크에서 실행하면 그림 10-54와 같이 최근 15분 동안 사용자 PC에서 네트워크 통신이 일어난 출발지 및 목적지 위치 정보와 도시/국가 정보가 조회되는 것을 확인할 수 있다.

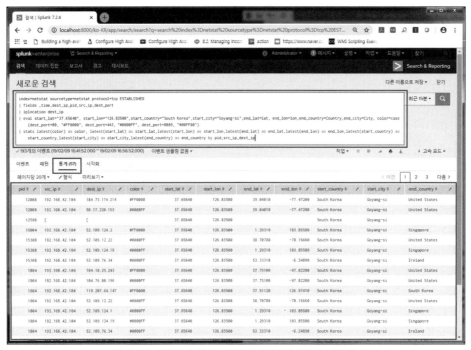

그림 10-54 시각화 대시보드 생성을 위한 검색 명령어 실행 결과

데이터 검색 결과를 시각화 모드로 전환하는 것은 간단하다. 그림 10-55와 같이 하단에서 [시각화] 탭을 선택하기만 하면 세계 지도를 기반으로 출발지와 목적지를 화살표로 연결해 표시한 데이터 시각화 결과를 확인할 수 있다. 또한 [시각화] 탭 하단의 형식을 선택하면 사용자가 원하는 대로 화살표 색이나 지도 타입, 표시 방식 등을 쉽게 변경해 적용할 수 있다.

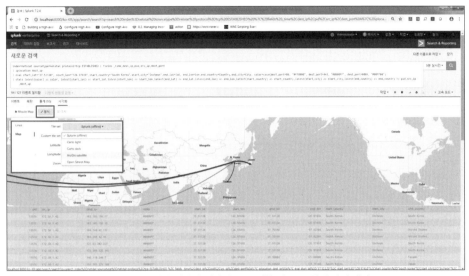

그림 10-55 검색 결과의 시각화 모드 전환 및 주요 설정 변경 예시

이렇게 시각화 모드로 전환한 데이터 검색 결과를 대시보드로 저장하면 그림 10-56
과 같이 지도 기반의 시각화 대시보드가 완성되며, 시간 범위 설정에 따라 최근 1시
간 동안의 네트워크 통신 현황을 분석하거나 실시간 네트워크 통신 현황을 모니터링
하는 대시보드로 활용하는 등 시간 범위 설정에 따라 다양한 형태로 시각화해 적용
가능하다.

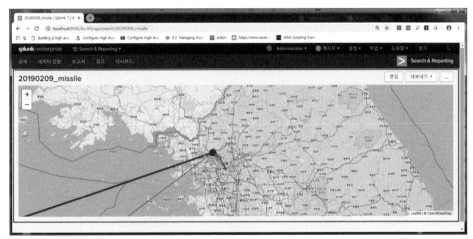

그림 10-56 지도 기반 시각화 대시보드 생성 및 적용 예시

10장에서는 스플렁크 입문자를 위한 퀵 스타트 가이드를 제공했다. 또한 독자가 플랫폼의 기본 구성을 이해하고 간략하게나마 직접 경험할 수 있도록 하기 위한 절차와 부가 정보를 전달했다. 여기서는 지면의 제한 및 시간적 제약으로 인해 가장 핵심적인 부분만 다뤘지만, 위 내용을 통해 스플렁크 솔루션과 보안 빅데이터 분석의 매력을 느꼈다면 지속적인 학습과 사례 조사를 통해 보안 빅데이터 분석 플랫폼 구축 및 활용 전문가로 발돋움하길 바란다.

찾아보기

보안 빅데이터 분석 플랫폼 구축과 활용

Splunk를 활용한 실무형 가이드북

초판 인쇄 | 2019년 8월 28일
2쇄 발행 | 2020년 8월 3일

지은이 | 김 대 용

펴낸이 | 권 성 준
편집장 | 황 영 주
편 집 | 이 지 은
디자인 | 박 주 란

에이콘출판주식회사
서울특별시 양천구 국회대로 287 (목동)
전화 02-2653-7600, 팩스 02-2653-0433
www.acornpub.co.kr / editor@acornpub.co.kr

한국어판 ⓒ 에이콘출판주식회사, 2019, Printed in Korea.
ISBN 979-11-6175-337-9
http://www.acornpub.co.kr/book/security-bigdata-slunk

이 도서의 국립중앙도서관 출판시도서목록(CIP)은 서지정보유통지원시스템 홈페이지(http://seoji.nl.go.kr)와
국가자료공동목록시스템(http://www.nl.go.kr/kolisnet)에서 이용하실 수 있습니다.(CIP제어번호: CIP2019032411)

책값은 뒤표지에 있습니다.